¡Tú dirás!

FOURTH EDITION

ACTIVITIES MANUAL

Nuria Alonso-García
Providence College

Stasie C. Harrington

Australia • Brazil • Japan • Korea • Mexico • Singapore • Spain • United Kingdom • United States

HEINLE
CENGAGE Learning™

¡Tú dirás!: Activities Manual, Fourth Edition
Alonso-García and Harrington

Editor-In-Chief: PJ Boardman
Senior Acquisitions Editor: Helen Alejandra Richardson
Development Project Manager: Heather M. Bradley
Senior Content Project Manager: Esther Marshall
Assistant Editor: Meg Grebenc
Editorial Assistant: Natasha Ranjan
Associate Content Project Manager: Jessica Rasile
Marketing Manager: Lindsey Richardson
Senior Marketing Assistant: Marla Nasser
Advertising Project Manager: Stacey Purviance
Managing Technology Project Manager: Wendy Constantine
Manufacturing Manager: Marcia Locke
Composition & Project Management: Pre-Press Company
Senior Art Director: Cate Rickard Barr
Cover Designer: Joyce Weston
Illustrator: Dave Sullivan

ISBN-13: 978-1-4130-3163-8

ISBN-10: 1-4130-3163-3

Heinle
25 Thomson Place
Boston, MA 02210
USA

Cengage Learning is a leading provider of customized learning solutions with office locations around the globe, including Singapore, the United Kingdom, Australia, Mexico, Brazil and Japan. Locate our local office at: **international.cengage.com/region**

Cengage Learning products are represented in Canada by Nelson Education, Ltd.

For your course and learning solutions, visit **academic.cengage.com**

Purchase any of our products at your local college store or at our preferred online store **www.ichapters.com**

Printed in the United States of America
4 5 6 7 8 9 10 13 12 11 10

CONTENTS

Nombre ______________________________ Fecha ____________________

Spanish as a World Language

P

Pointers

P-1 ¿Qué letra es? *(What letter is it?)* Knowing the name of the letters in Spanish is very useful when you need to spell out words. For each letter in the left column select the appropriate name from the right column and write it next to the letter.

1. D ____________	eñe
2. Y ____________	efe
3. F ____________	de
4. J ____________	i griega
5. Z ____________	jota
6. H ____________	zeta
7. Ñ ____________	e
8. E ____________	hache

P-2 ¡Qué desorden! *(What a mess!)* The words below are jumbled! Try to sort out the mess and find the correct order for spelling the name of the countries where Alejandra, Antonio, Javier, Sofía, and Valeria, the five roommates from the *¡Tú dirás!* video, are from.

MODELO Puerto Rico
te - o - i - ere - u - e - ere - pe - ce - o
pe - u - e - ere - te - o - ere - i - ce - o

1. Argentina

   ge - a - e - te - ene - i - a - ere - ene

   ____

2. Colombia

   ele - i -be - ce - o - a - eme - o

   ____

3. España

   pe - a - e - eñe - ese -a

   ____

4. Estados Unidos

   ene - ese - u - de - e - ese - a - o - ese - i - te - de - o

   ____

5. Venezuela

   e - zeta - u - ve - e - ele - e - ene - a

   ____

Nombre ______________________ Fecha ______________

P-3 Las lenguas románicas *(The Romance languages)* As you have learned from the reading in your textbook, "Spanish as a World Language," the Spanish language has evolved from Latin along with several other languages, known as Romance languages. Spell the names of the following Romance languages using the letters of the Spanish alphabet.

MODELO catalán: *ce - a - te - a - l - a - ene: acento sobre la última a*

1. español: ______________________
2. francés: ______________________
3. gallego: ______________________
4. italiano: ______________________
5. portugués: ______________________
6. rumano: ______________________

P-4 Cognados *(Cognates)* Recognizing cognates can help you get the gist of a text written in a foreign language. Identify in the right column the English equivalent of the Spanish words that appear in the left column. Then, place the corresponding letter next to the Spanish word.

____	**1.** estudiante	**a.** profession
____	**2.** nacionalidad	**b.** nationality
____	**3.** literatura	**c.** literature
____	**4.** cafetería	**d.** calendar
____	**5.** profesión	**e.** cafeteria
____	**6.** calendario	**f.** student

P-5 Más cognados *(More cognates)* Can you think of other words that sound similar in Spanish and English? Try to come up with four additional cognates that will help you expand your Spanish vocabulary.

1. ______________________
2. ______________________
3. ______________________
4. ______________________

Para empezar Me presento

P-6 Mucho gusto *(Nice to meet you)* Read the following greetings in the left column and match each one with the most logical expression from the right column.

____	**1.** Te presento a Sofía.	**a.** Me llamo Javier.
____	**2.** ¿Qué tal?	**b.** Encantado.
____	**3.** Hasta mañana, Antonio.	**c.** Nos vemos.
____	**4.** ¿Cómo te llamas?	**d.** Bien, gracias. ¿Y tú?

Nombre ______________________ Fecha ______________

P-7 ¿Qué dirías? ***(What would you say?)*** Imagine that you are in your Spanish class and your instructor asks you to react to the following situations in Spanish. What would you say?

MODELO When you meet someone for the first time.
Encantado.

1. To introduce yourself to the Spanish class.

____

2. To introduce a classmate to a Spanish friend.

____

3. To ask the name of a classmate.

____

4. To greet a friend in Spanish.

____

Enfoque léxico *Saludos, presentaciones y despedidas informales y formales*

P-8 ¿Cómo te va? In the following conversations the roommates from the ***¡Tú dirás!*** video introduce and greet each other. Put the sentences in each **conversación** in the most logical order starting with number 1 to indicate the order of the statements.

Conversación 1

_____ Igualmente, Javier.

_____ Mi nombre es Javier. Encantado.

_____ ¡Hola! ¿Cómo te llamas?

_____ Me llamo Alejandra, ¿y tú?

Conversación 2

_____ Bien, gracias. Valeria, te presento a Sofía.

_____ Igualmente.

_____ ¡Hola, Valeria!

_____ Buenos días, Antonio. ¿Cómo te va?

_____ Mucho gusto.

P-9 ¡Nos vemos! You are walking down the street with Sara and you see Juan, a student that you met in class. Read the dialog below and complete the blanks with the appropriate word or expression from the box.

encantada	**nos vemos**	**muy bien**	**presento**	**buenos días**	**me llamo**

TÚ: (1) ¡______________________! ¿Qué tal?

JUAN: (2) ______________________, gracias, ¿y tú?

TÚ: Bien, gracias. Te (3) ______________________ a Sara.

JUAN: ¡Hola Sara! (4) ______________________ Juan.

SARA: (5) ______________________.

JUAN: Igualmente.

TÚ: Bueno, Juan, hasta luego.

JUAN: (6) ______________________.

Nombre ______________________ Fecha ______________

P-10 ***¿Tú o usted?*** Whom would you address with the following sentences? Pay attention to the formality or informality of the expressions.

____	1. Mucho gusto, señorita.	a. Carlos
____	2. Doctoras, quisiera presentarles al doctor Matos.	b. el señor Vidal y el señor Ramos
____	3. ¿Cómo está usted?	c. la señorita Santos
____	4. Te presento a Adela.	d. el señor Carmona
____	5. Buenas noches, señores.	e. las doctoras Palma y Ruiz

P-11 ¿Qué decir? *(What to say?)* What are the appropriate replies to the greetings below?

1. ¿Cómo está usted?
____

2. Quisiera presentarles a la profesora López.
____

3. ¿Cómo están ustedes?
____

4. Buenas tardes, señor Lago.
____

5. Encantada, Pablo.
____

Enfoque léxico *En la clase*

P-12 Asociaciones Link the item from the left column to the most closely associated word in the right column.

____	1. la calculadora	a. los estudiantes
____	2. el lápiz	b. la pizarra
____	3. la silla	c. el sacapuntas
____	4. el profesor	d. la geografía
____	5. el mapa	e. el pupitre
____	6. la tiza	f. las matemáticas

Nombre ______________________ Fecha ______________________

P-13 ¡Qué lío de letras! Try to locate the names of six items that can be found in the classroom within the following sequence of letters.

MODELO PLAISBERO *LIBRO*

1. PMSOCIHIZLDKLA ______________
2. RPIAPEDL ______________
3. JCUHAPDEARGNO ______________
4. LMETRSA ______________
5. FTAELVELVYISTOR ______________
6. QLIMAPOTKOP ______________

P-14 Presentaciones Peter, a new student in your class, is giving us information about himself. Help him to complete his narration by placing the appropriate words from the box in the blanks.

profesora	español	televisión	me llamo	diccionario	mapa

¡Hola! **(1)** ______________ Peter y estudio **(2)** ______________ en la universidad. Mi **(3)** ______________, la doctora Valle, es de Argentina. A la clase de español, los estudiantes llevan *(bring)* un **(4)** ______________ bilingüe de español-inglés. ¡Es muy necesario! En la clase de español miramos la **(5)** ______________ hispana de los Estados Unidos. También en la clase de español hay un **(6)** ______________ de España y de Latinoamérica.

Vamos a leer

Opening doors to a world of opportunity

Antes de leer

Critical Thinking Skills: Analyzing
Consider the importance of learning a foreign language for both the professional and cultural aspects of your life.

P-15 ¿Qué opinas? As you are preparing to read, answer the following questions.

1. Which non-English languages taught in U.S. schools do you think are the most preferred by students?

   ____

2. Do you think that it is important to study a second language?

   ____

3. By which method would you like to learn a foreign language?

   ____

Before you read the following text about the importance of speaking languages other than English, read the questions in the **Después de leer** section.

Después de leer

P-16 Algunas preguntas... *(Some questions . . .)* Answer the following questions based on the information in the reading and on your own opinion of the subject.

1. According to the article, in what professions is it beneficial to know a second language? How do you think that the knowledge of the Spanish language can contribute to these professions?

____

____

____

____

____

2. What are the cultural and social benefits of speaking another language mentioned in the reading? Can you think of some additional advantages not mentioned in the reading?

____

____

____

____

____

3. What do you think is the role of language in the world economy?

____

____

____

____

____

4. Why did you choose to study Spanish as a second language? What in particular interests you about Hispanic cultures?

____

____

____

____

____

Opening Doors to a World of Opportunity

A whole new world of opportunity awaits you. All you need to do is open the door—the key: learning a new language. As travel becomes easier, and communication more rapid, the world is shrinking. You need to do little more than turn on your TV, computer, or radio to see, read, or hear another language being spoken. Step outside your door, and you can surround yourself with other cultures and other languages; you can even meet one of the millions of U.S. residents who speak languages other than English.

If you've ever thought of being a nurse, a doctor, a police officer, a judge, an architect, a business person, a singer, a lawyer, a plumber, or a Web master, you will multiply your chances for success if you speak more than one language. With the advent of the Internet and global communications, every business has the potential to be an international one. Individuals who speak more than one language are therefore infinitely more valuable to their employers. A hotel manager or customer-service representative who knows English and Spanish, or English and Korean, will look much better at promotion time than one who knows only English.

Knowing more than one language enhances opportunities in all aspects of your life. As the world changes, not only our businesses, but our government needs people with multiple language abilities. Want to work in health care, law enforcement, social services, teaching, technology, the military, or the media? Then increase your potential by learning another language! An employer will see you as a bridge to new markets if you know a second language. Imagine, you can be the key that opens the door to new opportunities!

Not only will you expand prospects in the workplace but also another language will add excitement to your social and academic life. With a second language, you will discover whole new worlds! Get an insider's view of another culture and a new view of your own. Read the newspaper in Spanish, watch a Haitian soap opera in French, or listen to a soccer game on the Internet radio in Italian. With knowledge of another language, the possibilities are boundless! The understanding of other cultures that you gain through your language ability will expand your personal horizons and help you become a responsible citizen. Your ability to talk to others and gather information beyond the world of English will contribute to your community and your country.

Now more than ever, you can learn a second language in exciting new ways, using technology and focusing on the practical use of the language. Learning a language is no longer just learning grammar and vocabulary. It is learning new sounds, expressions, and ways of seeing things; it is learning how to grow with the global community. Learn how to function in another culture, live in another language, and know a new community from the inside out.

(Text adapted from: **Knowing other languages brings opportunities**, *Modern Language Association of America*)

Vamos a ver

As you watch the *¡Tú dirás!* video, complete the following activities.

P-17 La llegada de los compañeros ***(The roommates' arrival)*** Indicate the order of arrival of the roommates to the Hacienda Vista Alegre from first (1) to last (5).

_____ Alejandra

_____ Antonio

_____ Javier

_____ Sofía

_____ Valeria

P-18 Saludos y presentaciones Complete the chart by placing an *X* next to the name of the roommate(s) who use(s) each of the following greetings, introductions and answers.

	Alejandra	*Antonio*	*Javier*	*Sofía*	*Valeria*
Saludos					
Hola					
Buenas tardes					
¿Qué tal?					
Presentaciones					
Me llamo…					
Mi nombre es					
Soy…					
¿Cómo te llamas?					
Respuestas					
Mucho gusto					
Encantada					
Muy bien… gracias					

PREFACE

The *¡Tú dirás!* **Fourth Edition** Activities Manual has been written and designed to reinforce the linguistic and cultural content introduced in the *¡Tú dirás!*, **Fourth Edition** textbook and ancillary program.

The Activities Manual presents students first with form-focused communicative activities that foster the practice of lexical and grammatical structures in real-life scenarios. Students then progress to reading and writing activities that promote the development of critical thinking skills and strategies necessary for the comprehension and creation of written texts in Spanish.

Each chapter in the *¡Tú dirás!*, **Fourth Edition** Activities Manual includes three **etapas**, each of them divided into the following sections:

- **Para empezar:** Vocabulary activities tied to the topic of the **etapa**, which aid students in understanding of the general theme of the chapter;
- **Enfoque léxico:** Activities that provide practice of given lexical items and structures;
- **Enfoque estructural:** Personalized and contextualized activities that provide practice of the grammatical structures of the **etapa**.

Students' reading and writing skills are addressed in the **Vamos a leer** and the **Vamos a escribir** sections that follow the *Tercera etapa* practice activities.

- **Vamos a leer:** Each chapter presents students with an authentic cultural reading, in a variety of stylistic formats: excerpts from magazines and newspapers, advertisements, brochures, and the like. Each reading begins with an Antes de leer section which prepares students to approach the text through the completion of a number of pre-reading activities and the application of specific reading strategies (skimming, scanning, guessing from context, etc.). Next, the **Después de leer** section combines vocabulary-focused exercises and content-related activities that assess comprehension and encourage interpretation of the reading.
- **Vamos a escribir:** Each chapter challenges students with an authentic writing task, such as expressing their opinion about studying abroad, planning an itinerary for a road trip, or creating a tourist brochure, among others. Students are first informed of the main points essential for the composition, and then guided through the process of writing (**Organización de las ideas** and **Preparación del borrador**). The final steps (**Revisión del borrador** and **El producto final**) encourage students to look critically at their compositions in terms of content, organization, and the use of lexical and grammatical structures studied in the relevant chapter. All writing tasks in the Activities Manual are cross-referenced to the Atajo 4.0: Writing Assistant for Spanish.

The **Comprensión auditiva** section features an audio program that focuses on listening comprehension and pronunciation, and a video program that provides further practice with the *¡Tú dirás!* video. Students listen to dialogues, interviews, monologues, radio announcements, telephone messages, and other examples of authentic speech tied directly to the theme and linguistic structures of the pertinent chapter. The diversity of regional accents presented in the recordings exposes students to the richness of the Spanish language. The **Pronunciación** section acquaints students with the phonetics of the language through models and pronunciation exercises. The **Vamos a ver** section allows for more focused listening, as students—having worked with the episode in class—are now asked to concentrate on the details.

The *¡Tú dirás!*, **Fourth Edition** Activities Manual provides contextualized, four-skills practice of the vocabulary, structures, and cultural information that students will need to succeed in their study of the Spanish language.

Nombre ______________________ Fecha ______________

Vamos a tomar algo

PRIMERA ETAPA

Para empezar En un café

1-1 Los desayunos y las meriendas Connect the words from the first column with the elements from the second column to name some typical breakfast and snack items.

____	1. un sándwich	a. con mantequilla
____	2. un jugo	b. de jamón y queso
____	3. pan tostado	c. con leche
____	4. un bocadillo	d. de chorizo
____	5. una botella	e. de agua mineral
____	6. un café	f. de naranja

1-2 El extraño *(The stranger)* Circle the word that does not belong in the series.

1. un café... solo, americano, de naranja
2. un bocadillo de... churros, tortilla, chorizo
3. el pan tostado... con mermelada, con mantequilla, revuelto
4. un jugo de... limón, tomate, leche
5. una botella de... jugo, bocadillo, leche

1-3 Alejandra y Sofía Alejandra and Sofía, two of the roommates from the ***¡Tú dirás!*** video, have very different eating habits. Complete the following descriptions with the vocabulary related to **el desayuno** and **la merienda.**

leche	yogur	pan tostado	té	sándwich	mermelada	jugo	churros	bocadillo

Para el desayuno, Alejandra toma (1) ______________ con mantequilla y (2) ______________, un (3) ______________ de naranja y un (4) ______________. Sofía toma un (5) ______________ de jamón y queso y un café con (6) ______________.

Para la merienda, Alejandra normalmente toma un (7) ______________ de fresa *(strawberry)*. La merienda favorita de Sofía es un (8) ______________de tortilla pero a veces *(sometimes)* toma (9) ______________ con chocolate.

Nombre ______________________________ Fecha ______________________

Enfoque léxico *Expresiones útiles en un café*

1-4 ¡Qué desorden! Ana and Silvia met in the Café Ibiza for breakfast, and now they are about to order. Put the following conversation between Ana, Silvia, and the waiter in logical order by sequencing the sentences from 1 to 8.

_____ ¿Y usted?

_____ Buenos días, señoritas. ¿Qué desean tomar?

_____ No, por ahora nada más.

_____ Muchas gracias.

_____ Y para mí un té y un pan tostado, por favor.

_____ Aquí tienen.

_____ ¡Mesero, por favor!

_____ ¿Algo más?

_____ Voy a tomar un café con leche y unos churros.

1-5 En un café The five roommates from the *¡Tú dirás!* video are ordering a snack at a café in downtown San Juan, Puerto Rico. Complete their conversation with the appropriate words from the box below.

jugo	**bocadillo**	**agua mineral**	**leche**
huevos	**café**	**mermelada**	**chocolate**

ANTONIO: ¡Oiga, mesera, por favor!

MESERA: Sí, señor, ¿qué van a tomar?

ANTONIO: Voy a tomar un (1) ________________ americano y unos (2) ________________ revueltos.

MESERA: ¿Y usted, señorita?

VALERIA: Yo, un café con (3) ________________ y un pan tostado con (4) ________________ y mantequilla.

SOFÍA: Y yo, una botella de (5) ________________ y un (6) ________________ de queso.

ALEJANDRA: Y para mí un (7) ________________ de naranja.

MESERA: ¿Algo más, señorita?

ALEJANDRA: No, por ahora nada más.

MESERA: ¿Y usted, señor?

JAVIER: Quiero una taza de (8) ________________ y unos churros, por favor.

MESERA: Muy bien, muchas gracias.

Nombre ______________________________ Fecha ______________________

Enfoque estructural *El artículo indefinido y el género*

1-6 ¿Cuál es...? *(Which one is . . . ?)* Place the correct form of the indefinite article next to the following words.

1. _______ yogur
2. _______ meseros
3. _______ tazas de chocolate
4. _______ refresco
5. _______ cereales
6. _______ jugo de naranja

1-7 En la Plaza Mayor The main squares in most Spanish-speaking countries are popular sites for tourists as well as popular meeting places for university students and professors. Choose the appropriate indefinite article to complete the following narration:

(1) _______ día de calor Elena, Sonia y Antonio están en (2) _______ café de la Plaza Mayor. (3) _______ mesera les pregunta qué quieren tomar. Elena va a tomar (4) _______ café solo y Sonia y Antonio (5) _______ refrescos.

En el café, (6) _______ profesor universitario está comiendo (7) _______ sándwich de jamón y queso, mientras *(while)* charla con (8) _______ amiga. También hay *(there are)* (9) _______ turistas, sacando fotos y tomando varios tipos de bebidas y meriendas.

1-8 Entre amigos *(Among friends)* Paco and Justo run into each other on campus and decide to grab a quick breakfast before heading to class. Complete the following exchange by using the appropriate form of the indefinite article.

JUSTO: Hola, Paco. ¿Qué tal?

PACO: Bien, gracias. ¿Quieres desayunar conmigo en el café de la universidad? ¿(1) _______ desayuno rápido?

JUSTO: Sí, voy a tomar (2) _______ jugo de naranja.

PACO: ¿Sólo un jugo? ¿No quieres tomar algo más?

JUSTO: Sí, también voy a tomar (3) _______ yogur.

PACO: Muy bien.Yo voy a comer (4) _______ huevos revueltos y a tomar (5) _______ taza de chocolate. ¡Tengo mucha hambre *(I´m really hungry)*!

Enfoque estructural *Los pronombres personales y el presente de los verbos regulares terminados en **-ar***

1-9 Pronombres personales With which of the following *people* in the first column would you associate the *pronouns* in the second column?

_____ 1. Alejandra y Sofía
_____ 2. un turista americano
_____ 3. tus amigos
_____ 4. el profesor y los estudiantes
_____ 5. una mesera
_____ 6. mi familia y yo

a. vosotros/ustedes
b. ella
c. ellas
d. nosotros
e. él
f. ellos

Nombre ______________________ Fecha ______________

1-10 El estudiante de intercambio *(The exchange student)* Andrew is at a café with his host parents, el señor y la señora Sánchez. There, he is also introduced to a family friend, Carmen. Complete the following conversation, using the appropriate personal pronoun.

ANDREW: Buenos días, señor y señora Sánchez. ¿Cómo están (1) ____________?

SRA. SÁNCHEZ: Muy bien, Andrew. ¿Y (2) ____________?

ANDREW: Bien, gracias.

SR. SÁNCHEZ: ¡Oiga, mesero, por favor!

MESERO: Sí, un momento, ¿qué van a tomar?

SR. SÁNCHEZ: (3) ____________ voy a tomar un té, y (4) ____________ va a tomar una botella de agua mineral.

MESERO: ¿Y (5) ____________?

ANDREW: Un café con leche, por favor

SRA. SÁNCHEZ: ¡Ah! Ahí está Carmen. Carmen, te presento a Andrew. (6) ____________ es un estudiante de Virginia.

CARMEN: Encantada.

ANDREW: Igualmente.

MESERO: ¿Qué va a tomar la señorita?

CARMEN: Un café solo, por favor.

MESERO: (7) ¿____________ van a tomar algo más?

SRA. SÁNCHEZ Y ANDREW: Por ahora, nada más.

MESERO: Muy bien. Muchas gracias.

1-11 Un día cualquiera *(A normal day)* The following narration is about a normal day in Isabel Martos' life. Help her complete the narration by using the correct forms of the verbs in parentheses.

Isabel Martos (1) ________________ (estudiar) historia del arte. Ella (2) ________________ (tomar) el autobús a la universidad todas las mañanas. En el autobús, (3) ________________ (escuchar) música de sus cantantes *(singers)* favoritos: Shakira, Juanes y Alejandro Sanz. Después de las clases, Isabel (4) ________________ (trabajar) como mesera en un restaurante. Después del trabajo, Isabel normalmente (5) ________________ (tomar) un café con sus amigos, y ellos (6) ________________ (hablar) de muchas cosas.

Nombre ______________________ Fecha ______________

1-12 Actividades de fin de semana *(Weekend activities)* Germán is telling us about what he and his brothers and sisters do during the weekend. Form sentences with the elements below. Don't forget to put the verbs in the correct forms.

1. Santi / tomar / clases de alemán

____

2. Antonio y Lucía / enseñar / español en el centro comunitario *(community center)*

____

3. yo / escuchar / música en español / y practicar / la pronunciación

____

4. mis hermanos y yo / bailar / en las discotecas

____

1-13 Marina y Esteban Marina and Esteban are university students. Ask them questions and then answer those questions from their perspective based on the information provided and the drawings. Use the appropriate verb from the box and follow the **modelo.**

cantar	estudiar	viajar	bailar

MODELO if they speak Spanish
¿Hablan ustedes español?
Sí, hablamos español.

1. if they travel

____

____

2. if they study

____

____

3. if he sings

____

____

4. if she dances

____

____

Nombre ______________________ Fecha ______________

SEGUNDA ETAPA

Para empezar Vamos a comer y cenar

1-14 ¡Al supermercado! La Señora Rivas has started to make a grocery list. Place the remaining foods and drinks from the box into the correct categories below.

el vino	**las salchichas**	**la cerveza**	**la ensalada**
los espaguetis	**las verduras**	**la pizza**	**las papas fritas**
el pescado	**la tarta**	**el pollo**	**la hamburguesa**

	Desayunos y meriendas	Comidas y cenas
PLATOS PRINCIPALES *(main dishes)*	los cereales el pan tostado los churros	________ ________ ________ ________ ________ ________
PLATOS PARA ACOMPAÑAR *(side dishes)*		________ ________ ________
BEBIDAS	el jugo de naranja el café el té los refrescos	el agua mineral ________ ________
POSTRES *(desserts)*		la fruta ________

Nombre ______________________ Fecha ______________________

1-15 Voy a tomar... The Márquez family is having lunch at their favorite restaurant. Complete the following conversation between the Márquez family and a waiter with the following words: **arroz, bistec, cerveza, papas, pizza, refresco, tarta, vino.**

MESERO: ¡Buenas tardes! ¿Qué van a tomar?

SRA. MÁRQUEZ: Para mí algo italiano, una (1) ______________ por ejemplo, por favor.

MESERO: Muy bien. ¿Y para Ud., señor?

SR. MÁRQUEZ: Yo voy a comer un (2) ______________ con (3) ______________ para acompañar.

MESERO: ¿Y para Ud., señorita?

PILAR: Una hamburguesa y (4) ______________ fritas.

MESERO: ¿Y qué quieren Uds. para beber *(drink)*?

SR. MÁRQUEZ: Una (5) __________ para mí, una copa de (6) ______________ para mi mujer *(wife)* y un (7) ______________ para mi hija *(daughter)*.

PILAR: ¡Y una (8) ______________ de chocolate de postre!

SR. MÁRQUEZ: OK, Pilar. ¡Cómo no! *(Of course!)*

Enfoque léxico *Adjetivos para describir comidas y bebidas*

1-16 Opuesto o parecido *(Opposite or similar)* Link the word in the first column with an opposite or similar word in the second column.

1. bueno	**a.** frío
2. caliente	**b.** malo
3. amargo	**c.** dulce
4. sabroso	**d.** exquisito

1-17 ¿Cómo es? *(What's it like?)* Choose the **best** adjective from the options to describe the following foods and drinks.

1. el café sin *(without)* azúcar *(sugar)*
a. picante **b.** salado **c.** amargo **d.** dulce

2. el café con *(with)* azúcar
a. picante **b.** salado **c.** amargo **d.** dulce

3. el refresco con hielo *(ice)*
a. caliente **b.** frío **c.** picante **d.** salado

4. las papas fritas
a. saladas **b.** dulces **c.** amargas **d.** ácidas

5. la sopa de verduras
a. caliente **b.** fría **c.** dulce **d.** ácida

1-18 Conversaciones You're sitting in a crowded café and cannot help but overhear the other patrons' conversations. Using the words in the box, complete the mini-dialogues. Use each word only once.

fría	rico	picantes	salado	deliciosa	caliente

MARÍA: ¿Es bueno el café en este restaurante?
HÉCTOR: Sí, es muy **(1)** ____________________.

JORGE: La sopa no está caliente.
LUIS: Claro, se llama *gazpacho*. Es una sopa **(2)** ____________________ a base de tomate.

MESERO: ¿Algo más, señor?
DAVID: Sí, ¡más agua, por favor!
MESERO: ¡Claro *(Of course)*! Los jalapeños rellenos *(stuffed)* son muy **(3)** ____________________.

LUISA: ¡Ay!
PILAR: ¿Qué te pasa? *(What's wrong?)*
LUISA: El té está demasiado *(too)* **(4)** ____________________.

CÉSAR: ¿Qué tal el pescado?
ANA: Está un poco **(5)** ____________________.

LAURA: ¿Qué vas a comer?
LOLA: La ensalada César. Es **(6)** ____________________.

Enfoque estructural *El artículo definido y el número*

1-19 El artículo y el plural Andrew just started to learn Spanish and is having some trouble remembering which definite article to use and how to make words plurals. Help him by filling in the blanks with the appropriate definite article and plural form for the following words.

MODELO __el__ vino → __los vinos__

1. ________ agua mineral → ____________________
2. ________ lección → ____________________
3. ________ huevo → ____________________
4. ________ yogur → ____________________
5. ________ café → ____________________
6. ________ universidad → ____________________

Nombre ______________________________ Fecha ______________

1-20 El gazapo *(The blunder)* Andrew is making progress in his Spanish classes, but he still makes some mistakes when he writes. Help him correct the errors in the following sentences by writing the correct sentence in the blank.

MODELO *El* profesores beben café en *el* cafetería.
Los profesores beben café en ***la*** *cafetería.*

1. Señor y la señora Vázquez toman unas copas de vino con las tapas.
____
2. "¿Cómo está?, la señora López".
____
3. Los estudiantes practican español en la clases.
____
4. En el bar Los Lápizes preparan las meriendas muy bien.
____
5. Mi bebida favorita es la agua mineral.
____

1-21 Tradiciones Professor Aguilar is talking about the Spanish tradition of **tapas.** Help her complete the narration by placing the appropriate definite article in the blanks.

(1) ________ profesora Aguilar está en (2) ________ cafetería de (3) ________ universidad. Allí *(There)* habla con (4) ________ estudiantes americanos sobre (5) ________ tradición de (6) ________ tapas en España. Algunas tapas son: (7) ________ aceitunas *(olives)*, (8) ________ cacahuetes *(peanuts)*, llamados manís en el Caribe y cacahuates en México, (9) ________ queso y (10) ________ pescado frito. Una buena bebida para acompañar (11) ________ tapas es (12) ________ sangría.

Enfoque estructural *El verbo* ***ser*** *para expresar características y lugar de origen*

1-22 ¿Cómo son? Use the appropriate form of the verb **ser** and the adjectives in the box to describe the following foods. Be sure to use the correct form of the adjective and only use each adjective once.

ácido	caliente	dulce	frío	amargo	picante	salado

MODELO el chocolate
El chocolate es dulce.

1. los chiles ______________________
2. el té helado *(iced)* ______________________
3. el jugo de naranja ______________________
4. el pan tostado ______________________
5. el café sin azúcar ______________________
6. las papas fritas ______________________

Nombre ______________________ Fecha ______________

1-23 ¿Es español? You have foreign exchange students in several of your classes. Looking at the map, clarify what their nationalities are.

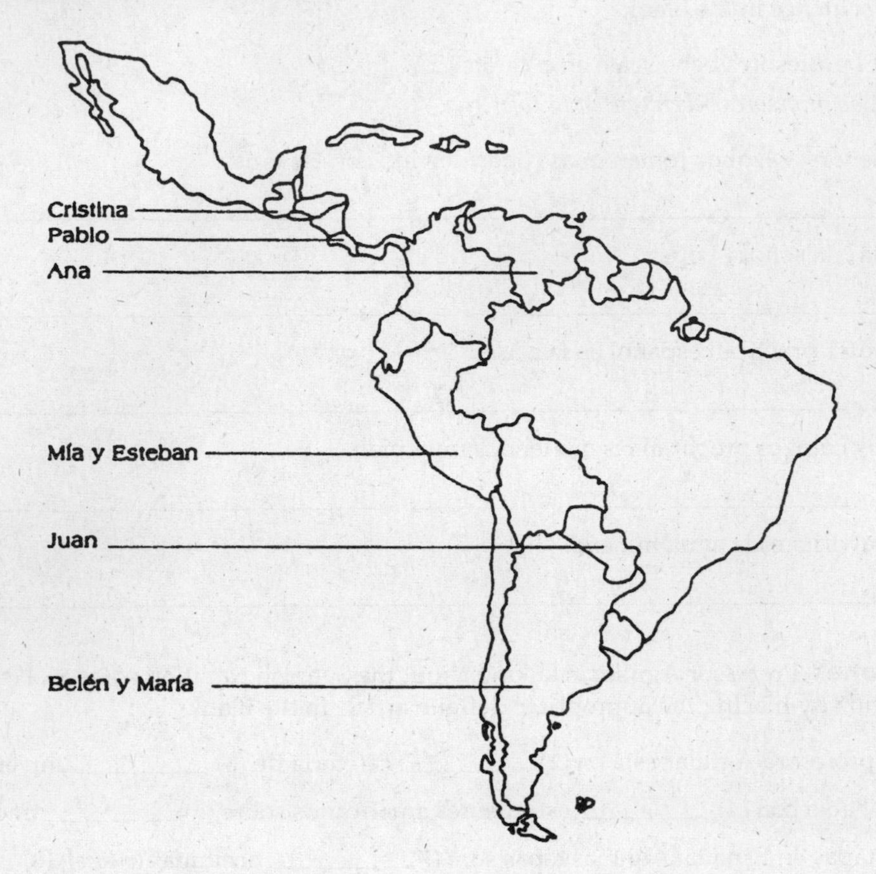

1. ¿Es Pablo español?

   No, es ______________________.

2. ¿Es Cristina salvadoreña?

   No, es ______________________.

3. ¿Es Juan panameño?

   No, es ______________________.

4. ¿Es Ana guatemalteca?

   No, es ______________________.

5. ¿Son Belén y María venezolanas?

   No, son ______________________.

6. ¿Son Mía y Esteban colombianos?

   No, son ______________________.

Nombre ______________________________ Fecha ______________

1-24 La Casa Internacional *(The International House)* Marga is talking about the different nationalities of the students from the International House. Read the following description, and then complete the paragraph with the appropriate adjectives.

La directora de la Casa Internacional en mi universidad es de los Estados Unidos, pero todos los estudiantes son extranjeros. Yolanda y Patricia son de España. Marco es de Italia y Monique es de Francia. Hugo, Sancho y Antonio son del Ecuador y Andrea y Rebeca son de Honduras.

La directora de la Casa Internacional es (1) ______________, pero los estudiantes son de distintos países. Hay dos muchachas (2) ______________, un chico (3) ______________ y una chica (4) ______________. También hay tres estudiantes (5) ______________ y dos estudiantes (6) ______________.

1-25 ¡Qué desorden! In the following conversation Sofía, from the *¡Tú dirás!* video, is at a party meeting new people. Put the conversation in a logical order by sequencing the sentences from 1 to 8.

____ ¡Ah, sois puertorriqueños!

____ No, soy de Madrid, la capital.

____ ¿De Sevilla?

____ ¡Hola! ¿De dónde sois?

____ Somos de Puerto Rico.

____ Sí, de Ponce.

____ Y tú, ¿de dónde eres?

____ Yo soy española.

1-26 ¡Qué curioso! The other roommates from the *¡Tú dirás!* video are also at the party. Imagine that you are the host and that various guests are asking you about the five roommates' places of origin. Complete the following inquiries and responses. Follow the modelo.

MODELO Sofía / España

ENRIQUE: *¿De dónde es Sofía?*

TÚ: *Sofía es de España. Es española.*

1. Valeria / Venezuela

   SARA: ______________________________

   TÚ: ______________________________

2. Antonio / Estados Unidos

   JORGE: ______________________________

   TÚ: ______________________________

3. Javier / Argentina

   LUIS: ______________________________

   TÚ: ______________________________

4. Alejandra / Colombia

   MERCEDES: ______________________________

   TÚ: ______________________________

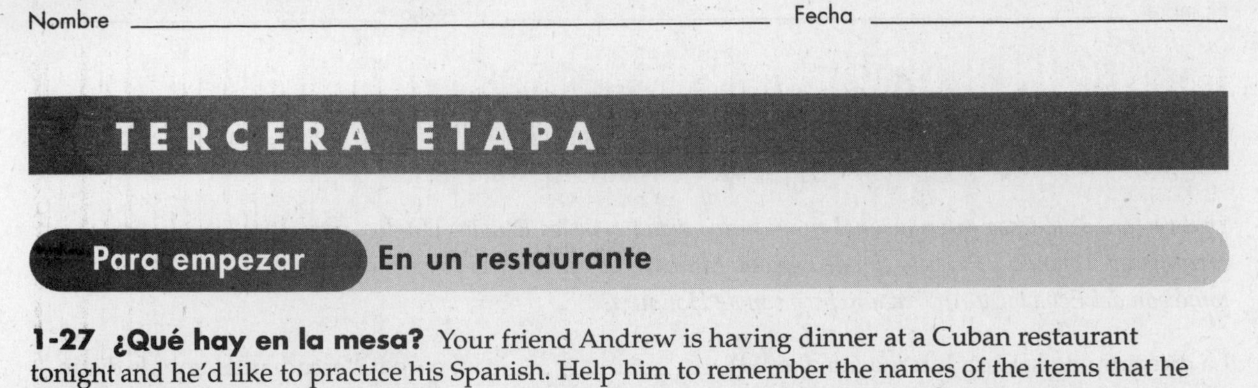

Nombre ______________________ Fecha ______________

TERCERA ETAPA

Para empezar — En un restaurante

1-27 ¿Qué hay en la mesa? Your friend Andrew is having dinner at a Cuban restaurant tonight and he'd like to practice his Spanish. Help him to remember the names of the items that he will most likely find on the table.

1. ______________
2. ______________
3. ______________
4. ______________
5. ______________
6. ______________
7. ______________
8. ______________
9. ______________
10. ______________
11. ______________
12. ______________
13. ______________
14. ______________

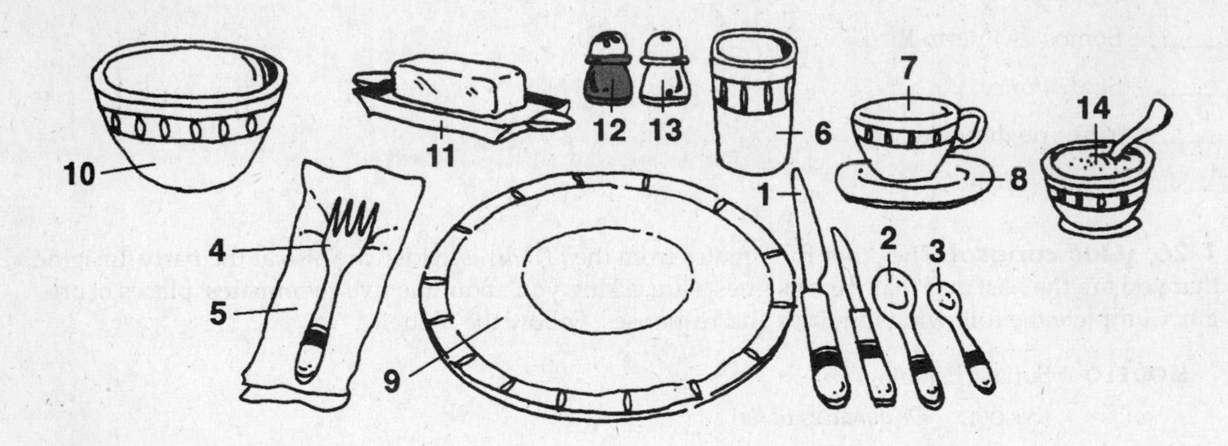

1-28 Pistas *(Clues)* Adrián is playing "guess the name" with his little brother as they are setting the dinner table. Read the following clues that Adrián provides his brother and write the name of the object he's describing in the spaces provided.

- Para tomar sopa necesitas una (1) ______________.
- Para tomar vino, usas una (2) ______________.
- Para comer un bistec, usas el (3) ______________ y el (4) ______________.
- Para aliñar *(to dress)* la ensalada, necesitas el (5) ______________ y el (6) ______________.

Enfoque léxico *Expresiones útiles en un restaurante*

1-29 De primero... It's Saturday evening and Mr. and Mrs. Valdés are eating out at a new grill that just opened in their neighborhood. Read the sentences below and reconstruct part of Mr. Valdés' conversation with the waiter by putting them into a logical order.

_____ Una muy buena elección, señor. ¡Es deliciosa! ¿Y de segundo plato?

_____ Muy bien, señor. ¿Algo más?

_____ No, sólo el surtido.

_____ La señora va a pedir carne de ternera y yo cordero. Y para beber, vamos a pedir vino tinto.

_____ De primero, queremos sopa de mariscos.

_____ Sí, como aperitivo queremos un surtido de quesos.

_____ Bienvenidos *(Welcome)* al restaurante, ¿van a tomar un aperitivo?

_____ ¿Y de primero?

1-30 De postre... Mr. and Mrs. Valdés have finished their main course and their waiter stops by their table to see if they would like anything else to eat or drink. Complete the following conversation with the appropriate words according to the context.

MESERO: ¿Van a comer (1) ____________________?

LA SRA. VALDÉS: Sí, para mí el flan.

MESERO: ¿Y para Ud., señor?

EL SR. VALDÉS: Para mí, nada.

MESERO: ¿Van a tomar (2) ____________________?

EL SR. VALDÉS: Yo sí, pero la señora no. Voy a tomar un cortado.

MESERO: Bien. Señora, ¿le apetece *(would you like)* tomar un té? El té verde es muy sabroso.

LA SRA.VALDÉS: Sí, gracias por la recomendación. Probaré *(I'll try)* el té verde.

Veinte minutos más tarde *(twenty minutes later)*

MESERO: ¿Qué (3) ____________________ está todo?

SRA. VALDÉS: Muy bien, gracias.

MESERO: ¿Necesitan (4) ____________________ más?

EL SR. VALDÉS: No, gracias. Sólo *(Only)* la (5) ____________________, por favor.

MESERO: ¡Cómo no, ahora mismo!

1-31 Respuestas lógicas If you were dining at the same restaurant as the Valdés, you would more than likely hear native Spanish-speakers use the following expressions. Which question would elicit which response? Match the questions with their logical replies.

_____ **1.** ¿Va a tomar sopa la señorita?

_____ **2.** ¿Qué van a beber?

_____ **3.** ¿Van a tomar un aperitivo?

_____ **4.** ¿Van a pedir postre?

_____ **5.** ¿Está todo bien?

a. Sí, el jamón serrano, por favor.

b. Sí, todo perfecto, gracias.

c. No, gracias. Pero sí queremos café.

d. Sí, de pescado, por favor.

e. Una copa de vino blanco y una cerveza.

1-32 ¿Quiere pedir? Imagine that you're spending a few days in Puerto Rico and that during your visit to the capital you decide to try one of the restaurants in Old San Juan. How would you respond to the following questions below? Complete the dialogue with your responses and be as creative as possible!

MESERO: Buenas tardes. ¿Quiere pedir?

TÚ: ______________________________

MESERO: ¿Va a pedir algo de aperitivo?

TÚ: ______________________________

MESERO: ¿Qué va a beber?

TÚ: ______________________________

MESERO: Tenemos una gran selección de postres. ¿Va a pedir postre?

TÚ: ______________________________

MESERO: ¿Necesita algo más?

TÚ: ______________________________

Nombre ______________________________ Fecha ____________________

Enfoque estructural *El verbo **estar** + adjetivos*

1-33 ¡Qué negativo! There is always something wrong with Carlo's food. Write down his answers to the following questions using the correct form of **estar** and an appropriate adjective from the box. Pay attention to gender and number agreement. Follow the **modelo.**

malo	**frío**	**picante**	**amargo**	**salado**

MODELO ¿Está rico el queso?
*No, el queso **está** muy **malo.***

1. ¿Están deliciosos los jalapeños? No, los jalapeños ______________ muy ______________.
2. ¿Está bien la tortilla de patata? No, ______________ demasiado *(too)* ______________.
3. ¿Está dulce la tarta? No, ______________ bastante *(rather)* ______________.
4. ¿Están calientes los churros? No, ______________ demasiado ______________.

Enfoque estructural *El presente de los verbos regulares terminados en **-er, -ir***

1-34 Combinaciones *(Mix and match)* Reveal all of the things that the following people do, by creating as many sentences as possible using the elements from the three columns. Provided that the sentences make sense, a subject may be used with more than one verb.

Frank y Robert	aprender	el alfabeto español
yo	asistir a	buenas notas *(grades)* en la clase de español
la profesora Aguilar	compartir	el periódico *(newspaper)* en el café
tú	leer	la Universidad Autónoma del Estado de México (UAEM)
nosotros	recibir	el apartamento con otros estudiantes estadounidenses *(with other US students)*

1. ____
____
2. ____
____
3. ____
____
4. ____
____
5. ____
____

Nombre ______________________ Fecha ______________

1-35 El curso de civilización española Kim is thinking about taking the Spanish Civilization course next semester and she wants to find out what the class is like. Complete the following conversation between Kim and her friend Eric, who is telling her about the course.

KIM: Eric, deseo tomar la clase de civilización española el próximo semestre. ¿Qué hacen ustedes en la clase?

ERIC: Nosotros (1) ______________ (leer) mucho sobre las tradiciones y los pueblos hispánicos.

KIM: ¿(2) ______________ (Comprender, tú) bien las explicaciones del profesor?

ERIC: Sí, tenemos una profesora excelente y todos (3) ______________ (aprender, nosotros) mucho en esta clase.

KIM: Y ¿(4) ______________(escribir, ustedes) ensayos (*essays*)?

ERIC: Sí, (5) ______________ (recibir) una tarea de escritura a la semana. ¿Por qué no (6) ______________ (asistir, tú) a una clase y observas?

1-36 El preguntón ***(The busybody)*** You are talking to one of your Spanish friends and he wants to know how your experience abroad is going. Write down the appropriate answers to the following questions.

1. ¿Asistes a la clase de español todos los días?

____

2. ¿Corres mucho?

____

3. ¿Vives con una familia española?

____

4. ¿Compartes la habitación?

____

5. ¿Comprendes los programas de televisión en español?

____

6. ¿Escribes muchos correos electrónicos?

____

Nombre ______________________ Fecha ______________________

Vamos a leer

El menú de La bodega Gaudí

Antes de leer

Previous knowledge
A very helpful strategy for understanding a written text in a foreign language is the use of prior knowledge. When looking at a restaurant menu, for example, you are usually able to anticipate the sections and food items you will find on it. You can do the same thing when looking at a menu in Spanish.

1-37 Para picar *(Snacking)* In preparation for reading the menu, answer the following questions.

1. When you are hungry, either for a snack between meals or for a light lunch or supper, what kinds of food do you like to eat?

____

____

____

2. Where do you go to get this food?

____

____

____

3. What are the regular sections one can find on a menu? Take a quick look at the menu on page 26 to find out if those sections appear there.

____

____

____

Nombre _______________________ Fecha _______________________

La Bodega Gaudí

TAPAS

Pan con tomate y jamón
Tortilla de patatas
Queso
Paella de mariscos *(shellfish)*
Gambas al ajillo
Calamares fritos
Croquetas de jamón
Choricitos al jerez *(sherry)*
Patatas bravas

POSTRES

Crema catalana *(crème brulée)*
Sorbete de limón
Pastel de fresa
Mousse de chocolate

BEBIDAS

Jarra de sangría
Vino tinto del Penedés
Refrescos
Cerveza
Agua mineral
Infusiones
Café

Después de leer

1-38 ¿Qué quisieras...? After examining the menu from the Barcelona **tapas** bar, La Bodega Gaudí, answer the following questions. Do not forget to use your newly acquired knowledge of vocabulary for Spanish food and the structures to order in a restaurant.

1. What would you order from the menu if you were very hungry?

____

2. What would you order from the menu if you were a vegetarian?

____

3. What would you order from the menu if you weren't very hungry?

____

4. You feel like having some fruit for dessert. What would you order?

____

5. It is a very hot summer day. What kind of drink would you order?

____

6. Point out the hot drinks that appear in the menu.

____

Nombre ______________________ Fecha ______________

Vamos a escribir

ATAJO 4.0

Vocabulary: People; School: university; Food: appetizers, drinks, general, meals; Leisure; Nationality

Phrases: Introducing

Grammar: Verbs: present, use of **ser** and **estar**; Adverbs

La vida del estudiante

Your professor would like to know more about you and your routine at school. Write a brief description about yourself including the following information:

- your name and place of origin
- your daily routine
- your eating habits: drinks, snacks and/or light meals

A empezar

1-39 Organización de las ideas Look at each of the information points in the previous section and think about what you can say about your lifestyle in regard to these aspects. Then organize your ideas in a logical order.

A escribir

1-40 Preparación del borrador Using the ideas that you came up with in the **A empezar** section, write the first draft of your description.

1-41 Revisión del borrador Review your **borrador** by considering the following questions.

1. Have you provided information for all the points addressed in the opening section? Do you need more details?
2. Is your description clear enough? Would you consider changing the organization of your description to make it clearer?
3. Have you used the appropriate vocabulary and grammatical structures that you learned in this chapter to talk about yourself and your activities and to describe different types of food?

1-42 El producto final Based on the review of your draft, make the necessary adjustments and incorporate any new ideas that have occurred to you. Before you hand in your composition, read it again and check for any misspelled words or phrases. Finally, make sure that all your changes have been implemented.

Nombre ______________________________ Fecha ____________________

COMPRENSIÓN AUDITIVA

Read the questions for each separate conversation *before* listening.

CD1, Track 2

1-43 Conversaciones Listen to three short conversations. Then answer the following questions in Spanish.

Conversación 1

1. How often does Teresa go to her math class?
____

2. Why won't Juan be in his math class tomorrow?
____

3. How often does Juan travel?
____

Conversación 2

4. What does each person order?
____
____

5. What does the waiter suggest?
____

Conversación 3

6. Why doesn't Alejandro want to go to Café La Paz?
____

7. What does he order?
____

8. Do Cristina and Alejandro order the same thing?
____

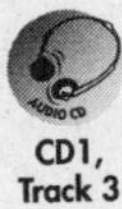

CD1, Track 3

1-44 ¿A qué se refiere? ***(What does it refer to?)*** You will hear four conversations. Match each conversation with the appropriate description.

_____ **a.** friends having something to drink together in a café

_____ **b.** one person having breakfast

_____ **c.** strangers having a drink in a café

_____ **d.** students talking about themselves and their activities

CD1, Track 4

1-45 En un restaurante Listen to the conversation that takes place in a restaurant. Then answer the questions by circling the letter of the correct response.

1. This conversation could not take place . . .
   - **a.** at breakfast.
   - **b.** at lunch.
   - **c.** in the evening.
2. The people involved are . . .
   - **a.** mutual friends.
   - **b.** two friends and an acquaintance of the second.
   - **c.** two friends and a stranger.
3. What nationalities are represented?
   - **a.** one Italian, one Mexican, and one American
   - **b.** two Italians and one American
   - **c.** two Mexicans and one American

Pronunciación

Each of the first eleven chapters of the *Activities Manual* includes a section on pronunciation. In the **Capítulo preliminar** of the textbook, the complete Spanish alphabet was presented. In these exercises, you will have the opportunity to practice the different sounds of the Spanish language.

Los sonidos vocálicos: *a, o, u*

CD1, Track 5

1-46 La vocal *a* The sound of the vowel **a** in Spanish is pronounced like the *a* of the English word *father* except that the sound is shorter in Spanish. Listen as the speaker models the difference between the Spanish **a** and the English *a* of *father.*

Listen to and repeat the following words.

hola	canta	va	habla	pan
hasta	patatas	calamares	tapas	cacahuetes

CD1, Track 6

1-47 La vocal *o* The sound of the vowel **o** in Spanish is pronounced like the *o* of the English word *open* except that the sound is much shorter in Spanish. Listen as the speaker models the difference between the Spanish **o** and the English *o.*

ojo	por	con	disco	algo
vaso	nosotros	chorizo	como	año

CD1, Track 7

1-48 La vocal *u* The sound of the vowel **u** in Spanish is pronounced like the *u* of the English word *rule* except that the sound is shorter in Spanish. Listen as the speaker models the sound for you.

tú	saludos	lunes	mucho	Perú
jugo	Cuba	gusta	un	música

Nombre ______________________________ Fecha ____________________

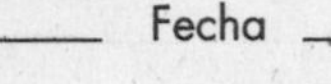

Vamos a ver

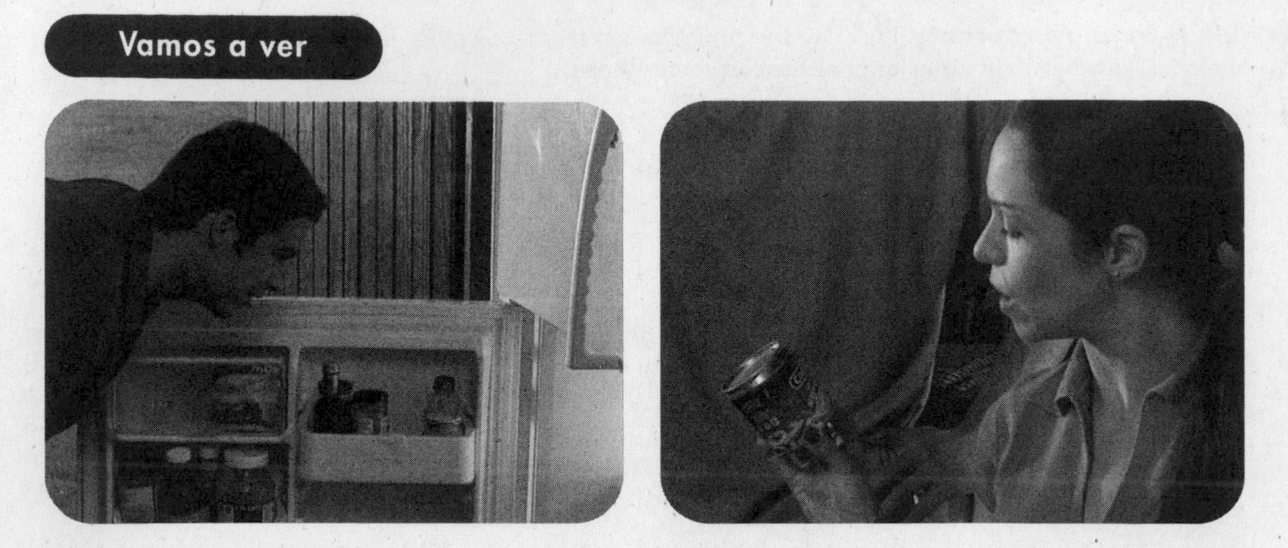

1-49 Lo que dirán *(What they'll say)* Complete the following excerpts from the *¡Tú dirás!* video with the words from the box. Then watch the video segment and check your answers.

son	quiero	salchichas	bien	refresco

ANTONIO: Chicos, ¿tienen hambre?

SOFÍA: Yo más bien (1) ________________ algo de tomar.

ANTONIO: ¿Tomas un (2) ________________ o un jugo de frutas?

SOFÍA: Un vaso de agua está (3) ________________.

JAVIER: Miren todo lo que hay aquí; refrescos, palomitas de maíz, pretzels, (4) ________________ enlatadas, paté... ¿y esto qué es?

ALEJANDRA: (5) ________________ unos mejillones con chile jalapeño. ¡Guácala!

ANTONIO: ¡Jalapeños! ¡Me gustan *(I like)* mucho los chiles jalapeños!

1-50 ¿Quién? *(Who?)* Complete the following quotes *(citas)* with the correct form of the verb **ser** and/or an adjective of nationality. Then watch the video and indicate which roommate says each quote by writing his or her name in the column labeled **¿Quién?**.

Cita	¿Quién?
1. Oye, Antonio, ¿tú de dónde ________?	________________
2. ________ de Texas, pero mis padres ________ de México.	Antonio
3. ________ de Buenos Aires, ¿verdad?	________________
4. Sí. ________ porteño. ¿Y vos?... Digo, ¿y ________?	Javier
5. ¿Y tú Sofi, ¿de qué parte de España ________?	________________
6. Mis padres ________ de Aragón pero yo vivo en Madrid.	Sofía

Nombre ______________________ Fecha ______________

Lo mío y los míos

2

PRIMERA ETAPA

Para empezar En mi cuarto

2-1 Asociaciones For each of the items in the left column select the most logically related action from the right column.

____ 1. unos libros
____ 2. una computadora portátil
____ 3. un estéreo
____ 4. una cama
____ 5. un escritorio
____ 6. un apartamento

a. escribir
b. dormir
c. navegar *(surfing)* en Internet
d. escuchar música
e. vivir
f. leer

2-2 ¿De qué color...? With which color are the following items normally associated? Note that the adjectives need to agree in gender and number with the noun they modify.

MODELO el sol: *amarillo*

1. la pizarra: ______________
2. las fresas: ______________
3. el chocolate: ______________
4. la tiza: ______________
5. las plantas: ______________
6. la tortilla de patatas: ______________
7. las gambas: ______________
8. el bolígrafo: ______________

2-3 Adivina, adivinanza *(Guessing)* You and your classmates are playing a game in your Spanish class. Read the descriptions below and identify the corresponding object in Spanish. Follow the **modelo.**

MODELO con *(with)* números y letras *Es un teclado.*

1. con pantalla y teclado
____
2. con paredes, ventanas y una puerta
____
3. con almohadas y sábanas *(sheets)*
____
4. con cajones, una lámpara y libros
____
5. con ropa y zapatos
____

Enfoque léxico *Las preguntas de tipo **sí/no***

2-4 Preguntas The new teaching assistant is conducting individual interviews. Your classmate is responding to her questions, but you can only hear his responses. To prepare yourself for your interview, think of the most probable questions for the answers that your classmate has given.

1. ______________________
   No, no vivo en una residencia estudiantil.
2. ______________________
   Sí, escribo muchos correos electrónicos.
3. ______________________
   No, no comemos en el comedor *(dining hall)* de la universidad.
4. ______________________
   No, no leo muchos libros los fines de semana *(on the weekends)*.
5. ______________________
   Sí, siempre asistimos a clase.
6. ______________________
   Sí, compartimos un apartamento.

2-5 ¡Qué curiosa! ***(How curious!)*** Beatriz is very intrigued by the new relationship that her friend Ana has with an Italian exchange student, Carlo. Answer the following questions that Beatriz asks Ana by using complete sentences.

—Ana, Carlo es de Roma, ¿verdad?

—No, (1) ______________________.

—Tú y Carlo, ¿asisten a la misma *(same)* clase de música con el Profesor Hernández?

—Sí, (2) ______________________.

—Tú y Carlo, ¿comen juntos *(together)* en la cafetería de la universidad?

—No, (3) ______________________.

—Tú y Carlo no viajan todos los fines de semana, ¿verdad?

—No, (4) ______________________.

—Ana, ¿practicas el italiano mucho con Carlo?

—Sí, (5) ______________________.

2-6 Clubes universitarios ***(University clubs)*** You attended an orientation session celebrated at your university to find out about the different clubs available and a senior student is asking you some questions to help you decide which club you might like the best. Answer the following questions based on your personal experience.

1. ¿Hablas otras lenguas?

____

2. ¿Viajas mucho?

____

3. ¿Corres o practicas un deporte *(sport)*?

____

4. ¿Tocas *(Do you play)* algún *(any)* instrumento?

____

5. ¿Miras muchas películas *(movies)*?

____

6. ¿Usas mucho la computadora?

____

Enfoque estructural *Los verbos **haber** y **tener***

2-7 En... hay... Think of which items can be found in the following locations and then write them in the space below.

1. En una biblioteca *(library)* hay

____.

2. En un café hay

____.

3. En la clase de español hay

____.

4. En una residencia estudiantil hay

____.

2-8 ¿Qué hay...? Look at the drawings of Eduardo's and Alicia's rooms. First, list in Spanish at least ten objects that you see in Eduardo's room. Then list at least two objects in Alicia's room that are not found in Eduardo's room.

1. En el cuarto de Eduardo hay

____

____

____.

2. En el cuarto de Alicia hay

____

____

____.

Nombre ______________________ Fecha ______________________

2-9 ¿Quién tiene qué? Connect the names with the appropriate sentence to determine who has what.

_____ 1. Yo...
_____ 2. Mis profesores...
_____ 3. Tú...
_____ 4. Mis compañeros de cuarto y yo...
_____ 5. Ustedes...
_____ 6. Elena...

a. tienes unos pósters de Jennifer López en tu cuarto.
b. tiene una computadora portátil.
c. tienen las notas *(grades)* de los estudiantes.
d. tengo el diccionario en mi mochila.
e. tenemos dos lámparas en la habitación.
f. tienen estantes en las aulas *(classrooms)*.

2-10 ¡Las cosas que no tengo! Today you woke up late and had to leave in a rush. You forgot to take your backpack with you. Look at the pictures and indicate who has the items that you need.

1. Sonia tiene ______________________.
2. ______________________.
3. ______________________.
4. ______________________.

2-11 No tenemos... You just found out that everyone is missing at least one item for his/her room. Indicate who is missing what by using the elements below to form sentences. Follow the **modelo.**

MODELO Miguel / no tener estantes *Miguel no tiene estantes.*

1. mis amigos / no tener un televisor

____

2. yo / no tener un radio despertador

____

3. Fernando y yo / no tener una computadora portátil

____

4. Marta / no tener una cómoda blanca

____

5. mi compañero/a de clase / no tener un escritorio en su cuarto

____

6. Uds. / no tener pósters

____

Nombre ______________________ Fecha ______________________

Enfoque estructural *Los adjetivos posesivos y **ser + de** para expresar posesión*

2-12 Posesiones ***(Belongings)*** Use the possessive adjectives to indicate who has what. Follow the **modelo.**

MODELO el estéreo de Paco: *su estéreo*

1. el cuarto de Antonio: ______________________
2. las almohadas de mis padres: ______________________
3. los pósters de ellas: ______________________
4. la cama de Lola: ______________________
5. el televisor de nosotros: ______________________
6. la computadora de tu amigo: ______________________

2-13 Objetos perdidos ***(Lost items)*** In the following exchanges, the speakers seem to have lost different items. Complete the following sentences with the appropriate possessive adjective.

MODELO —¿Tiene Miguel tus libros?

—No, Miguel no tiene *mis* libros.

1. —¿Tienes tú mi disco compacto de Shakira?

   —Sí, tengo ____________ disco compacto de Shakira en el cuarto.

2. —¿Tienen ustedes sus cuadernos?

   —No, profesor, no tenemos ____________ cuadernos. Están en ____________ habitación.

3. —¿Tienes mis lápices?

   —No, no tengo ____________ lápices. Tú tienes los lápices en ____________ escritorio.

4. —¿Tienen Marta y María su diccionario de español?

   —No, no tienen ____________ diccionario de español.

5. —¿Tiene Daniel tus DVDs?

   —Sí, Daniel tiene ____________ DVDs en ____________ apartamento.

Nombre ______________________________ Fecha ____________________

2-14 Demasiadas preguntas *(Too many questions)* Julia is working in the orientation sessions for prospective students at her university, and she is showing Marta around the campus. Write down the questions that Marta asks Julia.

MARTA: **1.** ______________________________

JULIA: Sí, es mi habitación, pasa.

MARTA: **2.** ______________________________

JULIA: Sí, son mis compañeras, Noelia y Susana.

MARTA: **3.** ______________________________

JULIA: No, no son nuestras computadoras portátiles. Son de la universidad.

MARTA: **4.** ______________________________

JULIA: Sí, es nuestro televisor.

MARTA: **5.** ______________________________

JULIA: No, son mis libros de cálculo. Noelia y Susana no estudian matemáticas.

MARTA: **6.** ______________________________

JULIA: No, no tengo mi perro *(dog)* en la universidad. No está permitido *(It is not permitted).*

2-15 Conversaciones Using the information below, complete the following exchanges with the appropriate possessive adjective or the preposition **de** to determine for what the speakers are looking.

1. Alberto is looking for his pens. Francisco sees where they are.

ALBERTO: ¿Tienes tú **(1)** ______________ bolígrafos?

FRANCISCO: No, tienes los bolígrafos en **(2)** ______________ mochila.

2. Alberto and Francisco are looking for Camila's house.

ALBERTO: Francisco, ¿es la casa **(3)** ______________ Camila?

FRANCISCO: Sí, es **(4)** ______________ casa.

3. Francisco has found a set of keys.

FRANCISCO: Alberto y Cristina, ¿son **(5)** ______________ llaves?

CRISTINA: No, no son **(6)** ______________ llaves.

4. Alberto is looking at a stereo in Francisco's house.

ALBERTO: Francisco, ¿es **(7)** ______________ estéreo?

FRANCISCO: No, el estéreo es **(8)** ______________ mi hermano.

5. Alberto is looking for the group's CDs that Francisco has in his bedroom.

ALBERTO: Francisco, ¿tienes tú **(9)** ______________ discos compactos?

FRANCISCO: Sí, tengo los discos en **(10)** ______________ habitación.

Nombre ______________________ Fecha ______________

2-16 Es de... Your roommate Luis had some friends visiting and they left their belongings behind: you and Luis talk about the forgotten items. You ask Luis to whom the various things belong and then Luis answers. Write your questions and Luis' answers following the **modelos.**

MODELO ¿De quién(es) / ser / el libro? ...de Ana

TÚ: *¿De quién es el libro?*

LUIS: *El libro es de Ana.*

¿De quién(es) / ser / los discos? ...de Juan y de Pedro

TÚ: *¿De quiénes son los discos?*

LUIS: *Los discos son de Juan y de Pedro.*

1. ¿De quién(es) / ser / la calculadora? ...de Pedro

   TÚ: ______________________________.

   LUIS: ______________________________.

2. ¿De quién(es) / ser / los bolígrafos? ...de Rafa y José

   TÚ: ______________________________.

   LUIS: ______________________________.

3. ¿De quién(es) / ser / las llaves? ...de Luisa

   TÚ: ______________________________.

   LUIS: ______________________________.

4. ¿De quién(es) / ser / los discos compactos? ...de Rosana y Tere

   TÚ: ______________________________.

   LUIS: ______________________________.

5. ¿De quién(es) / ser / la computadora? ...de Darío

   TÚ: ______________________________.

   LUIS: ______________________________.

Nombre ____________________ Fecha ____________________

SEGUNDA ETAPA

Para empezar En la universidad y después de clase

2-17 Ofertas de empleo ***(Employment opportunities)*** You are helping a friend in his job search. Read the following ads and indicate what type of professionals each ad is seeking.

MODELO El restaurante La Sirena busca *(is looking for)* ***un mesero*** para los fines de semana.

1. La Universidad de Miami necesita *(needs)* tres ____________ de historia.
2. El grupo de danza Rendición busca dos ____________ con experiencia.
3. La editorial Santillana necesita siete ____________ bilingües para traducir textos del inglés al español.
4. El director de cine Alfonso Aráus busca ____________ hispanas para su nueva película *(movie)*.

2-18 Un joven puertorriqueño Marcos is a young Puerto Rican student. Help him complete the following paragraph about himself by placing the correct word or expression in the blanks. Note that each word or expression is used only once!

química	**humanidades**	**abogado**	**lenguas extranjeras**
residencia estudiantil	**física**	**derecho**	**especialidades**

¡Hola! Me llamo Marcos y estudio (1) ____________ en la Universidad de Vanderbilt. Vivo con mi amigo Alejandro en una (2) ____________. Alejandro también quiere ser (3) ____________, como yo *(like me)*.
La Universidad de Vanderbilt ofrece otras (4) ____________. En la sección de ciencias hay: biología, (5) ____________, (6) ____________, informática y matemáticas. En el área de las (7) ____________ un estudiante de esta universidad se puede especializar en: filosofía, historia, (8) ____________ y literatura. Hay muchas opciones para elegir.

Enfoque léxico *Las preguntas con* ***quién, cuál, qué, dónde*** *y* ***cuándo***

2-19 Preguntas In class, you conducted a survey. Organize your notes by matching the questions from the left column with their appropriate responses from the right column.

1. ¿Dónde está tu apartamento?
2. ¿Quiénes estudian derecho?
3. ¿Cuál es tu película *(movie)* favorita?
4. ¿Cuándo corres en el parque?
5. ¿Qué comes para el desayuno?

a. En el centro de la ciudad.
b. Cereales, un café con leche y un jugo de naranja.
c. *Mujeres a borde de un ataque de nervios* de Pedro Almodóvar.
d. Antes *(before)* de asistir a mis clases universitarias.
e. Julio y Laura.

Nombre ______________________________ Fecha ____________________

2-20 El primer día de clase *(The first day of class)* Pablo, an exchange student from Costa Rica, and Sara are talking during their first day of classes about the courses, the professors, etc. Complete their conversation using the appropriate interrogative word.

PABLO: ¡Hola, Sara! ¿Cómo estás?

SARA: Bien, gracias. Y tú, ¿qué tal?

PABLO: Muy bien. ¿(1) ____________ clases tienes hoy?

SARA: Tengo dos: historia de Latinoamérica y composición avanzada en español.

PABLO: ¿(2) ____________ es tu profesor de historia de Latinoamérica?

SARA: El doctor Juan Alberto Nájera.

PABLO: ¿(3) De ____________ es?

SARA: Del Perú. Es un profesor excelente. Y tú, ¿(4) ____________ estudias este semestre?

PABLO: Bioquímica, cálculo y programación.

SARA: ¡Qué clases tan difíciles!

PABLO: Bueno, un poco, pero son necesarias para mi especialidad. Oye, ¿(5) ____________ terminas tus clases hoy?

SARA: Por la tarde *(In the afternoon)*. ¿Tomamos un café en el centro *(downtown)*?

PABLO: Muy bien. Hay muchos cafés en el centro. ¿(6) ____________ prefieres?

SARA: ¿Qué tal el café Los Leones?

PABLO: Estupendo, hasta luego entonces.

SARA: Adiós.

2-21 La pregunta perdida *(The missing question)* Later that afternoon when Sara and Pablo meet in the café Los Leones, Sara asks Pablo several questions. Read the answers that Pablo provides and write the matching question.

MODELO SARA: *¿Dónde estudias?*
PABLO: Estudio en la Universidad de Costa Rica (URC) en San José.

1. SARA: ______________________________
Mi familia vive en Puntarenas, una ciudad en la costa del océano Pacífico.

2. SARA: ______________________________
La señora en la foto es mi madre.

3. SARA: ______________________________
Mi padre es costarricense y mi madre es mexicana.

4. SARA: ______________________________
Viajar es mi pasatiempo *(hobby)* favorito.

5. SARA: ______________________________
Viajo cada verano *(summer)* con mi familia. Este *(this)* verano planeamos ir a *(we're planning to go to)* Europa.

Enfoque estructural *La expresión de los gustos: **gustar** + verbos*

2-22 ¿Te gusta? Look at the illustrations and pretend you are talking to the person depicted. Write your conversation according to the **modelo**.

MODELO *¿Te gusta hablar español?*
Sí, me gusta.

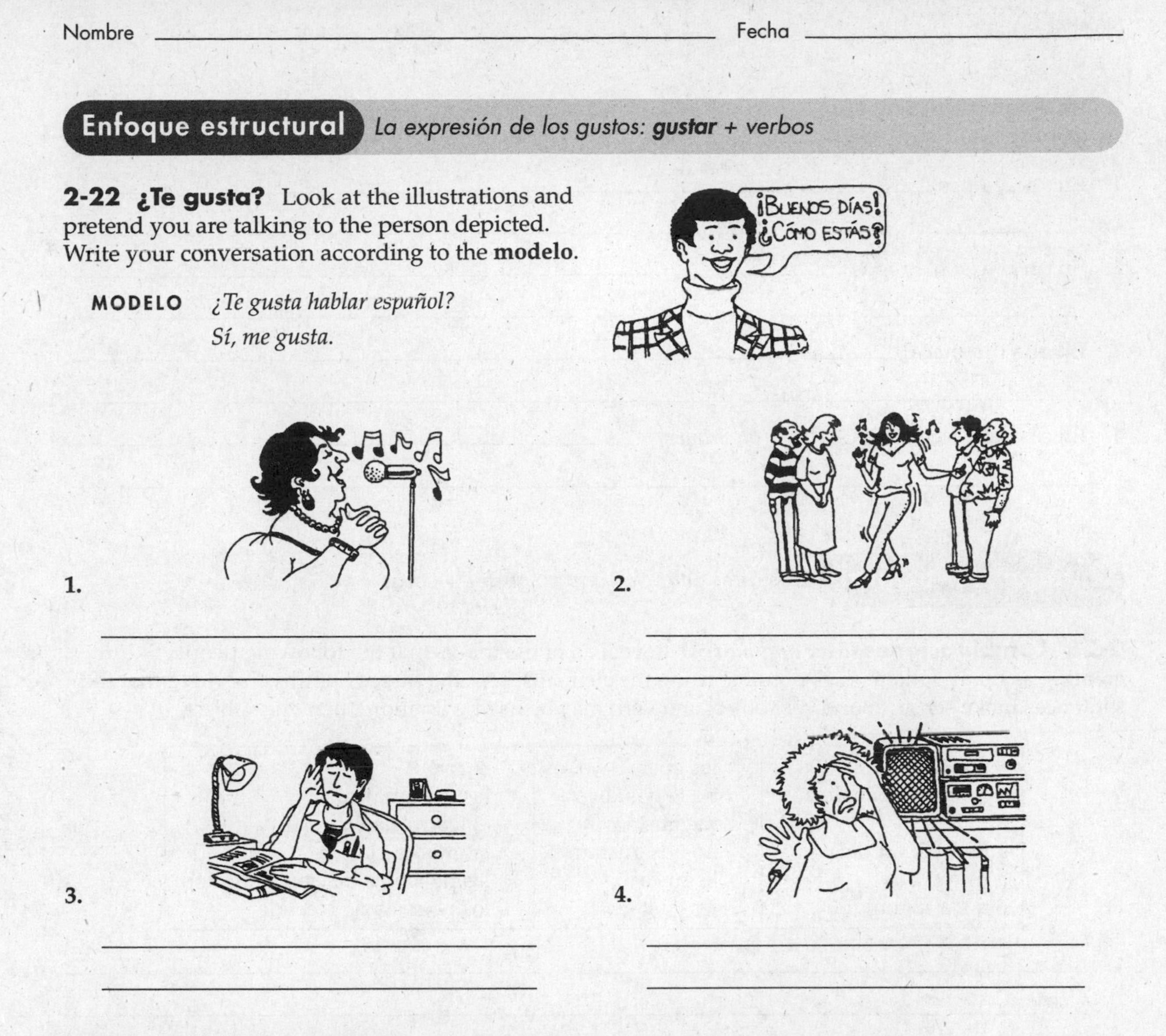

1. ______________________
____

2. ______________________
____

3. ______________________
____

4. ______________________
____

2-23 ¿Muchísimo o muy poco? Some of the activities that appear may appeal to you a lot while others not at all. Fill in the following table to indicate your interest level in the following activities.

Me gusta...	muchísimo	mucho	poco	muy poco
1. aprender idiomas				
2. escribir poemas				
3. ver la televisión				
4. pintar				
5. tocar la guitarra				
6. hablar sobre deportes				

Nombre ______________________ Fecha ______________

2-24 Para relajarme... *(Relaxing)* What kind of activities do you like to do in the following situations? Make sure to form complete sentences when expressing your likes.

1. En vacaciones ____
____.
2. En un café con amigos ____
____.
3. En una discoteca ____
____.
4. En casa los domingos *(At home on Sundays)* ____
____.

Enfoque estructural *La expresión de los gustos: **gustar** + cosas*

2-25 Combinaciones *(Mix and match)* Reveal all of the things that the following people like, by creating as many sentences as possible using the elements from the three columns. Provided that the sentences make sense, an indirect object and verb may be used with more than one subject.

a nosotros	les gusta	el arte
al profesor Sánchez	no te gustan	las matemáticas
a mí	me gusta	el teatro clásico
a Pedro y a Lola	no nos gustan	la música clásica
a ti	le gusta	las películas de ciencia ficción
a ti y a tu amigo	les gustan	los poemas de Neruda

1. ____
____
2. ____
____
3. ____
____
4. ____
____
5. ____
____
6. ____
____

2-26 Alejandra y sus amigos In the following narration, we learn more about Alejandra (from the *¡Tú dirás!* video) and the activities she likes to do during the weekend. Complete the sentences with the appropriate indirect object pronoun or the correct form of **gustar**.

A Alejandra **(1)** ______________ gustan mucho los fines de semana. Todos los fines de semana Alejandra sale con sus amigos. A ellos **(2)** ______________ gusta mucho el cine. Les **(3)** ______________ muchísimo las películas extranjeras. También les **(4)** ______________ ir a los museos, especialmente cuando hay exposiciones nuevas. Les **(5)** ______________ las exposiciones de fotografía. A Alejandra le **(6)** ______________ mucho pasar tiempo con sus amigos. Y a ti, ¿qué **(7)** ______________ gusta? ¿Te **(8)** ______________ los conciertos? ¿Te **(9)** ______________ el arte?

2-27 Preferencias We all have our preferences. What are yours? Read the following pairs of words and indicate which of the two you like best.

MODELO la música – los deportes *(sports)*
Me gustan más los deportes.

1. la historia – la geografía

____

2. las películas de aventura – las películas románticas

____

3. el arte clásico – el arte moderno

____

4. los conciertos de música rock – los conciertos de música folclórica

____

5. las clases de ciencias – las clases de arte y música

____

Nombre ____________________ Fecha ____________________

TERCERA ETAPA

Para empezar Mi familia

2-28 La familia de Gilberto Help your classmate, Gilberto, with his geneology project. Identify his relationship to the members of his family in the spaces provided below their names.

Humberto Lagos Cruz ______

Margarita Suárez Barros ______

Víctor Ponte Capellán ______

Eva Rivas Barrero ______

Antonio Lagos Suárez ______

Anna María Ponte Rivas ______

Gabriela Lagos Ponte ______

Gilberto Lagos Ponte *yo*

Diego Lagos Ponte ______

2-29 Perfiles *(Profiles)* Complete the information that Francisco, a Chilean boy, provides about his family. Use the words that appear in the box below. Remember that each word or expression is used only once.

hermanos	primas	maternos	abuelos	apartamento

Hola, me llamo Francisco. Soy chileno, de la capital, Santiago de Chile. Vivo en un (1) ______________ con mi familia y un pájaro llamado Panchito. Tengo dos (2) ______________, Daniel y Gustavo. Ellos estudian en los Estados Unidos, pero les gusta visitar a nuestra familia en Chile. Mis (3) ______________, Clara y Lucía, viven cerca de *(near)* nosotros, también mis abuelos (4) ______________ viven cerca. No tengo (5) ______________ paternos.

2-30 La familia de mi amigo Gilberto We've been introduced to Gilberto's immediate family, but now you are going to tell us a bit about them. Use the following elements to form sentences. Don't forget to conjugate the verbs correctly and to put the adjectives in the appropriate form.

1. la familia de Giberto / ser / muy simpático

____

2. los hermanos de Gilberto / ser / muy divertido / y / me gustar / jugar con ellos

____

3. la hermana de Gilberto / ser / muy inteligente / y / estudiar / mucho

____

4. Gilberto / tener / un perro / muy listo, / se llamar / Centella

____

5. el hermano menor de Gilberto / tener / un pez / aburrido

____

6. desafortunadamente *(unfortunately)* / no / me gustar / la prima de Giberto / porque / ser / antipático

____

2-31 Una familia de contrastes Monica's family is very interesting; each member has its own characteristics. Complete the following descriptions about her family members by using the appropriate adjectives in each case.

MODELO Mi familia no es muy grande; *es pequeña.*

1. Mi padre es aburrido, pero mi madre es muy ______________.
2. Mi abuela Reme es gordita, pero mi abuelo Rafael es muy ______________.
3. Mi hermana Belén es muy ________________, pero su esposo es bajo.
4. Mi primo José tiene el pelo ________________, pero mi prima tiene el pelo rubio.
5. Mi tío Carlos, el hermano de mi madre, es muy simpático, pero su esposa es ______________.
6. Tengo un perro, Robin, muy ________________, pero el pez de mi hermana Belén es feo.

Enfoque léxico *Las preguntas con **por qué, cómo, cuánto** y **cuántos***

2-32 ¿Cómo y cuánto? Combine the activities with the expressions to say how well or how often you do the following.

MODELO *Canto muy mal.*

Actividades	¿Cómo?	¿Cuánto?
cantar	muy bien	muchísimo
cocinar	bien	mucho
pintar	mal	poco
correr	muy mal	muy poco
hablar en clase		
bailar		

____

____

____

____

____

____

2-33 Preguntas y respuestas Organize your notes from the interview you conducted with your instructor. Complete the questions with the appropriate interrogative word and then match the questions to the answers.

1. ¿______ enseña español?
2. ¿______ se llama?
3. ¿______ sobrinos tiene?
4. ¿______ habla tanto *(so much)* sobre política?
5. ¿______ habitaciones hay en su casa?
6. ¿______ es su esposa?

a. Dos. Se llaman Luisa y Javi.
b. Tres. Dos individuales y una doble.
c. Diego. ¿Y tú?
d. Me gusta este tema *(topic)*.
e. Alta, morena y con ojos de color café. Es muy simpática.
f. Porque me gustan los idiomas.

2-34 ¡Se me olvidó! ***(I forgot)*** Complete the conversation between Beatriz and her mother using the appropriate interrogative words.

BEATRIZ: ¿(1)______ yo, mamá? No quiero cuidar *(take care of)* a Alejandro.
MADRE: Tu padre y yo tenemos planes esta noche y la canguro *(babysitter)* está enferma *(sick)*.
BEATRIZ: Pero, mamá, yo también *(also)* tengo planes para esta noche.
MADRE: ¿Qué planes tienes?
BEATRIZ: Cenar con Iván.
MADRE: Ah, tu nuevo amigo. ¿(2)______ es Iván?
BEATRIZ: Muy simpático, mamá. ¡Y muy guapo, también!
MADRE: Lo siento, Beatriz. pero esta noche no. Esta noche es muy especial para mí. ¡Es el aniversario de tu papa y yo!
BEATRIZ: ¿Ah sí? ¿De (3)______ años *(years)*?
MADRE: Veinticinco *(twenty-five)*.
BEATRIZ: Se me olvidó. Lo siento, mamá.

Enfoque estructural *Un repaso del verbo **ser** y **ser** + nombres*

2-35 Combinaciones ***(Mix and match)*** Find out more about the following people or things, by creating as many sentences as possible using the elements from the three columns. Provided that the sentences make sense, a subject may be used with more than one adjective or expression.

las películas cómicas el hermano de mi padre mi familia y yo mi compañera de cuarto las hijas de mi tía tu hermano y tú los discos compactos	ser	de la República Dominicana abogado *(lawyer)* mis primas argentina divertidas de Carlos Vives altos

1. ______
2. ______
3. ______
4. ______

5. ____
6. ____
7. ____

2-36 De charla *(Chatting)* It is the first day of school and David is trying to meet new people. Help David complete the following conversation where he introduces himself and his cousins to a young journalist that he bumps into on campus. Conjugate the verb **ser** as necessary.

DAVID: ¡Hola! Yo **(1)** ____________ David y éstas **(2)** ____________ mis primas Carlota y Raquel. Nosotros **(3)** ____________ estudiantes en la Universidad de Buenos Aires, Argentina. Nuestra especialidad **(4)** ____________ derecho *(law)*.Y tú, ¿**(5)** ____________ estudiante también *(also)*?

PERIODISTA: No, **(6)** ____________ periodista. Voy a entrevistar al profesor Rivera. ¿Lo conoces? *(Do you know him?)*

DAVID: Sí, él **(7)** ____________ nuestro profesor de derecho internacional. Él y sus colegas **(8)** ____________ profesores excelentes.

2-37 De profesión... Antonio's friends are all very successful professionals. Complete their descriptions by conjugating the verb **ser** as necessary. Then, identify their profession in the column labeled "¿profesión?".

MODELO Ángel trabaja arreglando *(fixing)* carros.
Es un mecánico muy bueno. ***mechanic***

Descripción	**¿Profesión?**
1. Mariano escribe sobre las noticias nacionales e internacionales. ____________ un periodista excelente.	
2. Carmela y Adriana diseñan *(design)* edificios comerciales. ____________ unas arquitectas famosas.	
3. Julián trabaja con las computadoras de la universidad. ____________ un informático muy competente.	
4. Esther y Hernán enseñan a los niños a leer y a escribir. ____________ unos maestros muy pacientes.	
5. Manolo tiene exposiciones de sus cuadros *(paintings)* en el Museo Reina Sofía de Madrid. ____________ un pintor de gran talento.	
6. Victoria y Paz trabajan en el hospital Virgen de los Milagros. ____________ unas médicas extraordinarias.	

Nombre ______________________ Fecha ______________

Enfoque estructural *Los adjetivos demostrativos*

2-38 Combinaciones Find out more about the following people or things, by creating as many sentences as possible using the elements from the three columns. Provided that the sentences make sense, a demonstrative adjective may be used with more than one noun. Remember that demonstrative adjectives must agree in gender and number with the nouns that follow them.

Este	universidad	ser míos *(mine)*
Aquel	chicas	tener una casa en Puerto Rico
Esas	lápices	ofrecer muchas titulaciones
Estos	señor	ser muy simpático
Aquellas	profesora	tener colores vivos *(bright)*
Esta	mochilas	vivir en la residencia estudiantil

1. ______________________________
2. ______________________________
3. ______________________________
4. ______________________________
5. ______________________________
6. ______________________________

2-39 Esquí en Bariloche Complete the narration in which Irene describes her vacation at a ski resort in Bariloche, Argentina.

(1) ______________ *(This)* muchacho es Alfredo, mi novio *(boyfriend)*. Tiene veintitrés *(twenty-three)* años y es de Buenos Aires. (2) ______________ *(This)* semana estamos de vacaciones aquí en Bariloche. A Alfredo y a mí nos gusta mucho esquiar *(to ski)*. Durante (3) ______________ *(these)* vacaciones vivimos en (4) ______________ *(that)* casita. Es pequeña pero muy funcional. (5) ______________ *(That . . . over there)* señor es nuestro monitor *(instructor)* de esquí, Juancho. Él es muy simpático y con mucha experiencia. (6) ______________ *(That . . . over there)* señora es Patricia, la enfermera de la estación. En Bariloche hay muchos tipos de pistas *(trails)* bonitas. (7) ______________ *(Those)* pistas de allí son para principiantes *(beginners)* y (8) ______________ *(those . . . over there)* pistas de allá son más complicadas.

2-40 Más demostrativos One of your classmates is very nosey and is always asking you questions. Read his questions below, and then respond in Spanish by using the appropriate demonstrative adjective. Follow the **modelo.**

MODELO *Is that girl your sister?* (prima)
No, esa chica es mi prima.

1. *Is this man your coach?* (profcsor de literatura)
   No, ______________________.
2. *Is that woman over there your mother?* (tía)
   No, ______________________.
3. *Is that man a dancer?* (singer)
   No, ______________________.
4. *Are these boys your cousins?* (hermanos)
   No, ______________________.
5. *Are those girls boring?* (divertidas)
   No, ______________________.

Vamos a leer

Mi familia

Antes de leer

Guessing from context
When you encounter an unfamiliar word, you can often figure out its meaning from the context: that is, from surrounding words that you recognize. As a general rule, do not be afraid to make intelligent guesses as to the meanings of words or phrases. If you guess incorrectly, later sentences will most likely prompt you to reconsider your original interpretation.

2-41 Adivina You are going to read about three Spanish-speakers and their respective families. Quickly scan the three paragraphs to find four words you do not know; write them below. Guess their meaning, based on the context in which they appear.

1. ______________________
2. ______________________
3. ______________________
4. ______________________

Después de leer

2-42 ¿Cómo son? Read each description and answer the following questions.

Descripción 1

Me llamo Juan Carlos Morales y tengo diecisiete años. Vivo con mi familia en Burgos. Tengo dos hermanas, Angelina y Laura. Mi tío Eduardo, el hermano de mi padre, y su esposa, Verónica, tienen dos hijos que se llaman Andrea y Lucas. Tengo familiares en otras ciudades de España y una tía que vive en los Estados Unidos. Mi abuelo, el padre de mi madre, vive en La Coruña con mi abuela. Los padres de mi padre viven en León.

1. Does Juan Carlos have any cousins?

____

2. Do all of the members of Juan Carlos's family live close to each other?

____

Nombre ______________________ Fecha ______________________

Descripción 2

Me llamo Isabel Álvarez y deseo ser profesora de español. Vivo en Bilbao con mis padres y mi hermana Carolina. Nuestro apartamento tiene cuatro habitaciones y dos balcones grandes. Mi padre trabaja en la oficina de correos y mi madre trabaja como secretaria en la universidad.

Toda mi familia vive en el País Vasco. Tengo dos tíos que tienen el mismo nombre: Fernando. Uno es hermano de mi madre y el otro hermano de mi padre. Todos mis primos son más pequeños que yo.

Este año asisto a clases de guitarra y practico cada vez que tengo tiempo libre. También me gusta estar con mis amigos e ir (go) *al cine o a un restaurante al menos una vez por semana. Durante las vacaciones de verano pienso viajar a Toledo y Salamanca.*

3. What does Isabel say about her future profession?

____

4. How big is Isabel's apartment?

____

5. What does Isabel like to do in her free time?

____

Descripción 3

Me llamo Francisco y soy mexicano.Vivo con mi esposa y mi familia en la Ciudad de México, una de las ciudades más grandes del mundo. Tengo dos hijos: Rosa y Carlos. Carlos tiene su propio apartamento y Rosa vive con su madre. Por el contrario, Luis, el hijo más pequeño de mi segunda esposa, vive en nuestra casa. Luis termina sus estudios secundarios en la escuela este año (year).

6. Do Francisco's children live with him?

____

7. What is the family relationship between Carlos y Luis?

____

8. What do we know about Luis?

____

Vamos a escribir

> **Vocabulary:** Personality; Family members; Leisure
> **Phrases:** Describing people
> **Grammar:** Verbs: present tense, use of **ser**, use of **gustar**

Autorretrato (Self-portrait)

In order to practice your Spanish, you decide to enroll in a pen-pal program that will match you up with an individual from a Spanish-speaking country. You're preparing to write your first email to your new pen pal and you would like to start by describing yourself. You may include the following information in your description:

- your family members
- you and your family members' physical characteristics and personal qualities
- your likes and dislikes as well as your family's likes and dislikes

A empezar

2-43 Organización de las ideas Decide on the personal information that you would like to provide about yourself and your family members, and make a list with the details that you consider the most interesting.

A escribir

2-44 Preparación del borrador Put the ideas from your list in the **A empezar** section together in paragraph form. Try to move from the more general descriptive aspects to the more specific ones.

2-45 Revisión del borrador Review your **borrador** by considering the following questions.

1. Have you provided information for all the points addressed in the opening section? Do you need to add more details?
2. Are the ideas expressed clearly? Would you consider changing the organization of your description to make it clearer?
3. Have you used the vocabulary and grammatical structures that you learned in this chapter to describe yourself and your family members and to express likes and dislikes?

2-46 El producto final Based on the review of your draft, make the necessary adjustments and incorporate any new ideas that have occurred to you. Before you turn in your composition, read it again and check for any misspelled words or phrases. Finally, make sure that all your changes have been implemented.

Nombre ______________________ Fecha ______________________

COMPRENSIÓN AUDITIVA

CD1, Track 8

2-47 En mi mochila... En mi cuarto... Two students, Adela and Vicente, are going to describe what can be found in their backpacks. Write **A** under the picture of each item that Adela has in her backpack and **V** under the picture of each item Vicente has. Not everything in the picture is mentioned, nor is everything mentioned included here. Adela will begin.

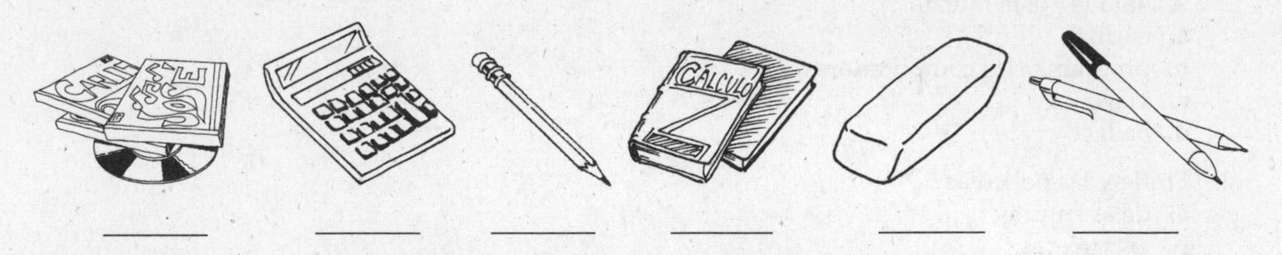

Now Vicente and Adela will describe what they have in their dorm rooms. Once again, write **V** or **A** under the picture of each possession. Not everything in the picture is mentioned. This time Vicente will speak first.

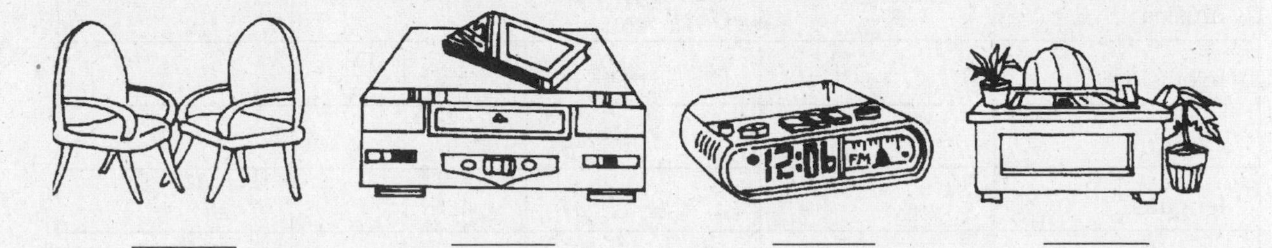

2-48 Un retrato Listen carefully to Clara Herrera, a student at UCLA, discussing her interests and studies. Then answer the questions by circling the letters of the correct response.

1. Clara vive...
   - **a.** en la universidad.
   - **b.** en una casa.
   - **c.** en un apartamento.
   - **d.** en una residencia estudiantil.
2. A Clara le gusta mucho...
   - **a.** cocinar.
   - **b.** programar las computadoras.
   - **c.** viajar.
   - **d.** bailar.
3. Prefiere las películas
   - **a.** de aventuras.
   - **b.** extranjeras.
   - **c.** cómicas.
   - **d.** de ciencia ficción.
4. En la universidad estudia...
   - **a.** historia.
   - **b.** informática.
   - **c.** filosofía.
   - **d.** química.
5. A Clara no le gustan las clases de...
   - **a.** ciencias.
   - **b.** historia.
   - **c.** lengua.
   - **d.** geografía.

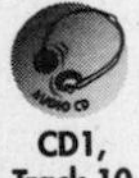

2-49 Los gustos Four friends are discussing the subjects that they like and dislike. Listen to their conversation and indicate how they feel about each item. If they like something, write +. If they dislike something, write –.

MODELO You hear:
—Isabel, ¿te gusta cantar?
—¿Cantar? No, no mucho.

You write: –

	Isabel	**Pablo**	**Matilde**	**Lucas**
música				
televisión				
cine				
lenguas				
matemáticas				

Nombre ______________________ Fecha ______________

CD1, Track 11

2-50 ¡Qué familia! You will hear Margarita talk about her family. As you listen, indicate the response that matches the information that Margarita is giving you. Read the questions before listening to Margarita's description.

1. Margarita vive con...
   a. sus padres y su hermana.
   b. sus padres y sus tres hermanos.
   c. sus padres, sus tres hermanos y sus abuelos.
   d. su madre y su abuelo.
2. El padre de Margarita es...
   a. actor.
   b. fotógrafo.
   c. médico.
   d. profesor.
3. Ricardo, su hermano favorito, es...
   a. guapo y serio.
   b. alto y simpático.
   c. alto y gordito.
   d. bajo y simpático.
4. Su hermana mayor, Cecilia, es...
   a. diseñadora.
   b. bailarina.
   c. ingeniera.
   d. traductora.
5. El apellido del abuelo paterno de Margarita es...
   a. Suárez.
   b. Sánchez.
   c. Álvarez.
   d. Gálvez.

Pronunciación

Los sonidos vocálicos: *e, i*

CD1, Track 12

2-51 La vocal e The sound of the vowel **e** in Spanish is pronounced like the *e* of the English word *bet* except that the sound is shorter in Spanish. Listen as the speaker models the difference between the Spanish **e** and the English *e* of *bet*.

Listen to and repeat the following words.

que ese es leer mes tele pez tener ver verde

CD1, Track 13

2-52 La vocal *i* The sound of the vowel **i** in Spanish is pronounced like the *ee* of the English word *beet* except that the sound is shorter in Spanish. Listen as the speaker models the sound for you.

Listen to and repeat the following words.

aquí disco mi libro sí hija ti tipo y silla

Vamos a ver

2-53 Asociaciones As you watch the video, match the descriptions with the corresponding roommate.

1. Estudia la filología española.	**a.** Antonio
2. Es bailarina.	**b.** Alejandra
3. Asiste a una universidad italiana.	**c.** Javier
4. Su especialización es la administración de empresas	**d.** Sofía
5. Le gusta la naturaleza.	**e.** Valeria

2-54 ¿Cierto o falso? Indicate if the following statements are **cierto** *(true)* or **falso** *(false)* and correct those that are false.

	Cierto	Falso
1. Sofía estudia en la Universidad Carlos III de Madrid.	❑	❑
2. Javier estudia medicina.	❑	❑
3. El padre de Javier es un arquitecto famoso.	❑	❑
4. A Valeria le gustan la naturaleza y las actividades al aire libre.	❑	❑
5. Alejandra trabaja como asistente de un fotógrafo.	❑	❑
6. Antonio canta música norteña.	❑	❑
7. Valeria asiste a la Escuela de Arte y Diseño en Roma.	❑	❑
8. Antonio es de una famila de doctores.	❑	❑

Nombre ______________________ Fecha ______________________

¿Dónde y cuándo?

PRIMERA ETAPA

Para empezar — Mi casa

3-1 ¡Hogar, dulce hogar! *(Home, sweet home!)* With which rooms of a house do you associate the following things?

MODELO la bañera: el cuarto de baño

1. la mesa y cuatro sillas: ______________________
2. el fregadero y el lavaplatos: ______________________
3. la cama y un ropero: ______________________
4. el sofá y la mesita: ______________________
5. el cepillo de dientes, el lavabo, el espejo: ______________________

3-2 ¡Qué apartamento! *(Nice apartment!)* Leticia is telling us about the apartment that she just rented. Complete her description with the most appropriate vocabulary term.

¿Cómo es mi apartamento? Pues, la cocina tiene mucha luz y es grande. Tengo un (1) ______________ *(dishwasher)* y una (2) ______________ *(refrigerator)* nuevos. En el dormitorio, hay un (3) ______________ *(closet)* muy grande, una (4) ______________ *(bed)* y un (5) ______________ *(desk)*. La sala es muy bonita. Tiene un (6) ______________ *(sofa)* al lado de la ventana y dos (7) ______________ *(arm chairs)* muy cómodos. También hay una (8) ______________ *(coffee table)* de cristal.

Enfoque léxico — *Los números de 0 a 100*

3-3 Unos números de teléfono importantes The Smith family is planning a trip to Mexico City. Mrs. Smith has compiled the following list of important phone numbers. Help her learn how to say the numbers in Spanish by reading them out loud, one number at a time.

MODELO To report an emergency: 060 *cero-seis-cero*

1. To report a crime – 061
2. Tourist assistance (Toll free from Mexico) – 01 800 903-9200
3. American Express (Toll free from Mexico) – 011 800 011-3600
4. Bank of America – 5230-6300
5. American Embassy – 5209-9100
6. Radio-taxi – 5516-6020
7. Hospital ABC (English Spoken – 24 hours) – 5230-8000
8. Ambulance (Red Cross) – 5557-5757

Nombre ______________________ Fecha ______________________

3-4 Preparándose para las clases *(Getting ready for school)* Juan, a Spanish student from Oaxaca, is getting ready for his classes at the University of San Diego, California, and purchased the items listed below. List the things that he bought, writing out the quantity and the prices.

MODELO 1 mochila: 40 dólares *una mochila: cuarenta dólares*

1. 4 cuadernos: 20 dólares ______________________
2. 1 diccionario de inglés: 35 dólares ______________________
3. 2 borradores: 1 dólar ______________________
4. 1 calculadora: 98 dólares ______________________
5. 3 bolígrafos: 2 dólares ______________________
6. 5 CD-ROMs para la computadora: 15 dólares ______________________

3-5 Perfiles *(Profiles)* Marta and Beatriz are two young students from Mexico, who are getting their master's degree at Boston University. Complete the following description about their routine, writing out the numbers that appear in the sentences.

Marta es una estudiante universitaria mexicana. Vive fuera del campus en un apartamento, en el número 95 **(1)** ______________ de la calle Park, con su amiga Beatriz. Todas las mañanas *(Every morning)* Marta y Beatriz toman el autobús 63 **(2)** ______________ para ir *(to go)* a sus clases. Marta estudia administración de empresas y Beatriz estudia periodismo. Marta y Beatriz tienen 6 **(3)** ______________ horas de clase cada día. Después de las clases toman un curso de fotografía, su gran afición. El curso es de 75 **(4)** ______________ horas y aprenden mucho. Hay 16 **(5)** ______________ estudiantes en la clase. Gino, su profesor, es un joven fotógrafo pero con mucha experiencia.

Enfoque estructural *Más sobre el verbo* ***tener***

3-6 ¿Cuántos años tienen? Find out how old the following people are by writing complete sentences with the proper conjugation of the verb **tener.**

MODELO tu padre / 45 *Tu padre tiene cuarenta y cinco años.*

1. su hermano Enrique / 23
____
2. mis abuelos Inés y Paco / 76
____
3. tu madre / 31
____
4. nuestros primos Susana y Alberto / 18
____
5. su sobrina Julia / 15
____

Nombre ______________________________ Fecha ____________________

3-7 En conversación As you're taking an evening stroll through the city center, you overhear bits of your fellow pedestrians' conversations. To discover what they are discussing, use the **tener** expressions to complete the exchanges.

MODELO —¿Por qué no tienes perros?
—Porque *tengo miedo* de los perros.

1. —¿Por qué corres tanto *(so much)*, Fran?
   —__________________; no quiero *(I don't want to)* llegar tarde a mis clases.
2. —¿__________________?
   —Sí, mucha. ¿Dónde cenamos?
3. —¿Te gusta el apartamento?
   —Sí, pero no hay aire acondicionado y en verano mis compañeros y yo __________________.
4. —Mira, ésa es Tere, la novia de Pancho.
   —No, la novia de Pancho se llama Merche.
   —¡Ah! __________________; es Merche, no Tere.
5. —¿Qué tomas?
   —Un agua mineral; __________________.
6. —¿Te vas a la cama ahora? Es muy temprano *(early)*.
   —Sí, __________________; necesito descansar.

3-8 ¿Qué tienen que hacer? These people are very busy! Use the following verbs to describe what they have to do.

MODELO Pablo / ir a la universidad
Pablo tiene que ir a la universidad.

1. Claudia / cocinar un plato mexicano para la cena
   ____
2. Mi hermana y yo / pasear a nuestro perro por el parque *(park)*
   ____
3. Teresa y Felipe / llamar al restaurante
   ____
4. Yo / caminar al centro de la ciudad
   ____
5. Todos / ver la película para la clase de cine mexicano
   ____
6. Tú / visitar el museo *(museum)* con la clase de español
   ____

Nombre ______________________________ Fecha ______________

3-9 Invitaciones Your friends enjoy doing things with you. Read their invitations below and complete them by using the expression most logically related to context: **tener que** or **tener ganas de.** Don't forget to conjugate the verb **tener.**

MODELO TUS AMIGOS: ¿Preparamos la comida?
TÚ: Sí, pero primero *tengo que* ir al mercardo.

1. TU AMIGO: ¿Trabajas en el café esta noche?
   TÚ: No, esta noche no trabajo porque ______________ estudiar.
2. TUS AMIGOS: ¿Visitamos el museo este fin de semana *(weekend)*?
   TÚ: Sí, ______________ ver la nueva exposición.
3. TUS AMIGOS: ¿Paseamos por el parque?
   TÚ: No, no ______________ caminar.
4. TUS AMIGOS: ¿Comemos juntos mañana?
   TÚ: No, ______________ comer con mis abuelos.
5. TUS AMIGOS: ¿Organizamos una fiesta el viernes?
   TÚ: Sí, pero primero (nosotros) ______________ comprar comida y bebidas.
6. TUS AMIGOS: ¿Llamamos a María?
   TÚ: Sí, ______________ hablar con ella.

Enfoque estructural *El verbo **estar** + adjetivos*

3-10 ¿Cómo están? After a very busy day, Tomás, Luis, Cecilio, and some other friends find themselves in the following physical or emotional conditions. Look at the drawings and say how they are feeling.

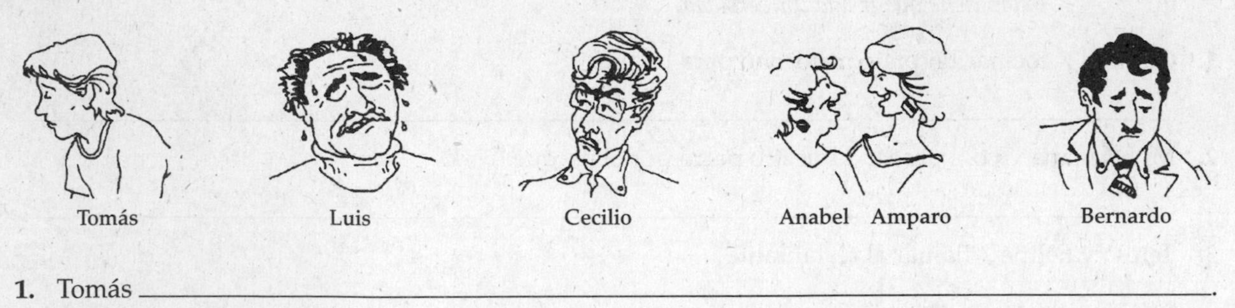

1. Tomás ______________________________.
2. Luis ______________________________.
3. Cecilio ______________________________.
4. Anabel y Amparo ______________________________.
5. Bernardo ______________________________.

Nombre ______________________________ Fecha ____________________

3-11 Siempre llega tarde *(Always late)* While Pablo is waiting for his girlfriend Raquel, who is always late, he runs into an acquaintance, Luis. Complete their conversation by putting the adjectives in the appropriate place. Note that each adjective is used only once. Don't forget to put the adjectives in the appropriate form.

estresado	**contento**	**enojado**	**listo**	**cansado**	**aburrido**

—Luis, ¡cuánto tiempo! ¿Cómo estás?

—Estoy un poco (1) ______________________ —demasiadas *(too many)* fiestas. ¿Y tú?

—Estoy bastante (2) ______________________ porque tengo muchos exámenes esta semana.

—¿Cómo está tu novia *(girlfriend)*? Raquel, ¿verdad?

—Sí, Raquel. Pues, bien, pero recientemente ella nunca está (3) ______________________ a tiempo *(on time)* y llega tarde. ¿Quieres tomar un café mientras *(while)* espero? Estoy (4) ______________________.

—Lo siento pero tengo que ir a clase. Seguro que Raquel llega pronto. Además siempre dices que estás (5) ______________________ con Raquel, pero después, cuando llega, estás (6) ______________________ de verla.

—Sí, tienes razón. ¡No tengo remedio!

3-12 Por eso *(That is why)* **están así...** Complete the sentences below by using the verb **estar** + the most appropriate adjective to indicate how the following people feel in the following situations.

MODELO Rubén tiene que estudiar todos los fines de semana. Por eso *está enojado.*

1. María trabaja muchas horas. Por eso ______________________.
2. A Maricarmen y a Cristina les gustan mucho sus clases. Por eso ______________________.
3. Todas las mañanas tengo que conducir al trabajo y hay mucho tráfico. Por eso ______________________.
4. Alberto está en la cama con una fiebre *(fever)* muy alta, y hoy no asiste a clase porque ______________________.
5. Belén está lejos de su familia y de sus amigos. Por eso ______________________.
6. El profesor habla y habla y la clase no es divertida; los estudiantes ______________________.

Nombre ______________________________ Fecha ______________

SEGUNDA ETAPA

Para empezar | Mi pueblo

3-13 En este lugar... With which places and locations in cities and towns do you associate the following activities?

MODELO En este lugar, la gente *(people)* ve arte.
el museo

1. En este edificio *(building)* público, los estudiantes leen libros.
____
2. En este espacio abierto, la gente compra frutas y verduras.
____
3. En este lugar la gente toma el tren.
____
4. En este edificio público, la gente envía cartas y paquetes.
____
5. En este lugar, los estudiantes bailan y escuchan música.
____
6. En este espacio abierto, las personas corren o pasean.
____

3-14 El pueblo de mis tíos Sofía (from the ***¡Tú dirás!*** video) is describing life in a small town in Mexico where her aunt and uncle live. Help her complete the description below with the missing words about public places.

Mis tíos viven en un pueblo pequeño a unos kilómetros de Guadalajara. Mi tío es el maestro de la (1) ______________ y mi tía, que es enfermera, trabaja en el (2) ______________. El pueblo es pequeño, pero muy bonito.

En el centro de la plaza del pueblo hay un (3) ______________ donde los niños juegan *(play)* y los adultos pasean. Los domingos en la plaza hay un (4) ______________ donde la gente compra fruta, verduras y otros productos de la región.

En la calle Mayor hay muchos (5) ______________ donde los jóvenes charlan y toman algo y varios (6) ______________ para comer. También hay un (7) ______________ donde vemos las nuevas películas y un pequeño (8) ______________ con pinturas *(paintings)* de artistas locales.

En el pueblo no hay aeropuerto, pero sí hay una (9) ______________ y una (10) ______________ para viajar a la capital y a otras ciudades. La vida en el pueblo es muy tranquila y me gusta mucho visitar a mis tíos.

Nombre ______________________ Fecha ______________

Enfoque léxico *Los números de cien a un millón*

3-15 Casas en Veracruz The Livingston family is interested in purchasing a summer home in the area of Veracruz. The real estate agency sent them the following abbreviated listing of houses. Help Mr. Livingston prepare to talk to the real estate agent by writing out the prices *(en dólares)* that appear in parentheses.

1. Casa de dos habitaciones y un baño cerca de *(near)* escuelas y parques en el área del centro de Tlacotalpan ($400.000) ______________________
2. Casa de seis habitaciones y tres baños en el centro de Soledad de Doblado ($680.000) ______________________
3. Casa de tres habitaciones y un baño cerca del mar, centros comerciales *(shopping centers)* y escuelas ($800.000) ______________________
4. Casa de tres habitaciones y dos baños en pleno centro de Veracruz ($950.000) ______________________
5. Casa de tres habitaciones y dos baños cerca de la terminal de autobuses y escuelas ($1.400.000) ______________________

3-16 Datos *(Facts)* sobre México You are about to read some interesting facts about Mexico. Complete the sentences by writing out the numbers that appear in parentheses.

1. La Ciudad de México, Distrito Federal, tiene aproximadamente ______________________ (18.000.000) de habitantes.
2. El náhuatl es una lengua indígena de México. Hay veintiocho dialectos que todavía hoy hablan alrededor de ______________________ (1.600.000) hablantes.
3. La Universidad Nacional Autónoma de México es fundada en ______________________ (1552).
4. El Pico de Orizaba es la montaña más alta del país, con ______________________ (5.747) metros de altura.
5. La constitución mexicana vigente es de ______________________ (1917), con algunas modificaciones.

3-17 Apuntes sobre Oaxaca *(Notes about Oaxaca)* One of the most beautiful Mexican regions is Oaxaca. Complete the following description about this region by writing out the numbers that appear in parentheses.

El estado de Oaxaca tiene una superficie de **(1)** ______________ (36.820) millas cuadradas con aproximadamente unas **(2)** ______________ (300) millas de costa en el Pacífico. Su capital, Oaxaca de Juárez, conocida como "Tierra del Sol", alberga una población de **(3)** ______________ (800.000) habitantes. El estado de Oaxaca es el más indígena de México; posee **(4)** ______________ (7) regiones diferentes en las cuales se hablan **(5)** ______________ (16) lenguas, y más de **(6)** ______________ (200) dialectos que sobreviven todavía. El idioma indígena con mayor representación en el estado de Oaxaca es el zapateco con unos **(7)** ______________ (423.000) hablantes.

Nombre ______________________ Fecha ______________

Enfoque estructural *El verbo **estar** para expresar localización*

3-18 Hablando de geografía *(Talking about geography)* The following places are well-known cities in Mexico. Form sentences using the verb **estar** and a descriptor to indicate where they are.

MODELO Chihuahua / *in the north*
Chihuahua está en el norte.

1. La Ciudad de México / *in the interior*
____
2. Cancún / *on the coast*
____
3. Tijuana / *on the border*
____
4. Acapulco / *in the west*
____
5. Chichen Itzá / *to the west of* / Playa del Carmen
____
6. Guadalajara / *in the mountains*
____

3-19 El cuarto de Eduardo Look at the drawing of Eduardo's room and answer the following questions about the location of certain items.

El cuarto de Eduardo

MODELO ¿Dónde está la cama?
La cama está frente al escritorio.

1. ¿Dónde está el escritorio? ______________________
2. ¿Dónde está la ropa de Eduardo? ______________________
3. ¿Dónde está el estéreo? ______________________
4. ¿Hay una computadora en la habitación de Eduardo? ______________________

Nombre ____ Fecha ____________________________

3-20 Antigua Guatemala Guatemala is Mexico's neighbor to the south. Study the map of Antigua Guatemala, a well-known colonial city, and use the appropriate expressions to explain the relationship between each set of places.

MODELO La Recolección (20) / San Jerónimo (21)

La Recolección está al lado de San Jerónimo.

1. el hotel Antigua (35) / hotel Aurora (36)

____

2. el Palacio de los Capitanes Generales (1) / el Palacio del Ayuntamiento (2)

____

3. los apartamentos ‹‹El Rosario›› (38) / la 5ª avenida Sur

____

4. el hospital Pedro de Betancourt (28) / Santa Clara (29)

____

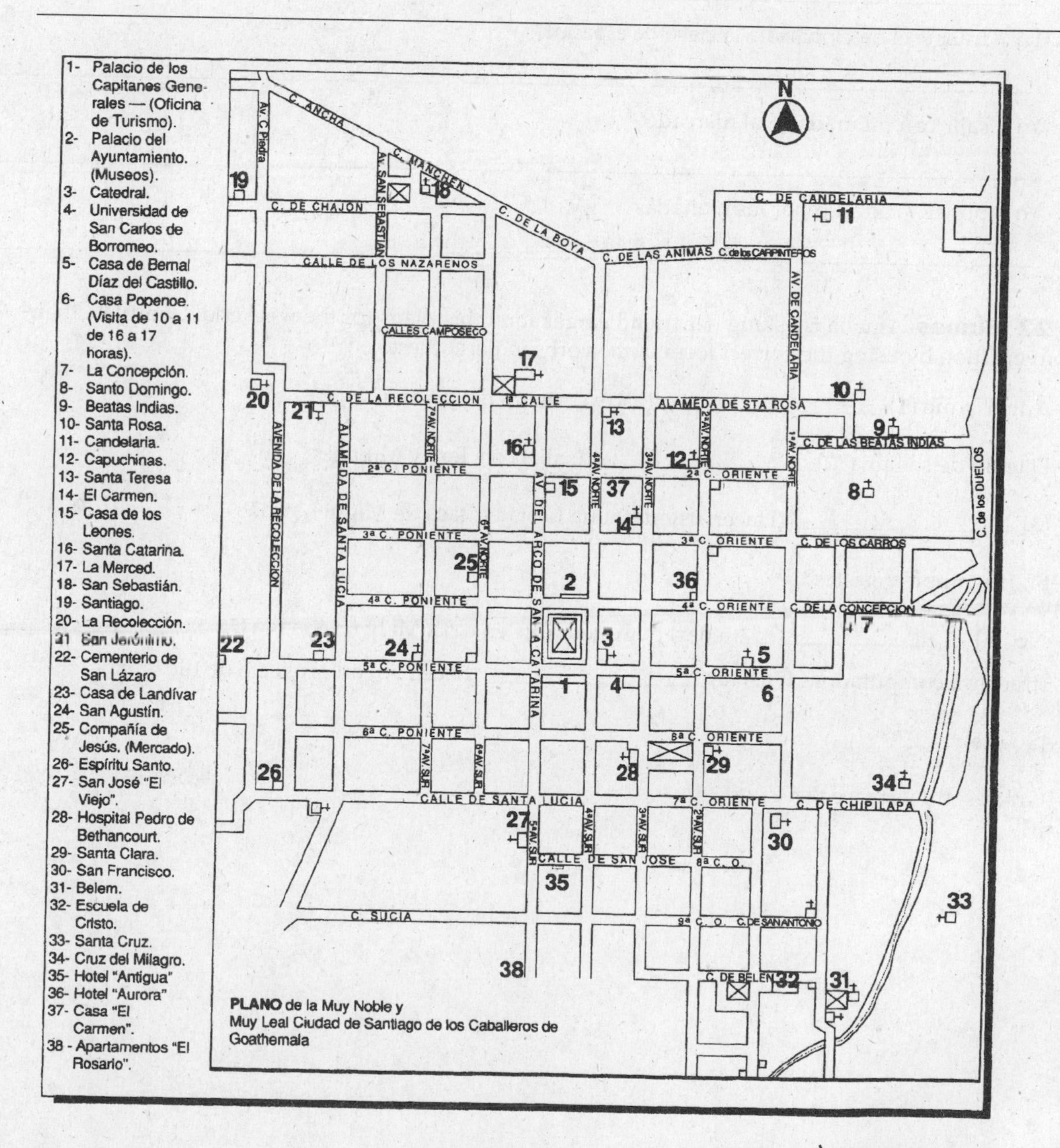

PLANO de la Muy Noble y Muy Leal Ciudad de Santiago de los Caballeros de Goathemala

Nombre ______________________________ Fecha ______________

Enfoque estructural *Los verbos irregulares en el presente:* ***hacer, poner, traer, salir***

3-21 ¡Qué activos! *(How active!)* Reveal what the following people do by combining the elements and conjugating the verb as necessary.

MODELO Yo / no traer / comida a clase
Yo no traigo comida a clase.

1. Elisa / poner la mesa / antes de comer
____
2. Yo / hacer cola / para comprar las entradas en el teatro
____
3. Mis amigos y yo / salir / a bailar los fines de semana
____
4. Tú / traer / el diccionario a la clase de español
____
5. Yo / salir con mi madre / al mercado
____
6. Yo / poner / la radio por las mañanas
____

3-22 Planes Amalia is asking her friend Ángel about his plans for the weekend. Complete their conversation by using the correct form of the verbs in parentheses.

—Ángel, ¿qué (1) ______________ (hacer) este fin de semana?

—Este fin de semana (2) ______________ (salir) con Tere y Miguel.

—(3) ______________ (Hacer, ustedes) una fiesta en casa de Miguel, ¿no?

—Sí, ¿tú también asistes?

—No, (4) ______________ (tener) que quedarme en casa. Mi hermana me (5) ______________ (traer) su computadora y, así (6) ______________ (hacer, yo) mi proyecto de filosofía.

—¡Suerte!

—Gracias, diviértanse *(have fun).*

3-23 La misma rutina Julián works in the study abroad office and tells us about his daily routine. Help him complete the following paragraph by using the correct forms of the verbs **hacer, poner, traer,** and **salir.**

Trabajo en la oficina de estudios en el extranjero *(study abroad)* y todas las mañanas *(every morning)* es la misma rutina. **(1)** ________________ de casa muy temprano y **(2)** ________________ cola para tomar el autobús. Llego a la oficina y como me gusta escuchar música mientras trabajo, **(3)** ________________ la radio. El trabajo es muy entretenido *(entertaining)*. Me gusta mucho trabajar con los estudiantes. Antes de viajar al extranjero, siempre ellos **(4)** ________________ muchas preguntas sobre el país adonde viajan, y después de su viaje ellos siempre **(5)** ________________ algún recuerdo *(souvenir)* para mí. Al mediodía *(At noon)*, **(6)** ________________ con mis compañeros a comer en la cafetería de la universidad. Después del trabajo, **(7)** ________________ ejercicio antes de cenar. Y mientras ceno, **(8)** ________________ la televisión para ver las noticias del día.

Nombre ______________________ Fecha ______________

TERCERA ETAPA

Para empezar Los días de la semana, los meses y las estaciones

3-24 Una visita *(A visit)* Ramón, a student from Mexico, is visiting your school and he would like to know when following events take place. Answer his questions and don't forget to use the appropriate days and months.

1. ¿Cuándo empieza *(starts)* el semestre de otoño en la universidad?

____

2. ¿Cuándo termina el semestre de primavera?

____

3. ¿Cuándo hay vacaciones en la universidad?

____

4. ¿Cuándo viajan más *(more)* los estudiantes?

____

5. ¿Cuándo es la orientación *(orientation)* para los nuevos estudiantes?

____

3-25 ¿En qué estación? Judith is telling Ramón, her Mexican friend, about what she and her friends like to do during different seasons. Read the following sentences and help her complete them with the most logical season.

1. Mis amigos y yo tomamos muchos cursos de septiembre a mayo pero en ______________ nos gusta descansar y disfrutar del *(to enjoy)* sol.
2. A Elena le gusta explorar la naturaleza y especialmente le gusta el cambio de colores de las hojas *(leaves)*. Su estación favorita es el ______________.
3. Los viernes después de las clases en ______________ los estudiantes van *(go)* al café a tomar un chocolate caliente.
4. En la ______________ los estudiantes normalmente tienen un descanso *(break)* de una semana.
5. Me encanta tomar un té helado en un día de ______________.

Enfoque léxico *Los verbos **saber** y **conocer***

3-26 ¿Saber o Conocer? The hallways are buzzing with students between classes. Complete the mini-dialogues with **saber** or **conocer** to find out what they are talking about.

1. —Toni, ¿______________ (sabes / conoces) a mi amiga Eugenia?

   —Sí, asistimos a la misma *(same)* clase de ingeniería.
2. —Perdone. ¿______________ (Sabe / Conoce) Ud. dónde está el ayuntamiento?

   —Sí, está en el centro de la ciudad, detrás de la plaza Mayor.

3. —¿__________ (Saben / Conocen) ustedes al nuevo profesor de informática?

—No, nosotros sólo *(only)* __________ (sabemos / conocemos) que es de Monterrey. ¿Cómo es?

—Es simpático y muy buen profesor. Me gustan mucho sus clases.

4. —Luis, ¿__________ (sabes / conoces) que hay una fiesta en la Casa Internacional este viernes?

—Sí, planeo asistir. ¿Y tú?

—Quizás *(Perhaps)*. Todavía *(Still)* no __________ (sé / conozco) si tengo que trabajar el viernes.

3-27 ¿Sabes? ¿Conoces? Form sentences with the following elements to express what you know or who you know. Be sure to select either **saber** or **conocer** based on which meaning you are trying to convey.

un excelente restaurante mexicano
hacer preguntas en español
poner la mesa
a los estudiantes de la clase
hacer platos típicos mexicanos como los tamales
al profesor de español

1. (Yo) ____________________
2. (Yo) ____________________
3. (Yo) ____________________
4. (Yo) ____________________
5. (Yo) ____________________
6. (Yo) ____________________

3-28 Grandes conocedores With whom and with what places and facts are the following people familiar? Use the elements that appear below to form sentences with the appropriate form of **conocer** and the **a personal** when necessary.

MODELO mis padres / la ciudad muy bien
Mis padres conocen la ciudad muy bien.

1. yo / ese restaurante mexicano
____
2. Yolanda / presidente de la universidad
____
3. mis abuelos / las ruinas aztecas
____
4. tú / la música de Paulina Rubio
____
5. mi amigo y yo / Gael García Bernal, el actor mexicano
____

Nombre ______________________________ Fecha ______________________

Enfoque estructural *Más verbos irregulares: Verbos con cambios en la raíz: **e→ie; o→ue; e→i***

3-29 Los días de fiesta en México Mexico, just like other Spanish-speaking countries, has various celebrations. Find below some popular holidays. Make sure to complete the information with the correct verb forms.

El Día de los Reyes Magos: Para celebrar el Día de los Reyes Magos, en algunas ciudades de México, personas famosas se **(1)** ______________________ (vestir) de Rey Mago y caminan por las calles.

El 5 de mayo: El 5 de mayo **(2)** ______________________ (servir) para recordar a los mexicanos su victoria contra los franceses en la batalla de Puebla en 1862.

El Día de la Independencia de México: En 1810 México **(3)** ______________________ (conseguir) la independencia del dominio español.

El Día de Los Muertos: El 2 de noviembre los mexicanos celebran el Día de Los Muertos. En ese día las familias **(4)** ______________________ (querer) honrar la memoria de los muertos y **(5)** ______________________ (pensar) en sus familiares ausentes *(dead relatives)*.

El Día de la Virgen De Guadalupe: El 12 de diciembre es el día de la Virgen De Guadalupe. Los mexicanos salen a las calles para bailar y festejar y en la iglesia **(6)** ______________________ (pedir) a la Virgen protección.

3-30 Un día en la vida de Ernesto Aguilar Ernesto describes a normal day in his university life. Complete the following paragraph with the correct forms of the verbs that appear in the box. Note that each verb is used only once.

jugar	perder	servir	poder	soñar	querer	pedir	preferir	volver	empezar

Mis clases **(1)** ______________ a las ocho y media de la mañana *(8:30 in the morning)*. No me gusta conducir, **(2)** ______________ tomar el autobús. **(3)** ______________ sacar buenas notas, por eso no **(4)** ______________ días de clase y hago toda la tarea que los profesores **(5)** ______________.

Después de mis clases, los martes y los jueves **(6)** ______________ al tenis con mi amiga Inés que es una jugadora muy buena. Ella **(7)** ______________ con ser una gran tenista.

Los lunes y los miércoles por la tarde *(in the afternoon)* **(8)** ______________ como voluntario en un hogar de ancianos *(nursing home)* cerca de la universidad. Al final del día **(9)** ______________ a casa, y allí **(10)** ______________ descansar.

3-31 Preguntas, preguntas y más preguntas Your friend Silvia wants to know more about you. Answer the following questions for her. Be creative!

1. ¿Qué sueñas ser?

   ____

2. ¿En qué mes empiezan tus vacaciones de verano?

   ____

3. Normalmente, ¿cuándo puedes salir con tus amigos?

   ____

4. ¿Sirves de voluntario en alguna *(any)* organización?

   ____

5. ¿Cuándo piensas viajar?

   ____

6. ¿A qué ciudades o países quieres viajar?

   ____

Enfoque estructural *El verbo ir*

3-32 Vamos al centro Carmen and her friends Dani and Fran are talking about what they are doing this afternoon. Complete the following exchange by using the verb **ir** and conjugating it as necessary.

CARMEN: ¡Hola, chicos! ¿Van a la biblioteca?

DANI Y FRAN: No, (1) ______________________ al centro.

CARMEN: Ah, van de compras.

DANI Y FRAN: Sí, tenemos que comprar un regalo *(gift)* para Paula.

CARMEN: ¿(2) ______________________ en carro?

DANI Y FRAN: No, vamos en autobús, porque es imposible aparcar *(to park)* en el centro. Y tú, ¿adónde (3) ______________________?

CARMEN: (4) ______________________ a la oficina de correos.

DANI: ¿Puedes mandar esta carta por mí?

CARMEN: Claro que sí.

FRAN: ¿Vas en autobús?

CARMEN: No, (5) ______________________ a pie. Me gusta caminar.

DANI: ¡Qué bien! Así haces ejercicio. Nosotros no caminamos nada.

FRAN: Es verdad, usualmente (nosotros) (6) ______________________ en carro a todas partes.

DANI: Excepto al centro, donde es imposible aparcar.

3-33 Vacaciones en familia María José describes her summer vacation with her family. Fill in the blanks using the verb **ir** in the appropriate form and with the prepositions **a, de,** or **en** when necessary.

Todos los años mi familia (1) ____________ vacaciones en agosto. Tenemos una casita en la playa *(beach)* y allí pasamos el verano. Mis padres y mis hermanos (2) ____________ carro con mi papá. Yo (3) ____________ tren, porque tengo que trabajar. Cuando estamos de vacaciones, a mis padres les gusta (4) ____________ la playa por las mañanas y de paseo por las tardes.

Mi hermana prefiere (5) ____________ compras al centro comercial *(shopping center)*, y mi hermano y yo usualmente (6) ____________ cine por las tardes. A veces, cuando tenemos ganas de salir de la playa, (7) ____________ un pueblo cercano en bicicleta. Nuestras vacaciones son muy divertidas. Y tú ¿adónde (8) ____________ en verano?

3-34 ¿Adónde vas...? Your new roommate is an exchange student from Puebla and he wants to learn about the places you go on vacation, on breaks, on the weekends, etc. Answer the following questions according to your own personal experience.

1. ¿Adónde vas normalmente en verano?

   ____

2. ¿Vas mucho a la biblioteca? ¿Cuándo?

   ____

3. ¿Adónde vas durante las vacaciones de primavera?

   ____

4. ¿Vas mucho a casa de tus padres? ¿Cuándo?

   ____

5. ¿Adónde vas los fines de semana?

   ____

Nombre ______________________ Fecha ______________

Vamos a leer

Folletos turísticos

Antes de leer

Anticipating content
When you read a text in a language with which you are not totally familiar, the more background information you have about its content, the easier it is for you to understand unfamiliar words and structures.

3-35 De turismo *(Touring)* When visiting a city, tourists are usually interested in the sites and attractions for which the city is famous. Thus, they often use a guidebook or brochures to find their way around. Think of what types of information you would expect to find in a guidebook or a brochure for a fairly large city, and list four of them.

1. ______________________
2. ______________________
3. ______________________
4. ______________________

Después de leer

3-36 ¿Cierto? ¿Falso? Read the brochure (page 74) and indicate whether each of the following sentences is true, **C (cierto)**, or false, **F (falso)**.

	C	F
1. La Ciudad de México combina elementos modernos y elementos tradicionales.	❑	❑
2. El Museo de Arte Moderno está cerrado *(closed)* los domingos.	❑	❑
3. El Zócalo es la parte más moderna de la ciudad.	❑	❑
4. El Palacio Nacional está en el lugar del antiguo Palacio de Moctezuma.	❑	❑
5. La vida nocturna de la Ciudad de México es muy aburrida.	❑	❑

3-37 México mágico Read the information in the brochure again and answer the following questions in Spanish.

1. According to the Mexico brochure that you read, what are some of the activities that visitors to Ciudad de México can do?

   ____

2. Where does the brochure recommend starting the visit to Ciudad de México?

   ____

3. If you want to see some Mexican art in Ciudad de México, where would you go?

   ____

4. What does the brochure recommend to visit in the Zócalo?

   ____

5. Where can you go at night in Ciudad de México if you feel like dancing?

   ____

6. What are the names of the two beach destinations mentioned in the brochure?

   ____

Nombre ______________________ Fecha ______________________

México Mágico

¡La Ciudad de México ofrece muchos encantos! Ud. puede pasear por los maravillosos parques, visitar los museos llenos de tesoros artísticos y explorar los típicos mercados al aire libre y mucho más.

La Ciudad de México, construida sobre las ruinas de la antigua ciudad de Tenochtitlán, ofrece a sus visitantes una mezcla de modernidad y tradición. Hay tantas cosas que ver y hacer en México y a continuación tiene Ud. una lista de recomendaciones sobre como pasar un día en la ciudad.

Empieza el día con un paseo en el Bosque de Chapultepec seguido por *(followed by)* una visita del Museo de Arte Moderno. Allí están las obras más importantes de pintores mexicanos como Rivera, Orozco y Siqueiros y también hay exposiciones temporales. Además, alrededor del museo hay bonitos jardines donde los visitantes pueden ver maravillosas esculturas. El museo está abierto de lunes a domingo, y los domingos la admisión es gratuita.

Después del museo Ud. puede visitar el Zócalo, la parte más grande y antigua de la ciudad. Allí está el Palacio Nacional, un edificio construido sobre las ruinas del Palacio del Emperador Moctezuma y actual sede del gobierno mexicano. Luego, si Ud. tiene hambre, hay muchos restaurantes de moda en la zona donde puede probar un plato típico mexicano.

Después de volver a su hotel para tomar una siesta y recuperar su energía, Ud. puede disfrutar de la noche en la capital. La Boom es la discoteca más famosa del Distrito Federal y allí van miles de jóvenes mexicanos todas las noches. ¡La vida nocturna de la ciudad es fantástica!

Finalmente, si Ud. quiere salir de la ciudad y descansar en las maravillosas playas, puede viajar a Cancún o a Acapulco y allí tomar el sol y practicar todo tipo de actividades náuticas!

¡Buen viaje!

Nombre ______________________ Fecha ______________________

Vamos a escribir

Vocabulary: Traveling; Leisure; Stores; Stores and products; Time: expressions
Phrases: Describing places; Expressing location
Grammar: Verbs: present, use of **estar,** use of **tener**

Conocer...

You are going to develop a tourist brochure. Think of a city or a town that you know well and that would be interesting to visitors. Then, prepare a brochure that includes the following information:

- major attractions
- visiting hours
- places to stay and eat

Try to make it as attractive as possible to the tourist!

A empezar

3-38 Organización de las ideas Think of the main points of interest that you would like to include in the brochure and make an outline dividing the ideas by topic, such as *cultural activities, historical monuments, lodging, dining,* etc. Focus on the unique qualities that set the city or town apart.

A escribir

3-39 Preparación del borrador Review the outline that you prepared in the **A empezar** section and create a well-organized and easy-to-use brochure providing a brief description of each attraction.

3-40 Revisión del borrador Review your **borrador** by considering the following questions.

1. Have you included all of the city's/town's best features? Have you forgotten any of the landmarks or information suggested in the opening section?
2. Is the brochure useful? Would you organize it differently in order to make its use more efficient for the traveler?
3. Have you used the vocabulary and grammatical structures that you learned in this chapter in order to identify and locate places in a city or town?

3-41 El producto final Based on the review of your draft, make the necessary adjustments and incorporate any new ideas that have occurred to you. Before you hand in your brochure, read it again and check for any misspelled words or phrases. Make sure that all your changes have been implemented.

COMPRENSIÓN AUDITIVA

CD1, Track 14

3-42 Vamos al centro Unos amigos están hablando sobre las actividades que tienen planeadas en la ciudad. Escucha los diálogos y luego escribe el número de cada conversación bajo el dibujo correspondiente.

a. ____________ b. ____________ c. ____________ d. ____________

CD1, Track 14

Ahora escucha los diálogos de nuevo *(again)*. Esta vez identifica los medios de transporte que las personas van a usar.

a. ______________________________

b. ______________________________

c. ______________________________

d. ______________________________

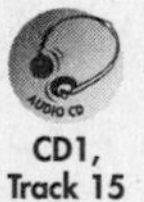
CD1, Track 15

3-43 La buena vida Luis is asking Paula about her parents' life and Paula is describing it. Listen to their conversation and indicate if the following sentences are true, **C (cierto)**, or false, **F (falso)**.

	C	F
1. Los padres de Paula no viven en una ciudad grande.	❑	❑
2. El padre de Paula trabaja en el ayuntamiento.	❑	❑
3. La madre de Paula es enfermera.	❑	❑
4. A los padres de Paula les gusta salir con sus amigos.	❑	❑
5. A los padres de Paula no les gusta pasear.	❑	❑
6. En Puebla los padres de Paula visitan los museos.	❑	❑

CD1, Track 16

3-44 ¡Qué distintas son! Rosa, Julia and María are good friends and co-workers, but they are very different people. Listen to the description of the three young ladies and respond to the following questions with the appropriate information.

1. ¿Dónde trabajan Rosa, Julia y María?

____

2. ¿Cuántos años tienen Rosa y Julia?

____

Nombre ______________________ Fecha ______________________

3. ¿Qué le gusta hacer a María? ¿Qué prefiere hacer Rosa?

____

4. ¿Cómo es Julia?

____

5. ¿Qué hacen las tres muchachas en su tiempo libre?

____

CD1, Track 17

3-45 El nuevo apartamento Julián is very excited about the apartment that he and his roommates found, and he is explaining to Gema how great the place is. Listen to their conversation and point out the advantages **(ventajas)** and disadvantages **(desventajas)** that the apartment might have.

Ventajas	Desventajas
1.	1.
2.	2.
3.	3.
...	...

Pronunciación

Los diptongos: *ua, ue, uo*

CD1, Track 18

3-46 El diptongo *ua* The combination **ua** in Spanish is pronounced in a single syllable, similar to the *wa* in the English word *water.*

Listen to and repeat the following words.

agua cuatro cuadro cuando cuanto cuaderno suave cuarenta

CD1, Track 19

3-47 El diptongo *ue* The combination **ue** in Spanish is pronounced in a single syllable, similar to the *we* in the English word *wet.*

Listen to and repeat the following words.

pueblo después abuelo puerta fuera sueño jueves escuela

CD1, Track 20

3-48 El diptongo *uo* The combination **uo** in Spanish is pronounced in a single syllable, similar to the English word *woe.*

Listen to and repeat the following words.

cuota antiguo mutuo continuo actuó monstruo arduo continuó

Nombre ______________________ Fecha ______________________

Vamos a ver

3-49 Expresiones As you watch the video, complete the following quotes with the expressions in the box. Then match each expression to its meaning in English. Write the letter (**a-f**) in the column labeled "significado *(meaning)*".

Oye	**Venga**	**Vale**	**A ver, a ver**	**Pues**	**¿Ah sí?**

Cita	Significado
1. Sofía: ______________...es que yo no sé cómo son los cuartos.	
2. Alejandra: ______________ ¿Qué cosas?	
3. Valeria: ______________...vestidos, zapatos, cosméticos, mi secador... cosas para para mi cabello.	
4. Sofía: ______________ ¿Pero tiene escritorio?	
5. Antonio: ______________, ¿tú sabes que yo camino cuando estoy dormido?	
6. Sofía: ______________, sigamos *(let's keep)* desempacando.	

a. Come on.
b. Really?
c. Let's see, let's see
d. OK
e. Hey
f. Well

3-50 Un resumen Complete the summary of the video segment by filling in the blanks with the verbs that appear in the box below. Remember to conjugate the verbs when necessary. Each verb is used only once.

tener	**gustar**	**empezar**	**pensar**	**querer**	**poder**	**conseguir**	**dividir**	**ser**

Al empezar el segmento, Valeria (1) ______________ saber cómo los compañeros pueden (2) ______________ las tres habitaciones de la casa. Después de hablar sobre cómo (3) ______________ las habitaciones, Antonio (4) ______________ en una solución: Él y Javier (5) ______________ ocupar una de las dos habitaciones dobles, pero Sofía, Alejandra y Valeria (6) ______________ que decidir quiénes van a *(are going to)* compartir la otra habitación doble. Como a Valeria le (7) ______________ mucho la privacidad y tiene muchas cosas, ella (8) ______________ la habitación individual. Finalmente, los compañeros (9)______________ a deshacer sus maletas *(unpack their suitcases)* e instalarse en sus nuevas habitaciones.

Nombre ______________________ Fecha ______________________

Mi rutina

4

PRIMERA ETAPA

Para empezar ¿A qué hora?

4-1 Franjas horarias *(Time zones)* Como ya sabes, diferentes partes del mundo corresponden a distintas franjas horarias. Contesta las siguientes preguntas usando la información horaria al final. Sigue el **modelo.**

MODELO ¿Qué hora es en Los Ángeles cuando en Chicago son las tres de la tarde? / 1:00 P.M.
En Los Ángeles es la una de la tarde.

1. ¿Qué hora es en Dallas cuando en Washington, D.C., es la una de la tarde? / 11:00 A.M.

____

2. ¿Qué hora es en Madrid cuando en San Francisco son las siete y media de la tarde? / 4:30 A.M.

____

3. ¿Qué hora es en México, D.F., cuando en Boston son las nueve y media de la noche? / 8:30 P.M.

____

4. ¿Qué hora es en Tokio cuando en Nueva York son las diez de la mañana? / 12:00 *(midnight)*

____

4-2 Jornada intensiva ¡Teresa es una mujer muy ocupada! ¡Siempre tiene muchas cosas que hacer! Usa la información que aparece a continuación para formar oraciones completas sobre a qué hora Teresa hace ciertas actividades. Usa el sistema oficial.

MODELO 7:00 A.M. / yo / escuchar las noticias *(news)* en la radio
A las siete (horas) escucho las noticias en la radio.

1. 7:30 A.M. / yo / desayunar en el café de Elías con Antonio

____

2. 8:10 A.M. / yo / tomar el bus

____

3. 8:30 A.M. / yo / llegar a la oficina y / prender (*to turn on*) la computadora

____

4. 12:00 P.M. / mis compañeros y yo / salir a comer

____

5. 3:00 P.M. / yo / beber un café

____

6. 5:00 P.M. / yo / hacer el plan de trabajo para el día siguiente

____

7. 6:30 P.M. / yo / salir / del trabajo

____

8. 7:15 P.M. / yo / tener clases de yoga

____

4-3 Unos días increíbles... Piensa en lo que normalmente haces durante una semana típica. Luego piensa en cuáles son los **dos** días más *(most)* ocupados para ti y describe lo que haces esos días. Usa el sistema conversacional para indicar las horas. Sigue el modelo.

MODELO *Martes: Los martes tengo que hacer muchas cosas. A las nueve y media de la mañana tengo clase de español. Después, a las once y cuarto tengo que estudiar en la biblioteca para la clase de matemáticas. A las doce mi amiga, Ana María, y yo comemos una ensalada o una sopa. A la una y cuarenta y cinco tenemos clase de filosofía. A las tres de la tarde salgo de la clase de filosofía. A las tres y media tengo clase de matemáticas, que termina a las cuatro y media. A las cinco como algo ligero y a las seis de la tarde tengo que trabajar. Regreso a casa a las diez de la noche.*

1. ______________________________

____

____

____

____

____

2. ______________________________

____

____

____

____

____

Enfoque léxico *La fecha*

4-4 ¿Qué fecha es? Escribe las fechas a continuación. Sigue el **modelo.**

MODELO 6 / 09
el nueve de junio

1. 5 / 27 ______________
2. 1 / 03 ______________
3. 7 / 07 ______________
4. 3 / 13 ______________
5. 10 / 05 ______________
6. 12 / 23 ______________
7. 8 / 15 ______________
8. 4 / 12 ______________

Nombre ________________ Fecha ________________

4-5 Fechas memorables La familia Martínez tiene una manera para recordar los cumpleaños de todos: escriben las fechas en la primera página del calendario que tienen en la cocina. Mira la hoja de su calendario e indica cuándo los siguientes miembros de la familia celebran sus cumpleaños. Sigue el **modelo.**

Note that in many Spanish-speaking countries, when indicating **la fecha,** the first number refers to the actual date and the second to the month. For instance, **el señor Martínez** has his birthday on **25–8,** the twenty-fifth of August.

Fechas importantes

el señor Martínez: 25-8
la señora Martínez: 30-12
Luis: 5-4
Lucía: 17-6
el abuelito: 20-1
la abuelita: 3-10

MODELO el señor Martínez: *el veinticinco de agosto*

1. la señora Martínez: ________________
2. Luis: ________________
3. Lucía: ________________
4. el abuelito: ________________
5. la abuelita: ________________

4-6 Más celebraciones Lee la siguiente información sobre las diferentes celebraciones y escribe en español las fechas que aparecen entre paréntesis.

1. **El día mundial de la salud** *(Good Health day) (April 7)* (________________). La Organización Mundial de la Salud, cuyo objetivo es lograr *(achieve)* un nivel más alto de salud en todos los pueblos del mundo, empieza a operar el *(7-4-1948)* ________________. Por esa razón, ese día se celebra el día mundial de la salud.
2. **El día de la Tierra** *(April 22)* (________________). El día *(22-4-1970)* ________________ más de veinte millones de estadounidenses hacen una protesta por los derechos de la tierra y del medio ambiente *(environment)*. Desde entonces *(since then)*, ese día las personas celebran el día de la Tierra.
3. **El día del idioma español** *(April 23)* (________________). El día *(23-4-1616)* ________________ muere en Madrid Miguel de Cervantes. Como homenaje a su memoria en esa fecha se celebra el día del idioma español, y en muchos países, también el día del libro.
4. **El día del animal** *(April 29)* (________________). El Consejo Nacional de Educación celebra el día del animal en esta fecha en honor al doctor Ignacio Lucas Albarracín, luchador por los derechos de los animales, que muere el *(29-4-1926)* ________________.
5. **El día del trabajo** *(May 1)* (________________). El día *(1-5-1886)* ________________ los trabajadores estadounidenses paran el país con más de 5.000 huelgas *(strikes)*, para pedir *(to ask for)* una jornada de trabajo de ocho horas. El resultado es un éxito en todo el país, excepto en Chicago donde los dirigentes de las protestas son ejecutados. Así, en honor a los mártires de Chicago y en defensa de los derechos de los trabajadores se celebra este día el día del trabajo.

Nombre ______________________ Fecha ______________________

Enfoque estructural *El futuro inmediato:* ***ir + a*** *+ infinitivo*

4-7 De excursión a Santo Domingo La familia Sánchez va a pasar el fin de semana en Santo Domingo. Completa la siguiente narración usando la estructura gramatical **ir a** + infinitivo.

Este fin de semana mis padres y yo **(1)** ______________ (conocer) Santo Domingo, la primera ciudad europea del hemisferio occidental. Hay muchas cosas que hacer en la capital. El sábado por la mañana, **(2)** ______________ (asistir) a un concierto en la catedral. Y por la tarde, **(3)** ______________ (conducir) hasta Los Tres Ojos, un muy visitado parque en los alrededores de la ciudad. El sábado por la noche, mis padres **(4)** ______________ (cenar) un banquete de siete platos en uno de los lujosos restaurantes de la ciudad y yo **(5)** ______________ (descansar) en el hotel. El domingo por la mañana, todos **(6)** ______________ (andar) en bicicleta *(ride bikes)* por la playa. Y por la tarde, **(7)** ______________ (ir) al centro. El fin de semana **(8)** ______________ (ser) muy divertido.

4-8 Una conversación telefónica Luis llama a su amiga Mirta para saber qué planes tiene para el fin de semana. Completa su conversación con la forma correcta de **ir + a** y una expresión apropiada de la lista a continuación.

venir a mi casa	**pedir una pizza**	**almorzar juntas *(together)***
ir a su restaurante favorito	**empezar un curso de italiano**	**ir a una discoteca nueva**

MIRTA: ¿Aló?

LUIS: ¡Hola, Mirta! ¿Qué tal?

MIRTA: Bien, ¿y tú?

LUIS: Muy bien, gracias. Oye, ¿tienes planes para el fin de semana?

MIRTA: Sí, el sábado por la tarde yo **(1)** ______________________. ¡Voy a Italia este verano y tengo que estar preparada! El domingo mi madre y yo **(2)** ______________________. Es su cumpleaños y nosotras **(3)** ______________________ en el centro.

LUIS: ¿Y el viernes por la noche?

MIRTA: Nada especial. Yo **(4)** ______________________ para cenar y ver una película en casa.

LUIS: Verás, el viernes por la noche yo **(5)** ______________________ con unos amigos. ¿Quieres venir?

MIRTA: Por supuesto. Me gusta bailar

LUIS: Genial. Si quieres puedo recogerte *(pick you up)*.

MIRTA: Sí, gracias. ¿A qué hora **(6)** ______________________ para recogerme.

LUIS: Sobre las ocho y media ¿Te parece bien?

MIRTA: Sí. ¡Te veo el viernes a las ocho y media!

LUIS: Genial. Hasta el viernes.

Nombre ______________________ Fecha ______________________

4-9 ¿Y tus planes? Ahora vas a contar los planes que tú y tus amigos tienen para el siguiente fin de semana. Rellena el cuadro a continuación. ¡Sé creativo/a!

	Yo	Mis amigos	Mis amigos y yo
1.	*Voy a estudiar.*	*Van a trabajar.*	*Vamos a ir al cine.*
2.			
3.			
4.			
5.			
6.			

Enfoque estructural *Más verbos irregulares*

4-10 Una estudiante dedicada ***(A committed student)*** Amanda estudia mucho para su clase de español porque algún día *(some day)* quiere hablar el idioma con soltura *(fluently)*. Utiliza los elementos que aparecen a continuación para formar oraciones sobre cómo Amanda va a lograr *(achieve)* su meta *(goal)*. Conjuga los verbos con la forma **yo**.

1. hacer / la tarea todos los días

   ____
2. traducir / artículos de revistas en inglés al español

   ____
3. oír / las noticias en español en el canal Univisión

   ____
4. ver / películas de directores hispanos en versión original

   ____
5. salir / con los estudiantes latinos de mi universidad los fines de semana

   ____

4-11 Conversaciones Completa las siguientes conversaciones con la forma apropiada de los verbos entre paréntesis para saber de qué hablan estas personas.

Conversación 1

—¿Sabes a qué hora pasa el autobús para el centro?

—No, no lo **(1)** ________________ (saber).

—¿Qué pasa? ¿Ya no conduces?

—No, ya no **(2)** ________________ (conducir). Siempre hay un tráfico horrible. Por eso **(3)** ________________ (preferir) ir en autobús.

Conversación 2

—¿Conoces al novio de Silvia?

—No, no lo **(4)** ________________ (conocer).

—Es un chico puertorriqueño muy simpático y **(5)** ________________ (tener) unos ojos muy bonitos.

—¡Ah! Es el chico con quien *(with whom)* yo **(6)** ________________ (ver) a Silvia todas las mañanas, cuando **(7)** ________________ (empezar, yo) mis clases.

4-12 Planes para esta noche Mercedes e Inés hablan sobre sus planes para la noche. Completa su conversación con la forma apropiada de los verbos del cuadro.

tener (x2)	**salir**	**conducir**	**querer**
saber	**poder**	**volver**	

MERCEDES: ¿Sales con Luis esta noche?

INÉS: No, no **(1)** ________________ con él esta noche. Luis no **(2)** ________________ de la Habana hasta el martes.

MERCEDES: Entonces, **(3)** ¿________________ ir con nosotros al cine?

INÉS: Gracias, pero no **(4)** ________________. **(5)** ________________ que preparar mi ensayo de sociología. ¿Quiénes van?

MERCEDES: Yo, Enrique, Jaime y Teresa.

INÉS: ¿Y cómo van a llegar al centro? No hay autobuses y tú no **(6)** ________________ carro.

MERCEDES: Yo no, pero Enrique sí.

INÉS: ¡Enrique!... Él **(7)** ________________ fatal.

MERCEDES: Ya no *(Not anymore)*. De hecho *(In fact)*, yo **(8)** ________________ que toma clases de conducción y ahora *(now)* conduce mucho mejor *(better)*.

INÉS: ¡Menos mal *(Thank goodness)*!

Nombre ______________________ Fecha ______________

SEGUNDA ETAPA

Para empezar Las actividades del fin de semana

4-13 Mi hermana Yolanda Clara está quejándose *(is complaining)* de su hermana Yolanda porque nunca *(never)* ayuda con los quehaceres *(chores)* de la casa. Completa el párrafo con las expresiones que aparecen en el cuadro. Conjuga los verbos según el contexto.

recoger las hojas secas	**limpiar**	**quitar**	**mirar videos**
cortar el césped	**quitar la nieve**	**regar**	**pasar**

Mi hermana Yolanda nunca participa en los quehaceres de la casa. Los fines de semana mi hermano Raúl y yo (1) ______________ el apartamento. Raúl (2) ______________ la aspiradora y yo (3) ______________ el polvo. Durante el verano, Raúl (4) ______________ del jardín, y yo (5) ______________ las flores. En el otoño, yo (6) ______________ y en el invierno, Raúl (7) ______________. Yolanda nunca tiene ganas de ayudar. Está frente al televisor y (8) ______________ todo el fin de semana.

4-14 Así son nuestros fines de semana... Dani nos cuenta las actividades que él y los miembros de su familia normalmente hacen los fines de semana. Completa su narración usando las expresiones apropiadas para actividades al aire libre y en casa. No olvides de conjugar los verbos según el contexto.

Los sábados por la mañana mi familia está muy ocupada haciendo los quehaceres de la casa. Mi madre (1) ______________ *(to do grocery shopping)* para la semana y mi padre (2) ______________ *(to clean the apartment)*. Mi hermano Andrés (3) ______________ *(to do the laundry)* y mi hermana Puri (4) ______________ *(to iron)*. Y yo, (5) ______________ *(to do errands)* para todos.

Los sábados por la tarde y los domingos son un poco más relajados. Mi familia y yo (6) ______________ *(to have dinner)* con la abuela Gloria el sábado y el domingo, generalmente, Andrés (7) ______________ *(to rent some movies)* y Puri y su novio (8) ______________ *(to go to the beach)*. Mis padres y yo (9) ______________ *(to ride a bike)* o (10) ______________ *(to go to a concert)*.

Enfoque léxico *Expresiones para hablar de la rutina diaria*

4-15 Los domingos de Luisa Completa la siguiente narración de Luisa sobre lo que suele hacer los domingos. Usa los adverbios del cuadro.

algunas veces	**siempre**	**nunca**	**normalmente**

El domingo es mi día favorito de la semana. ¿Sabes por qué? Porque trabajo de lunes a sábado y el domingo (**1**) ______________ descanso. Me gustan mucho las actividades al aire libre, así que (**2**) ______________ ando en bicicleta por el parque cerca de mi casa. También me gusta ir a la playa, pero como está lejos (unas cuatro horas en carro), sólo *(only)* voy (**3**) ______________ al año.

Sé que a muchas personas les gusta hacer los quehaceres de la casa los domingos, ¡pero a mí no! Yo (**4**) ______________ lavo la ropa ni *(nor)* paso la aspiradora los domingos. Hago esas cosas por las noches durante la semana. ¡Para mí los domingos son para descansar!

4-16 ¿Qué sueles hacer? Piensa en la rutina que sigues durante la época de clases. Explica qué sueles (*do you usually*) hacer en los siguientes momentos del día.

1. Antes de clase, ______________________________
2. Después de comer, ______________________________
3. Los viernes por la noche, ______________________________
4. Antes de ir a dormir, ______________________________
5. Al salir del cuarto o del apartamento, ______________________________

4-17 ¿Cuándo y con qué frecuencia? Una periodista del periódico local está haciendo encuestas *(surveys)* a los estudiantes en el campus para escribir un artículo sobre los hábitos de los jóvenes universitarios, y te pide que le digas **cuándo** y **con qué frecuencia** realizas las siguientes actividades. Contesta las siguientes preguntas con oraciones completas y con muchos detalles.

1. ¿Haces ejercicio?

____

2. ¿Te gusta viajar?

____

3. ¿Sales a comer a los restaurantes de la ciudad?

____

4. ¿Visitas a tu familia?

____

5. ¿Asistes a espectáculos o a eventos deportivos *(sporting events)*?

____

Enfoque estructural *Los verbos reflexivos*

4-18 ¿Qué hacen? Describe lo que hacen las personas en los dibujos.

1. Susana: ______________________

2. Pablo: ______________________

3. Nuria: ______________________

4. Nicolás y Javier: ______________________________

5. José María: ______________________________

6. Los Hernández: ______________________________

4-19 Por la mañana Crea oraciones para indicar qué ocurre en la **Hacienda Vista Alegre** cada mañana.

MODELO Javier / levantarse a las seis
Javier se levanta a las seis.

1. Antonio / despertarse un poco más tarde
____
2. Sofía / ducharse a las siete de la mañana
____
3. Alejandra / no ducharse / porque / siempre / bañarse / por la noche
____
4. Valeria / maquillarse antes de salir de casa
____
5. Todos / vestirse antes del desayuno
____
6. Javier / afeitarse en la ducha
____
7. Todos / irse después del desayuno
____

Nombre ______________________________ Fecha ______________

4-20 La rutina de Felipe Los productores que escogieron *(chose)* a los cinco compañeros para el video de *¡Tú dirás!* entrevistaron *(interviewed)* a muchos candidatos. Completa la siguiente conversación entre Felipe, un candidato que no fue seleccionado *(wasn't selected)* y el entrevistador *(interviewer)*. Utiliza la forma **tú** en las preguntas.

ENTREVISTADOR: Buenos días, Felipe. Voy a hacerte unas preguntas sobre tu rutina diaria para averiguar *(determine)* si eres un buen candidato para vivir en la Hacienda Vista Alegre en Puerto Rico.

FELIPE: De acuerdo *(All right)*.

ENTREVISTADOR: Empecemos *(Let's start)*.

ENTREVISTADOR: (1) ______________________________

FELIPE: Me despierto a las siete de la mañana.

ENTREVISTADOR: (2) ______________________________

FELIPE: No, no me quedo en la cama un rato.

ENTREVISTADOR: (3) ______________________________

FELIPE: Sí, me afeito todas las mañanas, antes de ir a trabajar.

ENTREVISTADOR: (4) ______________________________

FELIPE: Me voy de casa a las ocho y cuarto.

ENTREVISTADOR: (5) ______________________________

FELIPE: Sí, me divierto en mi trabajo.

ENTREVISTADOR: (6) ______________________________

FELIPE: Sí, me siento a ver un rato la televisión antes de dormir.

ENTREVISTADOR: (7) ______________________________

FELIPE: No, no me acuesto tarde: alrededor de las diez de la noche.

ENTREVISTADOR: (8) ______________________________

FELIPE: Sí, me duermo pronto.

Enfoque estructural *El progresivo: Para expresar acciones que tienen lugar en este momento*

4-21 ¿Qué están haciendo? Mira los dibujos a continuación y explica lo que están haciendo las personas.

MODELO *Julio está mirando la televisión.*

1. Miriam y sus amigas ______________________________

____

______________________________.

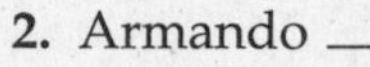

2. Armando ______________________________

____

______________________________.

3. Mis amigos y yo ____
____
____.

4. Tú ____
____
____.

5. Los profesores ____
____
____.

4-22 Querida Angélica... Helen, una estudiante de intercambio de Nuevo México, está pasando un semestre en Ponce, Puerto Rico. Le está escribiendo una carta a Angélica, su compañera de apartamento en Nuevo México. Ayúdale a completar la carta conjugando los verbos entre paréntesis. Utiliza el tiempo presente progresivo.

Querida Angélica:

(Yo) Te (1) ______________________ (escribir) para contarte mis experiencias aquí en Ponce. Me gusta mucho la ciudad y las clases en la universidad son excelentes. (2) ______________________ (Vivir) en un apartamento cerca del centro, con dos chicas puertorriqueñas que también (3) ______________________ (estudiar, ellas) en la Universidad de Puerto Rico en Ponce, aunque ellas tienen su especialización en ciencias políticas. Mis compañeros estadounidenses y yo (4) ______________________ (aprender) mucho sobre la lengua y la literatura hispanas, gracias a (thanks to) *nuestros profesores que (5) ______________________ (dedicar) mucho tiempo a preparar la materia y a ayudar a los estudiantes extranjeros. (6) ______________________ (Hacer, yo) grandes progresos en el estudio del español. La verdad es que las semanas (7) ______________________ (pasar) muy rápido. Ya (8) ______________________ (pensar, yo) en el final del semestre y estoy un poco triste, aunque te extraño y quiero verte pronto.*

Un abrazo,

Helen

Nombre ______________________________ Fecha ______________________________

4-23 Ahora no puedo... Todos están ocupados. Completa las siguientes excusas utilizando el tiempo presente progresivo.

MODELO Miguel, ¿damos un paseo?

Ahora no puedo; le estoy escribiendo una carta a Rosa.

1. Lola, ¿vamos al cine?

   Ahora no puedo; ______________________________ (estudiar) para el examen de arte medieval.

2. Chicos, ¿quieren salir a tomar un café?

   Ahora no podemos; ______________________________ (leer) unos artículos para la clase de economía aplicada.

3. Mamá, ¿vienes a la playa?

   Ahora no puedo; ______________________________ (hacer) el pastel de cumpleaños para tu hermana.

4. Señores, ¿quieren comer algo? ¡Llevan cinco horas *(You've spent five hours)* en el laboratorio!

   Ahora no podemos; ______________________________ (repetir) el experimento.

[illegible] ¿Viene Juan al centro?

   [illegible]hora no puede; ______________________________ (dormir).

4-[illegible] Y tú, ¿qué estás haciendo? Tu profesor/a de español quiere saber más detalles sobre tu vid[illegible]niversitaria. Contesta las siguientes preguntas usando el tiempo presente progresivo.

1. ¿[illegible]ás viviendo en una residencia en la universidad o en un apartamento?

   ____

2. ¿Q[illegible]ursos estás tomando este semestre?

   ____

3. ¿Está[illegible]ciendo otras actividades además de tus clases? ¿Qué actividades?

   ____

4. ¿Qué li[illegible]o libros estás leyendo?

   ____

5. ¿Estás pensando en viajar las próximas vacaciones? ¿Adónde?

   ____

TERCERA ETAPA

Para empezar ¿Qué tiempo hace?

4-25 El tiempo en vacaciones Los Candela están de vacaciones. Basándote en los dibujos, describe qué tiempo hace cada día. ¡No olvides *(don't forget to)* mirar las temperaturas que acompañan cada dibujo!

MODELO *Llueve y hace mucho frío.*

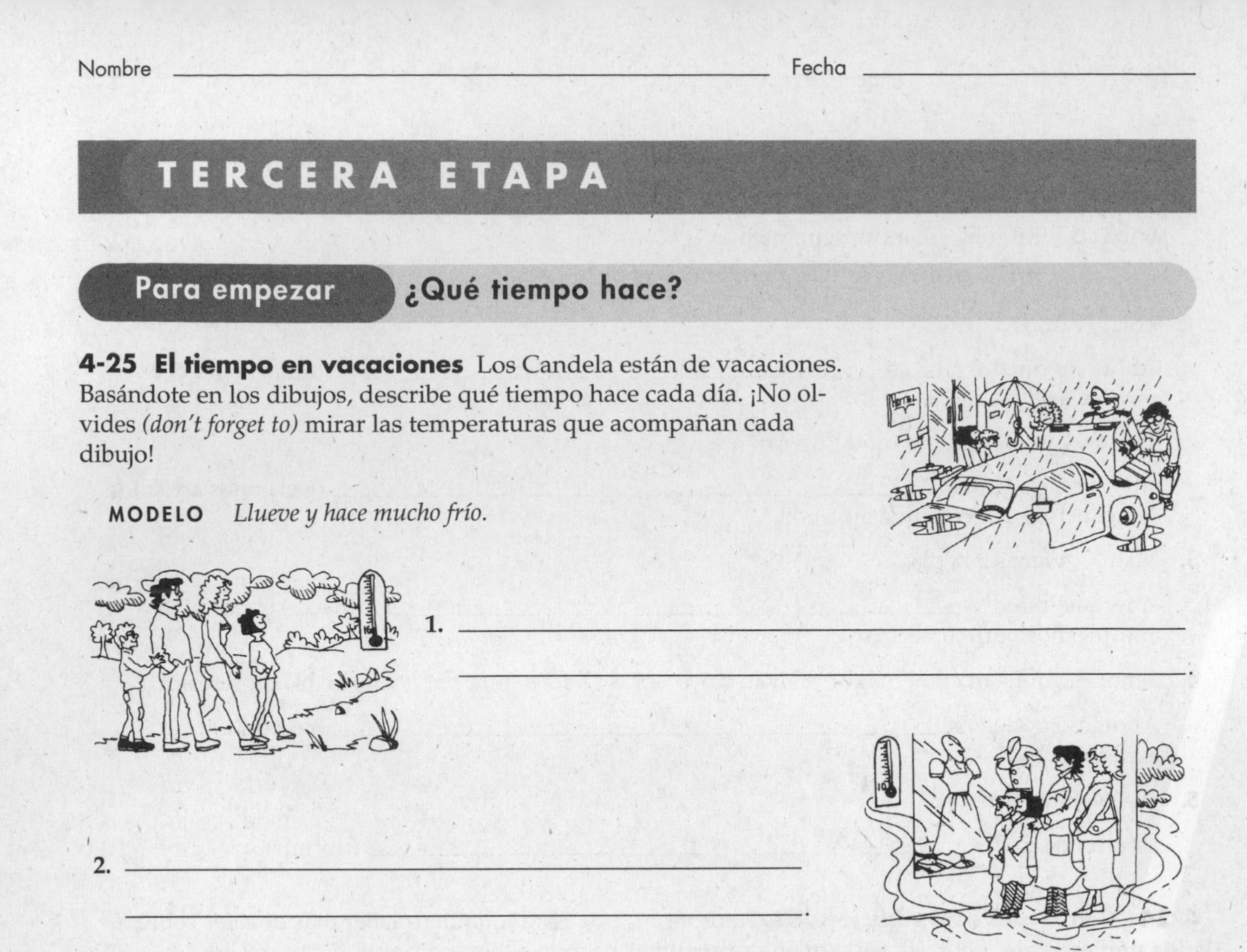

1. ______________________________
____

2. ______________________________
____

3. ______________________________
______________________________.

4-26 Situaciones Piensa en lo que te gusta hacer cuando hace sol. ¿Y cuando hace frío? Completa las siguientes oraciones con una expresión de tiempo.

MODELO Paseamos por el parque cuando *hace sol.*

1. Tomo un chocolate muy caliente cuando
______________________________.
2. Hacemos una barbacoa *(barbecue)* en el jardín cuando
______________________________.
3. Llevo el paraguas *(umbrella)* cuando
______________________________.
4. Nos gusta ir a la playa *(beach)* cuando
______________________________.
5. Me gusta tomar un té helado *(iced tea)* cuando
______________________________.

Nombre ______________________ Fecha ______________

Enfoque léxico *Más sobre el tiempo*

4-27 Más situaciones Completa las siguientes frases con las expresiones de tiempo del cuadro. Escoge la expresión más lógica según el contexto y utiliza cada expresión sólo una vez.

truena	**hay niebla**	**hay tormenta**
caen rayos	**está nublado**	**hace buen tiempo**

1. Es peligroso estar bajo un árbol *(under a tree)* cuando ______________.
2. No nos gusta conducir cuando ______________.
3. Es difícil ver bien cuando ______________.
4. Como precaución llevo el paraguas cuando ______________.
5. Nos gusta pasear por el parque o andar en bicicleta cuando ______________.
6. A veces cuando ______________, tengo miedo porque el ruido *(noise)* me asusta *(frightens me)*.

4-28 Pronóstico del tiempo ***(Weather forecast)*** Lee los siguientes pronósticos de hoy que aparecen en varios periódicos *(newspapers)* del país. Para cada uno, escribe una frase describiendo qué tiempo hace.

MODELO En el este de la región la temperatura máxima es de 22 grados.
Hace calor.

1. La temperatura en la capital es de 10 grados y no hace sol.
____
2. Ahora por la mañana en las montañas la temperatura mínima es de 0 grados y no se ve *(one cannot see)* muy bien.
____
3. En la costa el cielo está despejado y la temperatura máxima alcanza los 18 grados.
____
4. En el sur de la región tenemos lluvias muy fuertes.
____

4-29 Donde yo vivo... Escribe una breve descripción del tiempo que hace donde vives durante los siguientes meses y estaciones.

En el verano ______________________________
____

En el mes de diciembre ______________________________
____

En el mes de abril ______________________________
____

Nombre ______________________ Fecha ______________

Enfoque estructural *Los comparativos*

4-30 ¿Cierto o falso? Mira la siguiente tabla que incluye información sobre el tiempo en tres ciudades del Caribe durante el mes de agosto. Usando toda la información de la tabla, indica si las siguientes oraciones son ciertas o falsas.

	días de lluvia	**días con niebla**	**días con tormentas**	**temperaturas medias, máximas y mínimas**
Santiago de Cuba	8	0	7	31°C / 25°C
Mayagüez	15	0	7	32°C / 22°C
Puerto Plata	13	0	1	26°C / 20°C

	Cierto	**Falso**
1. Llueve tanto en Santiago de Cuba como en Mayagüez.	❑	❑
2. Hace más calor en Puerto Plata que en Santiago de Cuba	❑	❑
3. Hay tanta niebla en Mayagüez como en Puerto Plata.	❑	❑
4. Hace tanto calor en Santiago de Cuba como en Puerto Plata.	❑	❑
5. Hay más días con tormentas en Santiago de Cuba que en Mayagüez.	❑	❑
6. Hace menos frío en Mayagüez que en Puerto Plata.	❑	❑

4-31 ¿Más o menos? Lee la siguiente información sobre el tiempo en varias ciudades caribeñas hoy, y haz comparaciones basadas en las situaciones. Utiliza las palabras entre paréntesis.

MODELO Hace buen tiempo en Ponce. Hace buen tiempo en San Cristobal también. (buen tiempo)
Hace tan buen tiempo en Ponce como en San Cristóbal.

1. Hace 25 grados centígrados en Las Tunas. Hace 30 grados centígrados en Santiago de los Caballeros. (calor)

____.

2. Está lloviznando en Ponce. Hay tormenta y caen rayos en Villa Clara. (mejor)

____.

3. Hay tormentas en la Isla Mona. Hay tormentas en la Isla de la Juventud también. (mal tiempo)

____.

4. Está despejado en Arecibo. Hay niebla en San Cristóbal. (peor)

____.

5. Hace mucho sol en Aguadilla. Hace mucho sol en Las Tunas también. (sol)

____.

Nombre ____________________ Fecha ____________________

4-32 ¡Qué diferencia! Compara las siguientes cosas según tu opinión usando **más... que, menos... que, tanto/s como** y **tanta/s como.**

1. tu habitación en la universidad / tu habitación en casa

   ____

2. tus clases de este semestre / tus clases del semestre pasado

   ____

3. tus compañeros de la universidad / tus compañeros de la escuela secundaria

   ____

Enfoque estructural *Los superlativos*

4-33 El pronóstico meteorológico Lee el pronóstico meteorológico para Puerto Plata y contesta las preguntas que siguen.

lunes		Máxima 29°C	Mínima 24°C	Humedad 74%
martes		Máxima 32°C	Mínima 26°C	Humedad 60%
miércoles		Máxima 31°C	Mínima 25°C	Humedad 65%
jueves		Máxima 28°C	Mínima 22°C	Humedad 82%
viernes		Máxima 30°C	Mínima 23°C	Humedad 91%

¿Qué día es el...

1. más tormentoso? ____________________
2. menos nublado? ____________________
3. que tiene mayor humedad? ____________________
4. más frío? ____________________
5. más caluroso? ____________________

4-34 Los países caribeños Lee la siguiente información sobre los países caribeños y luego contesta las preguntas.

	La República Dominicana	Puerto Rico	Cuba
Población	8.950.034	3.916.632	11.346.670
Área total	48.730 km^2	13.790 km^2	110.860 km^2
Edad media	*hombres:* 24 años *mujeres:* 24,3 años	*hombres:* 33 años *mujeres:* 36,4 años	*hombres:* 35,2 años *mujeres:* 36,5 años
El índice de alfabetización *(literacy rate)*	*hombres:* 84,6% *mujeres:* 84,8%	*hombres:* 93,9% *mujeres:* 94,4%	*hombres:* 97,2% *mujeres:* 96,9%
Esperanza de vida *(life expectancy)*	*hombres:* 70,21 años *mujeres:* 73,33 años	*hombres:* 74,46 años *mujeres:* 82,54 años	*hombres:* 75,11 años *mujeres:* 79,85 años

1. ¿La población de qué país tiene la menor esperanza de vida? ______________________
2. ¿Cuál es el país más poblado? ¿Y el menos? ______________________
3. ¿Qué país tiene el mayor índice de alfabetización? ______________________
4. ¿Cuál es el país más pequeño? ______________________
5. ¿Cuál es el país con la población más joven? ______________________

4-35 Superlativos Escribe oraciones utilizando el superlativo más apropiado (en tu opinión) para cada contexto.

MODELO la canción más conocida de Ricky Martin
"Livin' la vida loca" es la canción más conocida de Ricky Martin.

1. el CD más popular del año
____
2. la mejor asignatura *(course)* de tu universidad
____
3. el/la profesora/a menos exigente *(demanding)* de tu universidad
____
4. el mejor restaurante de tu pueblo o ciudad
____
5. el peor músico del año
____

Nombre ______________________ Fecha ______________________

Vamos a leer

El Tren Urbano

Antes de leer

Anticipating the content of a reading
As you know, approaching a new text with basic assumptions in mind can make your reading experience a bit easier. For example, if you live in a big city, you know that transportation may sometimes be complicated, but if you do not, you may assume that it would be, based on what you have heard or read elsewhere.

4-36 El transporte público, ¿una alternativa? Hoy en día *(nowadays)* más y más personas están usando el transporte público. Piensa en algunas *(some)* de las ventajas *(advantages)* y desventajas *(disadvantages)* del transporte público y escribe por lo menos *(at least)* dos de cada una.

Ventajas: **1.** ______________________

2. ______________________

Desventajas: **1.** ______________________

2. ______________________

Después de leer

4-37 Algunas palabras Lee el texto rápidamente y luego empareja las siguientes palabras que aparecen en el texto con sus definiciones.

_____ **1.** el vagón (los vagones)
_____ **2.** la estación
_____ **3.** el itinerario
_____ **4.** la línea
_____ **5.** la tarifa

a. la cabina del tren donde viajan los pasajeros *(passengers)*
b. las distintas paradas de una ruta *(route)*
c. el lugar donde se detienen *(stop)* los trenes para recoger o dejar a los pasajeros
d. el precio que cuesta el viaje en el **Tren Urbano**
e. la ruta por donde viaja el **Tren Urbano**

4-38 ¡Sube a bordo! *(Get on board!)* Lee la siguiente información sobre el **Tren Urbano** de Puerto Rico y contesta las preguntas en español.

1. Which areas of Puerto Rico does the **Tren Urbano** connect?
____
2. Does the **Tren Urbano** operate daily?
____
3. What are the operating hours for the **Tren Urbano**?
____
4. How many train stations are part of the **Tren Urbano**?
____
5. How much would you have to pay to ride the **Tren Urbano**?
____
6. How often do the trains run during rush hours?
____

El proyecto de infraestructura más grande de Puerto Rico es un sistema de transportación rápida de 11 millas (17,6 Km) para el área metropolitana, conocido como el Tren Urbano. Esta línea sirve a los lugares de mayor densidad poblacional en la Isla, conectando el distrito central de negocios con las áreas residenciales y de empleo en San Juan y comunidades vecinas. Las estaciones son: Sagrado Corazón, Nuevo Centro, Hato Rey Centro, Centro Judicial, UPR, Río Piedras, Villa Nevárez, Centro Médico, De Diego, San Alfonso, Las Lomas, Torrimar, Jardines de Chaparra / Río Bayamón, Complejo Deportivo y Bayamón Centro.

- Este sistema utiliza trenes eléctricos que viajan a 55 millas (88 km) por hora. La mayor parte de la ruta es elevada, una larga sección es terrestre y otra es subterránea.
- Hay 15 estaciones de pasajeros localizadas, estratégicamente, en las áreas comerciales y residenciales de mayor densidad poblacional y congestión de tráfico.
- Los trenes parten cada 5 minutos durante las horas de mayor tránsito, y cada 10 a 12 minutos durante otros períodos.
- El tiempo estimado de viaje, desde Bayamón hasta Santurce, es 30 minutos.
- El sistema tiene un total de 74 vagones.
- Tarifas: Personas mayores de 75 años y niños menores de 6 años, gratis; público general, $1,50; estudiantes con identificación, $0,75; personas mayores de 60 años, personas con impedimentos y participantes del Programa Llame y Viaje, $0,75. La tarifa incluye transferencia a Metrobús y a la Autoridad Metropolitana de Autobuses (AMA).
- Itinerario del Tren Urbano: lunes a domingo, 5:30 a 23:30
- Para información relacionada al Tren Urbano, puede llamar al 1-866-900-1ATI (1284)

Aquí tienes un mapa del Tren Urbano, ¿quieres subir?

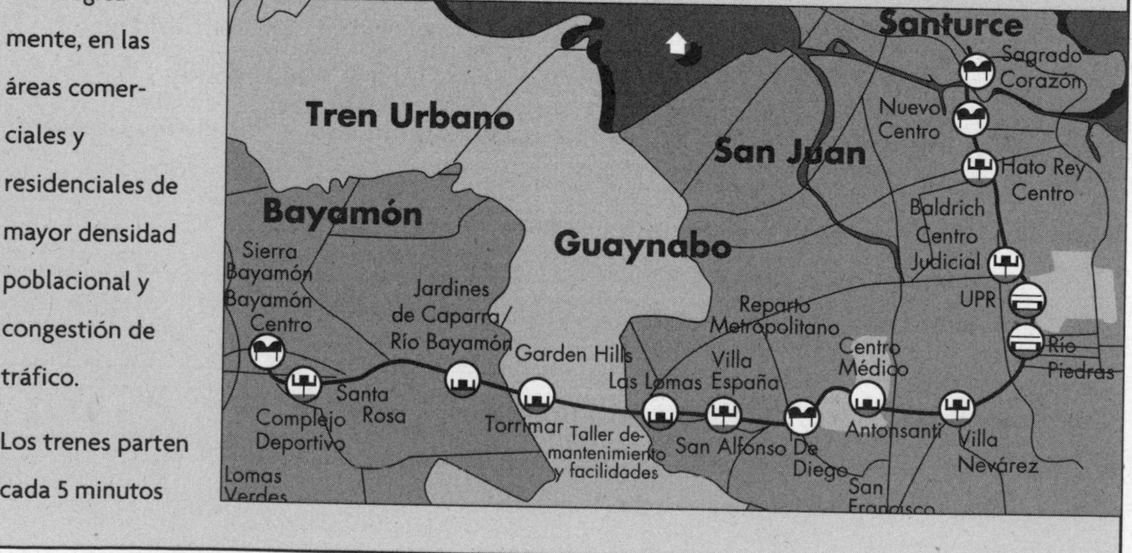

Nombre ______________________ Fecha ______________________

Vamos a escribir

ATAJO 4.0

Vocabulary: Traveling; Temperature
Phrases: Planning a vacation
Grammar: Verbs: future with **ir**; reflexives

Las condiciones ideales para un viaje

Tus amigos y tú están planeando un viaje para sus próximas *(next)* vacaciones a un país de habla hispana. Describe tus vacaciones ideales. Incluye la siguiente información:

- ¿Cuándo vas a viajar? (el mes y/o la estación)
- el tiempo óptimo
- las actividades diarias que vas a hacer

A empezar

4-39 Organización de las ideas Piensa en las vacaciones de tus sueños. Ahora imagina que tus sueños se han cumplido *(have come true)* y ya estás de vacaciones. ¿Qué mes y/o estación es? ¿Qué tiempo hace? ¿Cuáles son algunas de las actividades que vas a hacer?

A escribir

4-40 Preparación del borrador Ahora, escribe una breve descripción de cómo van a ser tus vacaciones. Incluye tus ideas de **A empezar** sobre la estación, el tiempo y tus actividades planeadas.

4-41 Revisión del borrador Revisa tu **borrador** contestando las siguientes preguntas:

1. ¿Incluyes todas las actividades que tienes planeadas? ¿Hay algo más interesante sobre el destino *(destination)* que puedes mencionar?
2. ¿Es tu descripción completa? ¿Está organizada lógica y claramente?
3. ¿Incluyes el vocabulario y las estructuras gramaticales que aprendiste *(you learned)* en este capítulo para hablar de tus planes para el futuro inminente, el tiempo y las actividades?

4-42 El producto final Haz los cambios necesarios de acuerdo con la revisión de tu borrador e incluye las ideas nuevas que se te hayan ocurrido *(that have occurred to you)*. Antes de entregarle la narración a tu profesor/a, léela una vez más y asegúrate *(make sure)* que no haya errores gramaticales y que todos los cambios hayan sido incorporados *(have been implemented)*.

COMPRENSIÓN AUDITIVA

CD1, Track 21

4-43 ¡Qué organización! Sara, Cecilia y Jaime son compañeros de apartamento y están hablando de los quehaceres domésticos. Escucha su conversación y luego contesta las preguntas sobre lo que van a hacer este fin de semana.

1. ¿Van a hacer los amigos una fiesta este fin de semana?

   ____

2. ¿Qué va a hacer Jaime en el apartamento?

   ____

3. ¿Va a cortar Cecilia el césped?

   ____

4. ¿Qué va a hacer Sara en el apartamento?

   ____

5. ¿Adónde va a ir Jaime el sábado por la mañana?

   ____

6. ¿Qué van a hacer Cecilia y Sara el sábado por la mañana?

   ____

CD1, Track 22

4-44 Los mensajes Jorge está revisando su buzón de voz *(voice mail)* de casa y está intentando organizar todos los mensajes. Ayúdale a apuntar *(jot down)* quién llamó y la razón por la cual llamó. Sigue el **modelo**.

MODELO

Mensaje
De (From): *Andrés*
Mensaje: *No puede ir al cine; tiene que ir al aeropuerto a las 6:00 de la tarde.*

Mensaje 1
De:
Mensaje:

Mensaje 2
De:
Mensaje:

Mensaje 3
De:
Mensaje:

Nombre ______________________ Fecha ______________________

Pronunciación

Los diptongos: *ui, ai, ei, oi*

CD1, Track 23

4-45 Los diptongos *ui* y *ai* The combination **ui** in Spanish is pronounced in a single syllable, similar to the English word *we*. Note that in the word **muy**, the same sound is spelled **uy**. The combination **ai** in Spanish is pronounced in a single syllable, similar to the English word *eye*. Notice that it can be spelled **ay**, as in the Spanish words **hay** and **ay**.

Escucha y repite en voz alta *(aloud)* las siguientes palabras.

fui hay Luis aire muy aislado ruido bailar cuidado paisaje

CD1, Track 24

4-46 Los diptongos *ei* y *oi* The combinations **ei** and **oi** in Spanish are pronounced in a single syllable. The first one is similar to the *a* in the English word *date*. The second combination is similar to the *oi* in the English word *oink*.

Escucha y repite en voz alta las siguientes palabras.

seis hoy afeitar doy peinar voy veinte estoy reina oigo

Vamos a ver

4-47 Las actividades de los compañeros Lee las siguientes situaciones que tuvieron lugar *(took place)* en el video e indica la respuesta correcta a las preguntas.

Situación #1
Los compañeros están muy impacientes porque Valeria todavía *(still)* está en el baño.

1. ¿Qué hora es?
   a. 6:35 **b.** 7:35 **c.** 8:35
2. ¿Cuánto tiempo lleva *(has been)* Valeria en el baño?
   a. unos quince minutos **b.** una media hora **c.** una hora
3. Según Alejandra, ¿cuántos minutos tienen los compañeros para estar listos?
   a. 25 **b.** 45 **c.** 55

Situación #2
Los compañeros visitan el Viejo San Juan.

4. ¿Adónde van Sofía y Javier?
   a. al mercado de la Plaza San José
   b. al Paseo de la Princesa
   c. al Castillo de San Felipe del Morro

5. ¿Qué hacen Antonio y Alejandra?
   a. caminan por el Paseo de la Princesa
   b. almuerzan comida típica en el mercado
   c. van de compras

6. ¿Qué le pasa a Valeria?
   a. gasta mucho dinero comprando ropa
   b. no sabe cómo llegar al sitio donde los compañeros van a reunirse
   c. se tropieza con *(runs into)* una mujer que conoce

4-48 Las atracciones del Viejo San Juan En su testimonio, Javier habla de varios sitios de gran interés que se encuentran en el Viejo San Juan. Indica cuáles de los siguientes lugares menciona.

- ❑ La Plaza de la Rogativa
- ❑ Las edificaciones coloniales
- ❑ La Muralla
- ❑ La Casa Rosada
- ❑ El Paseo la Princesa
- ❑ La Plaza Colón
- ❑ El Morro
- ❑ Los restaurantes y cafés

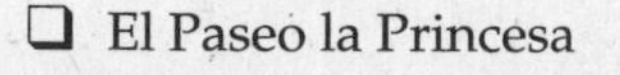

También, indica cuáles de los siguientes medios de transporte menciona.

- ❑ ir en el trolebús
- ❑ ir en el Tren Urbano
- ❑ ir a pie
- ❑ ir en bicicleta
- ❑ ir en taxi
- ❑ ir en carro

Nombre ______________________ Fecha ______________

Los deportes

5

PRIMERA ETAPA

Para empezar ¿Qué deportes practicas?

5-1 ¿Qué quieren hacer estas personas? Mira los dibujos de personas que van a practicar un deporte. Luego escribe una frase explicando qué deporte van a practicar. Sigue el **modelo.**

Modelo Santi
Santi va a patinar sobre hielo.

1. José ______________________
2. Tú ______________________
3. La familia García ______________________
4. Manolo ______________________
5. Nosotros ______________________

Nombre ______________________ Fecha ______________________

6. Ustedes ______________________

5-2 Tantos deportes... *(So many sports . . .)* Los compañeros del video de ***¡Tú dirás!*** tienen diferentes gustos. Lee lo que dicen y para cada persona haz una lista de deportes que tú crees que le gustaría *(would like)* practicar. Escribe el máximo número de opciones posibles para cada compañero.

1. JAVIER: "A mí me gustan mucho todas las actividades y deportes al aire libre. ¡Y en el agua también!"

   Deportes: ______________________

2. VALERIA: "Pues, me gustan los deportes de raqueta *(racket)*. Prefiero las actividades al aire libre. ¡Y no me gustan los deportes de agua porque no sé nadar!"

   Deportes: ______________________

3. ANTONIO: "Me gusta hacer actividades con otras personas en equipo *(team)*. Prefiero practicar deportes en lugares cerrados *(closed spaces)*."

   Deportes: ______________________

4. SOFÍA: "Me gusta todo tipo de deporte, al aire libre y en lugares cerrados. Sobre todo me gusta hacer deporte en el verano. ¡Es mi estación favorita!"

   Deportes: ______________________

5. ALEJANDRA: "No me gustan los deportes de equipo. Prefiero los deportes individuales."

   Deportes: ______________________

5-3 Una deportista Inés, la hermana menor de Valeria, describe su rutina deportiva. Ayúdale a completar su narración rellenando los espacios en blanco con los verbos o expresiones del cuadro. Tienes que conjugar los verbos según el contexto. Cada verbo o expresión se usa una sola vez.

hacer surf	levantar pesas	hacer esnórkeling	correr	jugar	nadar

Hola, me llamo Inés. Soy una estudiante bastante activa en cuanto a los deportes. La verdad es que me han gustado *(I have liked)* los deportes desde que era niña *(since I was a kid)*. Por eso, **(1)** ______________ al fútbol en la universidad. Ser deportista no siempre es fácil. Mi equipo y yo entrenamos *(train)* cinco horas al día. Por las mañanas, antes de empezar mis clases, yo **(2)** ______________ cinco millas y **(3)** ______________ en el gimnasio. Algunas veces, por las tardes, voy a la piscina *(swimming pool)* y **(4)** ______________. Los fines de semana tenemos partido y nos divertimos mucho. En verano, cuando no estoy en la universidad, me gusta practicar los deportes acuáticos en la playa. (5) ______________ y (6) ______________.

Enfoque léxico *Más vocabulario deportivo*

5-4 Atletas A continuación hay una lista de deportes y de atletas famosos. Escribe cómo se llaman las personas que practican estos deportes. Sigue el **modelo.**

MODELO el fútbol (Raúl González Blanco, o simplemente "Raúl")
Raúl es futbolista.

1. el béisbol (Liván Hernández) ______________
2. el surf (Celia Barboza) ______________
3. el golf (Sergio García) ______________
4. el básquetbol (Carlos Arroyo) ______________
5. el tenis (Gastón Gaudio) ______________
6. la natación (Imaday Núñez) ______________

5-5 Combinaciones Combina los elementos de las tres columnas para formar oraciones lógicas sobre las personas del mundo deportivo y los eventos importantes.

la comentarista	perder	en la portería de su equipo
unos aficionados	empezar	el fin de semana próximo
el entrenador	meter un gol	el último partido de la liga
el campeonato	pedir	con entusiasmo el partido
el futbolista	abrazar	un autógrafo a su jugador favorito
el equipo	contar	a sus jugadores después de la victoria

1. ______________
2. ______________
3. ______________
4. ______________
5. ______________
6. ______________

5-6 La afición al béisbol Juan nos cuenta la pasión que sienten él y su hermano César por el béisbol. Completa su narración con las palabras del cuadro. Cada verbo o expresión se usa una sola vez. ¡No olvides conjugar los verbos según el contexto!

meter	liga	aficionados	partido	jugar	ganar	entrenador

Mi hermano César y yo somos grandes (1) ______________ al béisbol. Nosotros (2) ______________ al béisbol en nuestra universidad. Tenemos un gran equipo y aprendemos mucho del deporte con nuestro (3) ______________, un ex-jugador muy dedicado al equipo. Si nosotros (4) ______________ nuestro siguiente (5) ______________ este sábado vamos a ser los campeones de la (6) ______________ universitaria. ¡Tengo muchas ganas de jugar y espero (7) ______________ un jonrón!

Enfoque estructural

Expresiones para indicar tiempo transcurrido: ***desde cuándo, desde (que), cuánto (tiempo) hace que, hace (...que)***

5-7 ¿Cuánto tiempo hace que...? Utiliza la información que aparece a continuación para hacer preguntas y respuestas según el **modelo.**

MODELO jugar al hockey sobre hielo (Andoni) / dos meses
—*¿Cuánto tiempo hace que Andoni juega al hockey sobre hielo?*
—*Hace dos meses que Andoni juega al hockey sobre hielo.*

1. practicar el esquí (tú) / siete años
____
____
2. no ir a los partidos de béisbol (Mónica) / unos meses
____
____
3. ser entrenador de natación (Javier) / diez años
____
____
4. jugar en el campeonato de básquetbol universitario (ustedes) / dos veranos
____
____
5. saber bucear (ellos) / dos días
____
____

Nombre ______________________ Fecha ______________

5-8 ¿Desde cuándo...? Utiliza la información que aparece a continuación para hacer preguntas y respuestas según el **modelo.**

Modelo saber patinar (tú) / tener ocho años
—*¿Desde cuándo sabes patinar?*
—*Desde que tengo ocho años.*

1. correr por las mañanas (ustedes) / jugar para el equipo universitario de fútbol
____
____
2. levantar pesas (tú) / ir al nuevo gimnasio cerca de mi casa
____
____
3. asistir a clases de tenis (Armando) / tener doce años
____
____
4. jugar al vólibol (tu hermano y tú) / el verano pasado
____
____
5. ser miembro de la liga (tu equipo de básquetbol) / el año pasado
____
____

5-9 Los compañeros hablan de los deportes Completa el siguiente diálogo con las expresiones para indicar el tiempo transcurrido según el contexto.

ANTONIO: Oye Valeria, ¿qué deportes practicas?

VALERIA: Juego al tenis.

ANTONIO: ¿Ah sí? (1) ______________________.

VALERIA: Unos doce años. ¡Soy muy buena tenista!

ANTONIO: A mí también me gusta jugar al tenis. ¿Practicas algo más?

VALERIA: Sí, practico yoga.

ANTONIO: (2) ______________________.

VALERIA: Desde el año pasado. ¿Y tú? ¿Qué deportes te gustan?

ANTONIO: A mí me gusta el básquetbol, el...¡ah! y mucho el hockey sobre hielo.

VALERIA: ¡Qué interesante! (3) ______________________.

ANTONIO: No, no practico el hockey sobre hielo. Me gusta verlo por televisión.

VALERIA: ¿Y el básquetbol? ¿Juegas o sólo lo ves por televisión?

ANTONIO: Las dos cosas. Lo veo por televisón porque me gusta mucho la NBA, pero en Texas también juego en una liga recreacional los fines de semana.

VALERIA: (4) ______________________.

ANTONIO: Desde hace dos años con esta liga, pero anteriormente jugué *(I played)* para el equipo de básquetbol de mi escuela secundaria. ¿Y tú? ¿Qué deporte jugabas *(did you play)* en la escuela?

VALERIA: Fui *(I was)* porrista *(cheerleader)* en el colegio.

Enfoque estructural *El pretérito de los verbos regulares terminados en -ar*

5-10 Un semestre en Asunción Sara, una estudiante estadounidense, nos describe su semestre en el extranjero, en Asunción, Paraguay. Utiliza la información que aparece a continuación para hacer oraciones sobre la experiencia de Sara en Asunción. No olvides conjugar los verbos en el **pretérito.**

1. (yo) / estudiar en Asunción el semestre pasado

____

2. (yo) / regresar de Paraguay la semana pasada

____

3. (yo) / disfrutar de mi experiencia allí y / encontrar las clases de la universidad muy interesantes

____

4. (yo) / quedarse con una familia paraguaya muy simpática

____

5. (yo) / pasar mucho tiempo con la familia y / hablar mucho en español

____

6. mis compañeros y yo / viajar por el país al final del semestre

____

¡Qué viaje tan increíble!

5-11 Un poco sobre el fútbol paraguayo Completa la siguiente información sobre la historia de Paraguay en los Mundiales. Conjuga los verbos entre paréntesis en el **pretérito.**

En los últimos años, Paraguay (1) ____________________ (llegar) a ser un asistente permanente a los Mundiales: desde 1998 no falta a la máxima cita del fútbol. Hasta entonces, los equipos paraguayos sólo (2) ____________________ (participar) esporádicamente en la máxima competencia. En 1930 el equipo paraguayo (3) ____________________ (jugar) en el Mundial inaugural pero no (4) ____________________ (ganar) la copa. (5) ____________________ (pasar) 20 años hasta que Paraguay (6) ____________________ (regresar) al Mundial, en Brasil, pero el equipo fue *(was)* eliminado en la primera ronda.

5-12 El viaje de la familia Castillo El mes pasado la familia Castillo viajó a Uruguay y lo pasaron fenomenal. Elena Castillo está contando a su amiga Berta sobre algunos de los detalles del viaje. Completa su conversación con la forma correcta del **pretérito** de los verbos entre paréntesis.

BERTA: Elena, ¡qué alegría verte! ¿Qué tal el viaje de ustedes a Uruguay?

ELENA: ¡Excelente! Nosotros (1) ______________________ (pasar) unos días muy buenos.

BERTA: ¿(2) ______________________ (Visitar, ustedes) Punta del Este?

ELENA: Sí, claro, nosotros (3) ______________________ (pasear) por allí y (4) ______________________ (cenar) en un restaurante muy bueno.

BERTA: ¿(5) ______________________ (Nadar, tú) también en el mar?

ELENA: Sí, el Océano Atlántico es maravilloso. También mi padre y yo (6) ______________________ (practicar) el esquí acuático.

BERTA: ¡Qué divertido! Me gustan mucho los deportes acuáticos.

ELENA: Sí, Uruguay es perfecto para los deportes al aire libre. Tienes que ir.

5-13 Una reunión de departamento *(A departmental meeting)* Un profesor nos cuenta sobre su última reunión de departamento. Ayúdale a narrar todos los detalles de la reunión conjugando en el **pretérito** los verbos entre paréntesis.

Ayer por la mañana el departamento (1) ______________________ (celebrar) la primera reunión del semestre. Primero, todos (2) ______________________ (aprobar, nosotros) las minutas de la pasada reunión. Después, algunos profesores (3) ______________________ (presentar) sus nuevos proyectos y el director les (4) ______________________ (preguntar) sobre muchos detalles. Después, ellos (5) ______________________ (ilustrar) con claridad las respuestas sobre estos detalles. Más tarde, el director (6) ______________________ (hablar) de los fondos económicos para el nuevo año. El año pasado, el departamento (7) ______________________ (comprar) nuevas computadoras y muchos libros. También algunos profesores (8) ______________________ (usar) los fondos para asistir a conferencias. Al final de la reunión, todos los miembros del departamento (9) ______________________ (tomar, nosotros) café y (10) ______________________ (charlar) de otros asuntos no tan académicos.

Nombre ______________________ Fecha ______________

SEGUNDA ETAPA

Para empezar ¿Qué equipo necesitas?

5-14 ¿Qué falta? *(What's missing?)* Lee las siguientes listas de equipos deportivos y piensa en lo que falta para completar cada conjunto *(set).*

1. las zapatillas de deporte, la pelota de básquetbol, ______________
2. la pelota de tenis, ______________
3. la pelota de béisbol, el guante, ______________
4. los esquís, las botas de esquí, ______________
5. la pelota de fútbol, la portería, ______________

-15 Necesitan... No necesitan... Imagina que trabajas en una tienda de deportes y que tienes e ayudar a los clientes a escoger el equipo apropiado para jugar a los deportes a continuación. lica el equipo que necesitan y el que no necesitan para jugar cada deporte. Sigue el **modelo.**

ODELO el esquí
Necesitan los esquís, los palos de esquí y las botas de esquí. No necesitan el bate.

1. el hockey ______________
2. el ıtbol ______________
3. el tenis ______________
4. el golf ______________
5. el surf ______________

Enfoque léxico *Expresiones para indicar el tiempo pasado*

5-16 Gonzalo y su entrenador El entrenador de Gonzalo es muy exigente *(demanding)* y por eso *(therefore)* vigila sus actividades académicas y atléticas. Escribe las preguntas del entrenador y las respuestas de Gonzalo usando la información entre paréntesis. Sigue el **modelo.**

MODELO levantar pesas (ayer por la tarde)
—¿Levantaste pesas?
—Sí, levanté pesas ayer por la tarde.

1. nadar en la piscina (la semana pasada)

____

____

2. patinar con el equipo (el mes pasado)

____

____

3. esquiar con tus amigos (el fin de semana pasado)

______

______

4. hablar con el profesor Galiano sobre el examen (anoche)

______

______

5. estudiar para los exámenes (el domingo pasado)

______

______

5-17 ¿Cuándo...? Para cada una de las expresiones a continuación, menciona algo que tú y otras personas (tu compañero/a, tus amigos, tus padres...) hicieron. Puedes usar verbos como **hablar, mirar, estudiar, comprar, escuchar, nadar, cenar, cantar,** etcétera.

1. Ayer por la mañana, yo ______
   y (otra/s persona/s) ______
   Por la tarde, yo ______
   y (otra/s persona/s) ______
2. El fin de semana pasado, yo ______
   y (otra/s persona/s) ______
3. El sábado pasado, yo ______
   y (otra/s persona/s) ______
4. La semana pasada, yo ______
   y (otra/s persona/s) ______

5-18 ¿Conoces a los compañeros? Contesta las siguientes preguntas sobre lo que ya sabes de los compañeros de la **Hacienda Vista Alegre.** Escribe oraciones completas.

1. ¿Qué estudió Sofía el año pasado? ¿Dónde (en qué universidad)?

______

2. ¿Qué deporte jugó Antonio los fines de semana pasados en Texas?

______

3. ¿De qué trabajó Alejandra el mes pasado antes de llegar a Puerto Rico?

______

4. ¿Quiénes caminaron por el Paseo de la Princesa la semana pasada durante su excursión al Viejo San Juan?

______

5. ¿Quiénes visitaron el Morro la semana pasada?

______

Nombre ______________________ Fecha ______________________

Enfoque estructural *El pretérito de los verbos regulares terminados en* ***-er*** *e* ***-ir*** *y los verbos irregulares* ***hacer, ser*** *e* ***ir***

5-19 ¿Qué hicieron? Di *(Say)* lo que las siguientes personas hicieron ayer por la tarde. Utiliza la forma correcta de los verbos entre paréntesis en el **pretérito.**

1. El ingeniero *(engineer)* japonés ______________________ (escribir) el proyecto en inglés.
2. Sus compañeros ______________________ (asistir) a un concierto.
3. Martín ______________________ (compartir) el bocadillo con su novia.
4. El periodista ______________________ (discutir) el problema con los políticos.
5. Nosotros ______________________ (recibir) las entradas para ir al gimnasio.
6. Uds. no ______________________ (comprender) bien el problema.
7. Mi amigo Andrés y yo ______________________ (correr) por el parque.
8. ¿______________________ (Vender) Ud. su carro?

5-20 ¡Qué curiosidad! Te interesa mucho saber lo que tu compañero/a hizo el sábado pasado. Utiliza la información que aparece a continuación para hacer preguntas. Sigue el **modelo.**

MODELO correr / por el parque
¿Corriste por el parque?

1. ir / al cine
____
2. salir / a cenar en un restaurante
____
3. hacer / una fiesta en el apartamento
____
4. asistir a / un concierto
____
5. recibir / llamadas telefónicas
____
6. escribir / mensajes en la computadora
____

5-21 Un viaje por Latinoamérica Utiliza la forma correcta del verbo **ir** en el **pretérito** para decir dónde viajaron las siguientes personas en Latinoamérica.

1. Tú ______________________ a Guayaquil, Ecuador.
2. El profesor de historia ______________________ a Machu Picchu, Perú.
3. Tú y tus amigos ______________________ a La Pampa, Argentina, ¿verdad?
4. Mi familia y yo ______________________ a San José, Costa Rica.
5. Los Sres. Álvarez ______________________ a Cuernavaca, México.
6. Uds. ______________________ a La Habana, Cuba.

7. La periodista ______________________________ a Santiago de Chile.
8. Yo ______________________________ a Puerto Rico.

5-22 ¡Qué día! Ayer todos tus amigos menos *(except)* Pedro querían *(wanted to)* practicar un deporte acuático. Utiliza la forma correcta del verbo **hacer** para indicar qué tipo de actividad hicieron las siguientes personas.

1. Tú ______________________________ esquí acuático.
2. Nuria y Elena ______________________________ vela.
3. Nosotros ______________________________ surf.

Pero Pedro…

4. Pedro ______________________________ la cama y nada más.

Y ¿tú?

5. ____

5-23 Unas vacaciones pasadas *(A ruined vacation)* **por agua** Eva le está contando a Hernán sobre las vacaciones que ella y Gloria pasaron en Paraguay. Completa su conversación con las formas correctas de los verbos entre paréntesis.

HERNÁN: Hola, Eva. ¿Qué tal? ¿Cómo (1) ______________________ (ser) tus vacaciones?

EVA: La verdad es que no muy bien.

HERNÁN: ¿Y eso? ¿(2) ______________________ (Hacer) buen tiempo?

EVA: No, (3) ______________________ (llover) toda la semana. Por eso (4) ______________________ (ir, nosotras) al cine, y (5) ______________________ (correr) un poco dentro del gimnasio. En fin, que no (6) ______________________ (salir) mucho por el mal tiempo.

HERNÁN: ¡Qué pena! ¿No (7) ______________________ (conocer) entonces ninguna de las reservas naturales del país?

EVA: No, Hernán, pero (8) ¡______________________ (comer) muy bien! ¡Qué comida tan deliciosa!

HERMÁN: Menos mal…

EVA: ¡Ah! ¿(9) ______________________ (Recibir) nuestra postal?

HERNÁN: Sí, sí. El viernes pasado. ¡Qué detalle! Gracias.

Enfoque estructural *Acabar de + infinitivo*

5-24 ¿Quién? Empareja las personas con lo que acaban de hacer.

_____	**1.** El pelotero	**a.**	acaban de ponerse las botas de tacos.
_____	**2.** Las futbolistas	**b.**	acaban de cambiar de raquetas.
_____	**3.** El jugador de hockey	**c.**	acaba de meter una canasta.
_____	**4.** Los tenistas	**d.**	acaba de comprarse un guante y un bate.
_____	**5.** La jugadora de básquetbol	**e.**	acaba de romper su palo.

Nombre ______________________ Fecha ______________

5-25 Titulares deportivos Completa los siguientes titulares de Internet con la forma apropiada del verbo **acabar**.

1. Real Madrid ______________ de conseguir el campeonato de liga.

2. Los espectadores ______________ de pedir la dimisión (*resignation*) del entrenador.

3. *Según uno de los aficionados: "Con esta victoria, nosotros ______________ de hacer historia".*

4. *El comentarista exclamó: ¡"Tú ______________ de batir (beat) tu marca (record) personal"!*

5. *El partido ______________ de terminar con empate uno a uno.*

5-26 Combinaciones Combina los elementos de las tres columnas para formar oraciones lógicas sobre las personas del mundo deportivo y los eventos importantes.

los otros espectadores y yo los equipos la comentarista los entrenadores la competición	acabar de	terminar empatar sentarse en el estadio dar un resumen del partido saludarse

1. ______________
2. ______________
3. ______________
4. ______________
5. ______________

TERCERA ETAPA

Para empezar ¿Dónde jugaste?

5-27 ¿En dónde jugamos? Mira los dibujos a continuación y nombra los lugares donde se practican los deportes. Sigue el **modelo.**

MODELO *la pista*

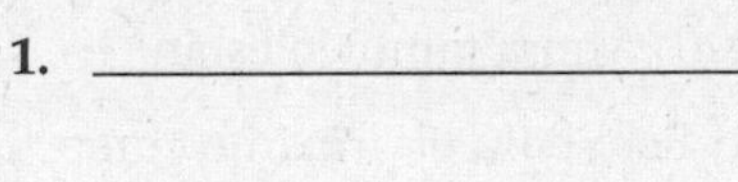

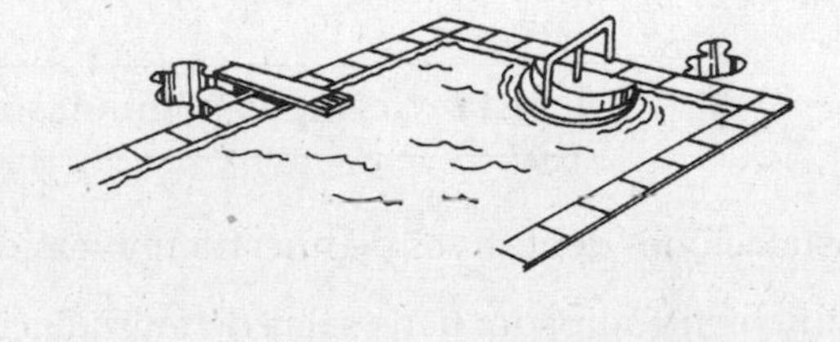

1. ______________________ **4.** ______________________

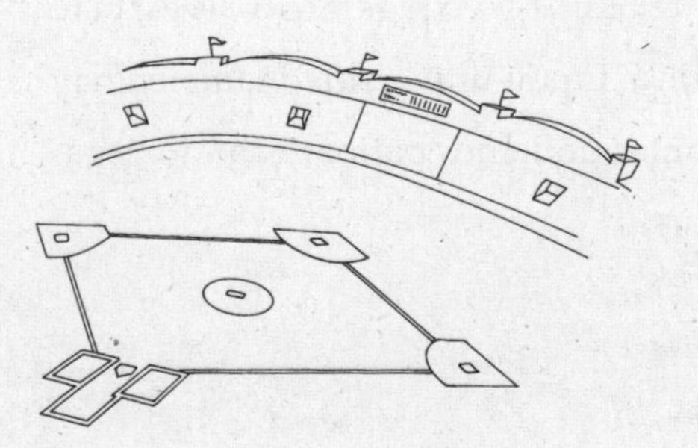

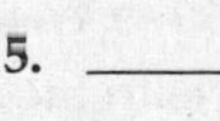

2. ______________________ **5.** ______________________

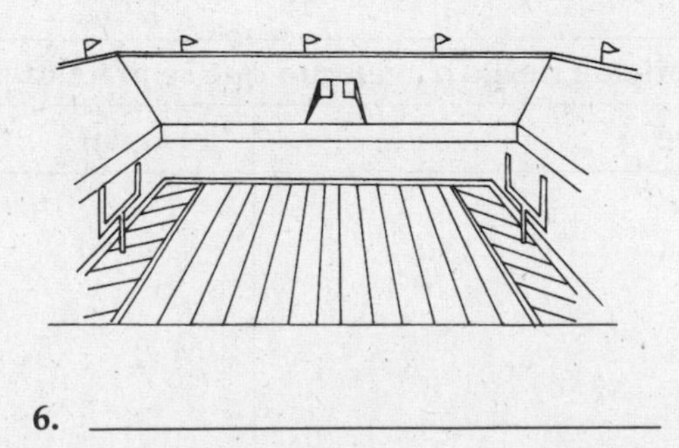

3. ______________________ **6.** ______________________

Nombre ______________________ Fecha ______________

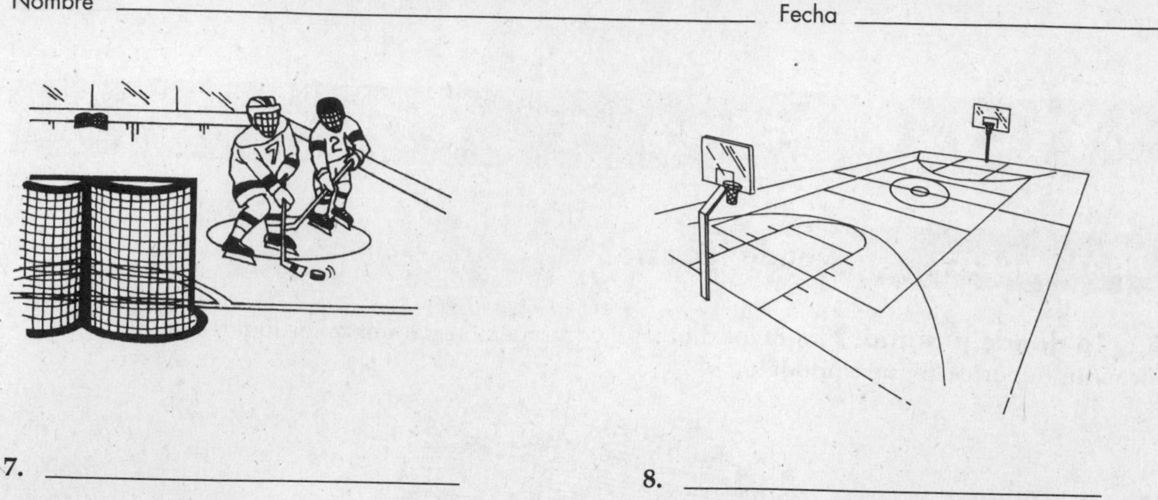

7. ______________ 8. ______________

5-28 Las instalaciones deportivas Noelia está describiendo las instalaciones deportivas de su universidad. Ayúdale a completar la descripción usando las palabras del cuadro. Cada palabra se usa una sola vez.

pista	campos	gimnasio	canchas	piscina	estadio

Las instalaciones deportivas de nuestra universidad son bastantes buenas. El **(1)** ______________ está muy bien equipado: tiene salas de musculación y aparatos aeróbicos. También tiene una **(2)** ______________ interior donde practica el equipo de natación. Los **(3)** ______________ de fútbol están muy cuidados, con las porterías siempre pintadas *(painted)*. Ahora también están construyendo un nuevo **(4)** ______________ de fútbol, que va a estar listo para el próximo curso. Las **(5)** ______________ de tenis son de hierba *(grass)*. Mi amiga Lupe y yo jugamos a veces, pero yo necesito una raqueta nueva, porque la que tengo ahora está vieja. En mi universidad también hay una **(6)** ______________ de patinaje, donde todos los estudiantes podemos patinar cuando llega el invierno. ¡Es muy divertido!

Enfoque léxico *Los deportes de riesgo o aventura*

5-29 ¿Dónde se practican? Clasifica los siguientes deportes de riesgo o aventura según dónde se practican: **el kayak de mar, el esquí extremo, el ala delta, el paracaidismo, el espeleobuceo, el barranquismo.**

Deporte de riesgo o aventura que se practica en...		
el aire	**el agua**	**la tierra**

Nombre ______________________ Fecha ______________________

5-30 La publicidad Hoy en día los deportes de riesgo o aventura están muy de moda y hay más empresas y agencias de turismo que se dedican a vender excursiones y clases prácticas. Lee las siguientes oraciones sacadas de folletos publicitarios y emparéjalas con los deportes de riesgo a que se refieren.

1. Coge tu tabla y lánzate a la nieve.
2. Escala las montañas más impresionantes del mundo.
3. Sujétate a dos alas y emula a los pájaros mientras planeas sobre los valles.
4. Contempla maravillosos espeleotemas, como estalactitas y estalagmitas.
5. Con trece kilómetros de río para poner en práctica tu técnica y con dos caídas de grado 5 delante de ti, la inyección de adrenalina está garantizada.

a. La escalada (en roca)
b. El rafting en aguas bravas
c. El snowboard
d. El ala delta
e. La espeleología

5-31 Querido Gustavo Imagínate que tu familia y tú van a recibir a un estudiante paraguayo de intercambio llamado Gustavo durante el verano. A él le gustan mucho los deportes de riesgo y te ha pedido que le escribas una carta explicándole:

- qué deportes de riesgo te gustan a ti y por qué
- qué deportes de riesgo se pueden practicar donde tú vives

Querido Gustavo:

____

____

____

____

____

____

Hasta pronto,

____

Enfoque estructural *Hace y hace que para expresar tiempo transcurrido*

5-32 ¡Cómo pasa el tiempo! Un/a compañero/a de clase te está preguntando sobre qué actividades deportivas practicas y con qué frecuencia. Utiliza la información a continuación para crear los breves diálogos que tuviste *(you had)* con tu compañero/a. Sigue el **modelo.**

MODELO aprender a nadar / años

TU COMPAÑERO/A: *¿Cuánto hace que aprendiste a nadar?*

TÚ: *Aprendí a nadar hace años.*

1. aprender a hacer puenting / dos años

TU COMPAÑERO/A: ______________________

TÚ: ______________________

2. ir al gimnasio / una hora

TU COMPAÑERO/A: ______________________

TÚ: ______________________

3. viajar a las montañas para hacer esquí extremo / unas semanas

TU COMPAÑERO/A: ______________________

TÚ: ______________________

4. hacer parapente / tres días

TU COMPAÑERO/A: ______________________

TÚ: ______________________

5. comprar el equipo para practicar espeleología / años

TU COMPAÑERO/A: ______________________

TÚ: ______________________

5-33 Un deportista distraído Tomás es un muy buen jugador de básquetbol. Sueña con jugar en la NBA, pero recientemente él ha estado *(has been)* distraído. Está pasando demasiado *(too much)* tiempo con sus amigos y su entrenador está preocupado. Utiliza la siguiente información para formar oraciones e indicar cuánto hace que Tomás hizo las siguientes actividades. Sigue el **modelo.**

MODELO una semana / hacer deporte

Hace una semana que Tomás hizo deporte.

1. un mes / empezar a salir todas las noches con sus amigos

____

2. dos semanas / entrenar con el equipo de la universidad

____

3. tres meses / practicar para la prueba de la NBA

____

4. semanas / dejar de *(stopped)* seguir una dieta muy estricta

____

5. diez días / jugar al básquetbol

____

5-34 Hace tiempo que... Un/a compañero/a quiere saber unos detalles sobre tu vida universitaria. Contesta sus preguntas.

1. ¿Cuánto hace que empezó el semestre?

____

2. ¿Cuánto hace que fuiste al cine?

____

3. ¿Cuánto hace que visitaste a tus padres / parientes?

____

4. ¿Cuánto hace que hablaste con tus amigos de la escuela secundaria?

____

5. ¿Cuánto hace que te instalaste en tu habitación / apartamento / casa?

____

6. ¿Cuánto hace que empezaste a estudiar español?

____

Enfoque estructural *Repaso: el pasado*

5-35 Querido diario Olga está escribiendo en su diario. Completa los espacios en blanco con la forma correcta del verbo entre paréntesis.

Querido diario:

(1) ________________ (acabar) de llegar a casa. ¡Qué noche más fenomenal (2) ________________ (pasar)! Tomás me (3) ________________ (invitar) a hacer windsurf de noche. Hace tres horas que nosotros (4) ________________ (subir) a la costa e (5) ________________ (hacer) windsurf bajo la luz de la luna. Después de eso Tomás me (6) ________________ (llevar) a casa y nosotros (7) ________________ (despedirse) a las tres de la madrugada. Todavía estoy tan entusiasmada que no puedo dormir. ¿Es amor? No lo sé, pero durante la cita (8) ________________ (sentirse) muy, pero que muy enamorada! ¡Qué noche!

5-36 Un encuentro fortuito *(A chance meeting)* Julio tropieza con *(runs into)* su amiga Graciela después de mucho tiempo. Lee su diálogo y completa los espacios en blanco con la forma correcta del verbo entre paréntesis.

JULIO: Hola, Graciela.

GRACIELA: ¡Julio! ¡Qué gusto verte! (1) ________________ (hacer) mucho tiempo que no nos vemos.

JULIO: Así es, ¿verdad? Hace…vaya, hace un mes, ¿no? ¿Cómo estás?

GRACIELA: Bien, aunque estoy rendida.

JULIO: ¿Estás cansada? ¿Por qué? ¿(2) ________________ (salir) anoche? ¿Hubo *(Was there)* alguna fiesta?

GRACIELA: No, no, nada de fiestas para mí. Es que estoy en el equipo de vólibol de la universidad y ayer nosotras (3) ________________ (practicar) por tres horas.

JULIO: ¿Tres horas? ¿Por qué tanto tiempo?

GRACIELA: Tenemos un partido muy importante el viernes y tenemos que ganar.

JULIO: ¿Ah sí? ¿Contra quiénes juegan?

GRACIELA: Es el equipo de la Universidad Católica del Uruguay. Nosotras (4) ______________ (perder) contra ellas el año pasado. Pero este año nuestro equipo tiene mejores jugadoras.

JULIO: Dicen que el equipo de la Universidad Católica es muy bueno. ¡Va a ser un buen partido! Oye, Graciela, ¿a qué hora juegan el viernes? Quisiera ir a ver el partido porque la última vez que yo (5) ______________ (asistir) a un partido de vólibol (6) ______________ (ser) hace años.

GRACIELA: ¡Ah, qué bien! ¡Lleva a tus amigos también! Jugamos a las dos.

JULIO: Perfecto. ¡Hasta el viernes!

5-37 Unas vacaciones excepcionales Carlos está de vacaciones con su novia en Punta del Este. Escribió el siguiente correo electrónico a un amigo suyo para contarle sobre cómo lo está pasando. Completa los espacios en blanco del correo con la forma correcta del verbo entre paréntesis.

Enviar | Guardar | Archivos

A: pedro77@terra.com

DE: carlos_g-m@yahoo.com

TEMA: Saludos de Punta del Este

Querido Pedro:

¿Qué tal, colega? Este lugar es maravilloso. Hace tres días que Laura y yo (1) ______________ (llegar) aquí. El primer día (2) ______________ (bucear) varias veces. ¡Qué peces más bonitos encontramos! Al día siguiente Laura (3) ______________ (aprender) algo nuevo. Ella (4) ______________ (hacer) surf. Yo no, pero (5) ______________ (grabar) todo con mi videocámara. Hoy planeamos nadar en el mar por la mañana y en la piscina del hotel por la noche. ¡Punta del Este lo tiene todo!

Carlos

Nombre ______________________ Fecha ______________

Vamos a leer

Dos cartas

Antes de leer

Predicting content
Before reading a letter, you can look at the opening and closing expressions, in order to predict what kind of letter it is. This particular strategy forces you to hypothesize as to what the letter may include and, at the same time, helps you to activate any previous knowledge you may have regarding the letter you are about to read.

5-38 Querida amiga... Estimado señor... Antes de leer las cartas en esta página y la página 122, míralas rápidamente e intenta contestar las siguientes preguntas.

1. What can you tell from the opening and closing expressions of the letters? What kind of letters are they? Which letter is formal and which one is informal?

____

____

2. What do the letters tell us about the writers and the recipients?

____

Después de leer

5-39 Comprensión del texto Lee las cartas que escribieron Alejandra y Justo y contesta las preguntas que las siguen.

Carta 1

Tampa, 3 de septiembre del 2007

Querida Ana:

Hace tres días que llegué a casa de mi visita a Uruguay y el trabajo comienza en dos días. Quiero agradecerte muchísimo tu hospitalidad y le quisiera dar las gracias también a tu esposo. Pasé un mes muy agradable con ustedes y espero verlos en mi casa para las Navidades.

Cuando salí de su casa, primero fui a Punta del Este y luego a la capital. Visité a unos amigos estadounidenses que trabajan allí, en Montevideo, y pasé tres días con ellos. Por fin llegué a Tampa y ahora preparo mis clases que comienzan en dos días. Tengo tres clases de inglés y dos clases de historia europea. Es mucho trabajo, pero me encanta.

Un abrazo fuerte para los niños. Escríbeme para confirmar nuestros planes para las Navidades. Otra vez, muchísimas gracias por todo.

Con cariño,

Alejandra

Carta 1

1. What do you think Alejandra's profession is? What information supports your answer?

____

2. How much time did Alejandra spend with Ana?

____

3. Is Ana single or married? How do you know?

____

4. What did Alejandra do when she left Ana's house?

____

5. What is Alejandra doing at the time she is writing the letter?

____

6. What plans do they have for a future visit?

____

Carta 2

Asunción, 2 de agosto del 2007

Estimado señor Solís:

Le escribo porque estoy muy interesado en la posición de entrenador de béisbol disponible en su escuela. Desde niño fui un gran aficionado a los deportes y jugué en el equipo de béisbol de mi escuela secundaria. También participé en tres campamentos de verano de béisbol y aprendí mucho sobre la técnica del juego.

Hace dos años que juego con el equipo de estudiantes que no son jugadores profesionales de béisbol en la universidad y practicamos mucho antes de los partidos. La temporada pasada mi equipo consiguió ganar dos campeonatos contra universidades de la región y yo fui el pelotero que más jonrones metió.

El verano pasado conseguí un trabajo de ayudante deportivo en un campamento de verano y me divertí mucho con los niños. En el campamento jugamos al béisbol y al tenis, nadamos, pescamos y mi relación con los niños fue muy buena.

Quiero seguir ganando experiencia en el área de los deportes, y el trabajo en su escuela es una oportunidad excelente para mí. Muchas gracias por su atención y espero sus noticias.

Se despide atentamente,

Justo Noriega

P.D. Le incluyo mi hoja de vida y mis referencias.

1. What is the purpose of the letter that Justo wrote to Sr. Solís? Why is he interested in the position?

____

2. What does Justo say in the letter about his childhood and adolescence?

____

3. What is Justo doing at the time he is writing the letter?

____

4. How is Justo doing on his university baseball team?

____

5. Does Justo have experience working with kids?

____

6. How was Justo's experience at the summer camp?

____

Nombre ______________________ Fecha ______________

Vamos a escribir

Vocabulary: Sports; Sports equipment; Traveling **Phrases:** Talking about past events **Grammar:** Verbs: preterite, preterite (irregular)

Querido diario

Imagínate que estuviste en Uruguay visitando a un/a amigo/a y que te quedaste con *(you stayed with)* su familia. Ahora que has vuelto *(have returned)* a tu casa, quieres escribir la siguiente información sobre el viaje en tu diario:

- los lugares que visitaste en Uruguay
- los deportes que practicaste y otras actividades que hiciste
- tus impresiones del viaje

A empezar

5-40 Organización de las ideas Primero, haz una lista de los lugares que visitaste en Uruguay. Luego, escribe qué actividades o deportes hiciste en esos lugares. Finalmente, haz una lista del equipo que compraste o que llevaste *(brought)* contigo para hacer esas actividades o deportes. ¡Usa tu imaginación!

A escribir

5-41 Preparación del borrador Organiza cronológicamente las actividades y deportes de **A empezar** y escribe una breve narración en la cual incluyes todos los detalles del viaje. Concluye tu narración con tus impresiones del viaje.

5-42 Revisión del borrador Revisa tu borrador teniendo en cuenta las siguientes consideraciones.

1. ¿Incluye tu narración la información necesaria? ¿Tienes que añadir más actividades y detalles?
2. ¿Presentaste la información claramente? ¿Organizaste la información cronológicamente?
3. ¿Incorporaste el vocabulario y las estructuras gramaticales de este capítulo para hablar de los deportes y las actividades que hiciste en el pasado?

5-43 El producto final Haz los cambios necesarios de acuerdo con la revisión de tu borrador e incluye las ideas nuevas que se te hayan ocurrido. Antes de entregarle la narración a tu profesor/a, léela una vez más y asegúrate que no haya errores gramaticales y que todos los cambios hayan sido incorporados.

Nombre ______________________ Fecha ______________

COMPRENSIÓN AUDITIVA

CD1, Track 25

5-44 ¡Qué jugador! Rafa y Dani están hablando sobre Sammy Sosa, uno de las más conocidas estrellas de béisbol en los Estados Unidos. Mientras escuchas su conversación, indica si las siguientes oraciones son **ciertas (C)** o **falsas (F).**

	C	F
1. Sammy Sosa empezó a jugar en Estados Unidos a los dieciocho años.	❑	❑
2. En 1998 ganó el trofeo para el mejor jugador de la Liga Nacional.	❑	❑
3. Sammy Sosa es muy popular entre los aficionados del béisbol.	❑	❑
4. Sammy Sosa ganó dos campeonatos con su equipo.	❑	❑
5. El béisbol estadounidense se hizo más emocionante cuando llegaron jugadores latinos.	❑	❑

Ahora escucha la conversación una vez más y contesta las siguientes preguntas.

6. How does Rafa express his younger brother's enthusiasm about baseball?

____

7. What does Dani say about the Latin baseball players?

____

CD1, Track 26

5-45 ¡Vaya cara! Lucía y Elena están hablando sobre la reciente derrota del equipo de Elena. Mientras escuchas su conversación, escoge la respuesta correcta para completar las siguientes frases.

1. El partido del que hablan las chicas fue…
- **a.** un partido de tenis.
- **b.** una competición de golf.
- **c.** un partido de fútbol.
- **d.** una carrera de natación.

2. El equipo de Elena…
- **a.** empató el partido.
- **b.** ganó el partido.
- **c.** empató el partido en la primera parte y ganó al final.
- **d.** empató el partido en la primera parte y perdió al final.

3. El resultado final del partido fue…
- **a.** tres goles a dos.
- **b.** dos goles a dos.
- **c.** cero goles a uno.
- **d.** tres goles a uno.

4. Desde que *(Since)* empezó la temporada, el equipo de Elena…
- **a.** no perdió un partido.
- **b.** no ganó un partido.
- **c.** perdió seis partidos.
- **d.** ganó tres partidos.

Nombre ______________________________ Fecha ____________________

CD1, Track 26

Ahora escucha de nuevo y contesta las siguientes preguntas.

5. How do Lucía and Elena express their discontent?

____

6. What does Elena think about the future of the team?

____

7. What advice does Lucía give to Elena?

____

Pronunciación

Los diptongos: *au* y *eu*

CD1, Track 27

5-46 The combinations **au** and **eu** in Spanish are pronounced in a single syllable. The first one is similar to the *ou* in the English word *ouch*. To pronounce the combination **eu,** start with your lips spread, positioned to smile, as you pronounce the Spanish vowel **e.** Bring them slowly to a rounded position as though you were going to whistle. All this should be done in one smooth motion—in a single syllable.

Escucha y repite las siguientes palabras.

aula	causa	euro	neutro	auto	laurel
deuda	reuma	pauta	aunque	feudo	seudónimo

Vamos a ver

5-47 Asociaciones Mientras ves el video, empareja los verbos y adjetivos de la columna A con las cosas, lugares o conceptos que se describen en la columna B.

Columna A	**Columna B**
1. hacer	**a.** el paisaje
2. impresionante y muy relajante	**b.** de pies
3. brincar del bote	**c.** esnórkeling
4. marinas	**d.** las máscaras
5. ver	**e.** los peces de colores
6. agarrar	**f.** las algas

5-48 ¿Cierto o falso? Basándote en lo que ocurre en el episodio, indica si las siguientes oraciones son **ciertas** o **falsas** y corrige las oraciones falsas.

	C	F
1. Los cinco compañeros fueron en taxi al puerto.	❑	❑
2. Edwin, el guía de esnórkeling, les explicó a los compañeros cómo brincar del bote.	❑	❑
3. Valeria sufrió un accidente al brincar al agua.	❑	❑
4. Alejandra disfrutó mucho viendo los peces de colores, los corales y las algas marinas.	❑	❑
5. Como Sofía va con frecuencia al mar, está acostumbrada a estar en un barco.	❑	❑

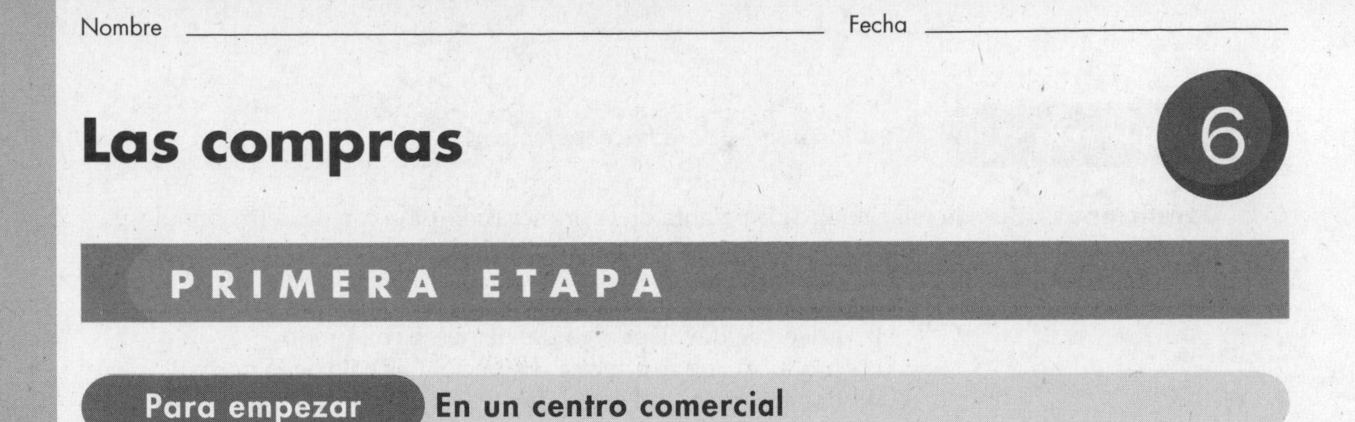

Nombre ______________________ Fecha ______________

Las compras

6

PRIMERA ETAPA

Para empezar — En un centro comercial

6-1 Asociaciones Relaciona los elementos de un centro comercial de la columna A con las cosas que se encuentran allí de la columna B.

A	B
1. la tienda de deportes	**a.** carros
2. el área de entretenimiento	**b.** salas de cine
3. el parqueo	**c.** dinero en efectivo *(cash)*
4. los cajeros automáticos	**d.** equipo deportivo
5. el supermercado	**e.** comida

6-2 De compras Imagina que estás en un centro comercial con la siguiente lista de compras. ¿Adónde tienes que ir para encontrar todas las cosas? Escribe el nombre de la tienda donde vas a ir para buscar cada artículo de tu lista.

	¿Dónde?
1. unas botas de tacos	______________
2. unos auriculares (*headphones*)	______________
3. una colonia de Carolina Herrera para papá (el domingo es el Día del Padre)	______________
4. un suéter de invierno	______________
5. una revista o una novela	______________
6. un estante	______________

Enfoque léxico *Expresiones útiles para hacer compras*

6-3 Definiciones Trata de relacionar cada palabra de la primera columna con su definición de la segunda columna.

1. ganga
2. oferta
3. recibo
4. devolución
5. cambio
6. efectivo

a. dinero que está compuesto por monedas *(coins)* o billetes *(bills)*
b. acción de devolver algo previamente comprado
c. producto que se ofrece a un precio más bajo de lo normal
d. documento que el dependiente le da al cliente cuando hace una compra
e. dinero que se devuelve *(return)* al cliente cuando él o ella entrega *(hands over)* una cantidad superior al importe *(price)*
f. mercancía valiosa que se consigue por menos dinero de su valor o con poco esfuerzo *(effort)*

6-4 En una tienda de deportes A continuación te presentamos la conversación que la señora Martín tiene con el dependiente de una tienda de deportes en El Salvador. Lee el diálogo con atención y trata de ordenar las frases de forma lógica.

_____ a. —¿Cuánto cuesta?
_____ b. —Un treinta por ciento.
_____ c. —Está por aquí, señora. Sígame *(follow me)* por favor. Tenemos guantes, bates, pelotas y moda deportiva. ¿Qué necesita?
_____ d. —Perfecto. Muchas gracias.
_____ e. —¿En qué puedo servirle?
_____ f. —Un bate nuevo para mi hijo.
_____ g. —Normalmente cuesta 360 colones, pero esta semana hay una oferta.
_____ h. —Busco la sección de equipos de béisbol.
_____ i. —¡Qué bien! ¿Cuánto descuento hay?
_____ j. —Aquí tiene. Tenemos tres marcas *(brands)* de bates pero éste es el mejor.
_____ k. —De nada, señora.

6-5 Situaciones Escribe lo que dirías *(you would say)* en las siguientes situaciones.

1. ¿Qué dice un/a dependiente/a cuando entra un/a cliente/a en la tienda?
____

2. ¿Qué pregunta el/la cliente/a cuando quiere saber el precio de algo?
____

3. ¿Qué dice el/la cliente/a cuando quiere saber el precio total de su compra?
____

4. ¿Cómo responde el/la cliente/a cuando el/la dependiente/a le pregunta "¿Cómo va a pagar?"?
____

5. ¿Qué le suele preguntar el/la dependiente/a al/a la cliente/a cuando va a la tienda para devolver una compra?
____

Nombre ______________________ Fecha ______________

Enfoque estructural *El pretérito de los verbos con cambios ortográficos (c→qu, g→gu, z→c)*

6-6 ¡Ofertas! Judith está en el Mall Multiplaza de Tegucigalpa. Completa la siguiente descripción de las ofertas que encontró conjugando los verbos en el **pretérito**.

(1) ______________ (Llegar, yo) al Mall Multiplaza sobre las tres de la tarde y (2) ______________ (comenzar, yo) mi tarde de compras en mi tienda favorita de moda. Allí encontré una ganga—¡unos vaqueros *(jeans)* fabulosos por sólo 800 lempiras! Luego fui a una juguetería. (3) ______________ (Buscar, yo) un regalo para mi hermanita porque es su cumpleaños el próximo jueves. (4) ______________ (Sacar, yo) algunos juguetes de sus cajas *(boxes)* y (5) ______________ (jugar) un rato con ellos. Aunque *(Even though)* ya soy mayor me divierto viendo y probando los nuevos juguetes. Al final escogí un peluche adorable que a mi hermanita le va a gustar muchísimo. Cuando (6) ______________ (pagar) al dependiente, me (7) ______________ (explicar, él) que había *(was)* un descuento del 50 por ciento en peluches. ¡Qué suerte!

6-7 ¡Qué despistado! ***(How absent-minded!)*** Ricardo es muy despistado y siempre está perdiendo sus cosas u olvidando hacer lo que tiene que hacer. Completa las siguientes breves conversaciones conjugando los verbos entre paréntesis en el **pretérito**.

Conversación 1

MADRE: Ricardo, ¿buscaste el diccionario de inglés en tu cuarto?

RICARDO: Sí, lo (1) ______________ (buscar), pero ya te (2) ______________ (explicar) que no estaba.

Conversación 2

ENTRENADOR: Ricardo, ¿utilizaste las zapatillas de deporte nuevas que te dejé?

RICARDO: No, no las (3) ______________ (utilizar) todavía, porque no (4) ______________ (sacar) mi equipo del vestuario *(locker room)*.

Conversación 3

PROFESORA: Ricardo, ¿practicaste las lecciones de piano de la última clase?

RICARDO: No, profesora, no las (5) ______________ (practicar), pero sí (6) ______________ (tocar) los tambores.

Conversación 4

AMIGA: Ricardo, ¿jugaste en el partido del sábado?

RICARDO: No, no (7) ______________ (jugar) porque no (8) ______________ (llegar) a tiempo al partido.

AMIGA: Y ¿ya pagaste tu bicicleta?

No, no la (9) ______________ (pagar) todavía. (10) ______________ (Empezar) a pagarla, pero todavía me faltan dos plazos *(payments)*.

Nombre ______________________ Fecha ______________

6-8 Preguntas y respuestas Con la información a continuación, construye preguntas y respuestas de acuerdo con el modelo. Usa el **pretérito.**

MODELO buscar (tú) / algo en particular (una raqueta de tenis)
—¿Buscaste algo en particular?
—Sí, busqué una raqueta de tenis.

1. sacar (Ud.) / muchas fotos / durante sus vacaciones (más de 200 fotos digitales)
2. jugar (tú) al básquetbol / ayer (por la tarde)
3. cuándo / comenzar / el partido (con media hora de retraso)
4. tocar (tú) / algún instrumento / en la escuela secundaria (el violín)
5. a qué hora / llegar (Ud.) / a la estación de autobuses (a las 9 de la mañana)
6. dónde / pescar (Uds.) (en el río)

Enfoque estructural *El pretérito de los verbos con cambio en la raíz*

6-9 Combinaciones Para saber qué hicieron o sintieron las siguientes personas, construye oraciones lógicas usando los elementos de las tres columnas. Usa cada elemento una sola vez y conjuga los verbos con la forma correspondiente del **pretérito.**

los niños	preferir	mucho en la fiesta de anoche
la maestra	vestirse	cansado después del partido
tu familia y tú	dormir	la tarea a los estudiantes
yo	pedir	al ver *(when seeing)* a su novio *(boyfriend)*
nuestros profesores	sentirse	toda la noche
mis amigos y yo	divertirse	rápidamente después de ducharse
Raúl	sonreír	la playa a la montaña
Anita	despedirse	de nosotros al final del curso

1. ______
2. ______
3. ______
4. ______
5. ______
6. ______
7. ______
8. ______

Nombre ____________________ Fecha ____________________

6-10 La próxima vez Paco, Julio y Elena están hablando sobre lo que hicieron ayer. Completa el siguiente diálogo con la forma correspondiente del **pretérito** del verbo entre paréntesis.

PACO: ¿(1) ____________ (Divertirse, ustedes) en el centro comercial ayer?

JULIO Y ELENA: Sí, mucho. Pasamos todo el día allí.

PACO: ¿Ah sí? ¿(2) ____________ (Conseguir, ustedes) encontrar todo lo que querían *(wanted)*?

JULIO: Sí, porque Elena (3) ____________ (pedir) la ayuda de los dependientes en las tiendas.

ELENA: Sí, los dependientes nos ayudaron mucho e incluso en la tienda de deportes la dependienta (4) ____________ (sugerir) que regresáramos *(we return)* el lunes porque van a ofrecer rebajas del 75 por ciento en equipos deportivos.

ELENA: Te extrañamos. La próxima vez tienes que ir con nosotros, ¿ok?

PACO: Por supuesto. (5) ____________ (Sentir, yo) no poder ir con ustedes.

JULIO: ¿Qué tal ayer en el trabajo? ¿(6) ____________ (Servir, tú) muchas mesas?

PACO: Sí, el restaurante estaba *(was)* llenísimo todo el día y las personas me dejaron buenas propinas. Cuando llegué a casa (7) ____________ (dormirse) enseguida. ¡Estaba *(I was)* muy cansado!

6-11 Incompatibilidad de caracteres *(Mutual incompatibility)* Pedro y Héctor son compañeros de apartamento. ¡Son buenos amigos pero son personas muy distintas! Construye oraciones con los elementos que aparecen a continuación indicando lo que ellos hicieron el sábado pasado.

1. Pedro / ir al gimnasio por la mañana

____

____

1. Héctor / preferir ver la televisión

____

____

2. Pedro / hacer la tarea antes de ir al cine

____

____

2. Héctor / dormir toda la tarde

____

____

3. Pedro / vestirse bien para salir

____

____

3. Héctor / ir con ropa de deporte

____

____

4. Pedro / divertirse con la película

____

____

4. Héctor / salir con unos amigos

____

____

5. Pedro / sugerir comida italiana para la cena

____

____

5. Héctor / preferir comer una hamburguesa

____

____

6. Pedro / dormirse pronto

____

____

6. Héctor / seguir viendo la televisión hasta muy tarde

____

____

Nombre ______________________________ Fecha ______________________

SEGUNDA ETAPA

Para empezar — En el mercado y en el supermercado

6-12 ¿Cómo se llaman? Miguel le está enseñado a su hermanito los nombres de algunas frutas y verduras. Mira los siguientes dibujos y ayúdale a identificar las frutas y verduras.

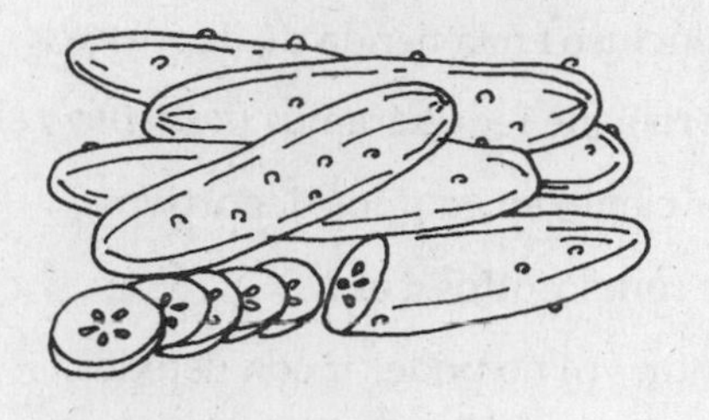

1. ______________________________

2. ______________________________

3. ______________________________

4. ______________________________

5. ______________________________

6. ______________________________

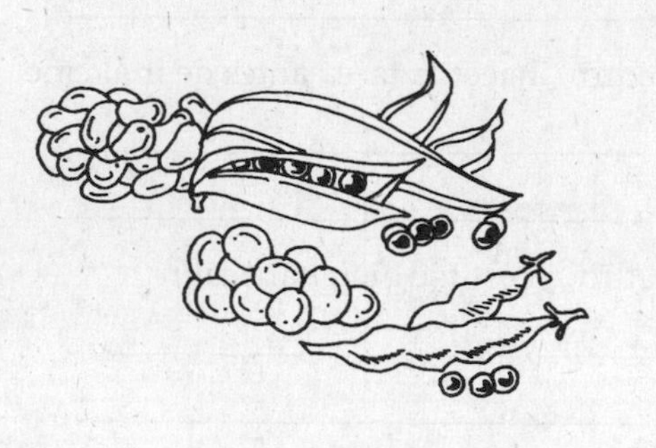

7. ______________________________

8. ______________________________

Nombre ______________________ Fecha ______________________

6-13 Los mandados A continuación tienes la lista de compras que Beléni preparó para su esposo. Complétala con la palabra más adecuada del cuadro. Cada palabra se usa una sola vez.

congelados	platos preparados	mantequilla	mayonesa
productos lácteos	helado	atún	aceite de oliva

- Compra cuatro latas de (1) ______________, porque sólo tenemos una.
- También necesitamos tres botellas de (2) ______________, salsa de tomate y (3) ______________.
- Pasa por la sección de (4) ______________, porque necesitamos una pizza, tres o cuatro (5) ______________ y (6) ______________ de chocolate.
- No olvides en la sección de (7) ______________: el yogur y la (8) ______________.

Enfoque léxico

Expresiones de cantidad y estrategias para regatear

6-14 ¡Qué organizado! Puesto que *(Since)* Martín acaba de mudarse de la casa de su padre a su propio apartamento, ahora tiene que planear sus comidas y hacer sus propias compras en el supermercado. Completa su lista de compras escogiendo las expresiones adecuadas del cuadro. No te olvides que cada expresión se usa una sola vez.

PATATAS 500 GR.
LECHE
CEREALES
VINO TINTO ½ L
JAMÓN 1 K.
SOPA
JUGO DE NARANJA 1 L
SOPA
SOPA
CEBOLLAS 250 GR.

medio kilo	litro	cuarto kilo	paquete
latas	kilo	botella	medio litro

Para desayunar

Una (1) ______________ de leche y un (2) ______________ de cereales. También unos trozos de fruta. ¡Ah! Y un (3) ______________ de jugo de naranja.

Para almorzar

Unas (4) ______________ de sopa, y verduras para ensalada: tomates, una lechuga y un (5) ______________ de cebollas.

Para cenar

Un (6) ______________ de jamón y (7) ______________ de patatas. Y claro, (8) ______________ de vino tinto.

Nombre ______________________ Fecha ______________

6-15 Tu lista de la compra Esta semana le toca a tu compañero *(it is your roommate's turn)* ir al supermercado para hacer la compra. Usa las expresiones de cantidad que has aprendido *(you have learned)* para completar la lista de la compra.

Jorge, aquí tienes la lista de la compra para esta semana:

- *una (1) ______________________ de leche*
- *un (2) ______________________ de manzanas*
- *un (3) ______________________ de cereales*
- *una (4) ______________________ de huevos*
- *un (5) ______________________ de limonada*
- *una (6) ______________________ de atún*

6-16 ¡Regateemos! ***(Let's bargain!)*** El señor Ramos está comprando en el mercado. Lee el diálogo que tiene con el vendedor de un puesto de frutas y verduras y trata de ordenar las frases de forma lógica.

_____ **a.** —¿Algo más?

_____ **b.** —Sí, también quiero uvas. ¿Cuánto cuesta el medio kilo?

_____ **c.** —Diez dólares la docena. ¿Se lo lleva?

_____ **d.** —Medio kilo vale veinte dólares.

_____ **e.** —Le doy cinco dólares.

_____ **f.** —¿Cuánto cuesta el maíz?

_____ **g.** —¿Veinte dólares? ¡Eso me parece muy caro!

_____ **h.** —No puedo bajar tanto, pero puedo bajar a doce dólares. ¿Le parece bien?

_____ **i.** —Sí, eso es muy buen precio.

_____ **j.** —¿Cuánto quiere pagar?

_____ **k.** —No, gracias. Sólo el maíz, por favor.

Nombre ______________________ Fecha ______________________

Enfoque estructural *Los pronombres de complemento directo*

6-17 Un anuncio Lee el siguiente anuncio para una tienda nueva que acaba de abrir en el centro comercial. Luego reescribe el anuncio sustituyendo los complementos directos en cursiva (*in italics*) por los pronombres correspondientes.

> ¡Qué precios! ¡Cuántas gangas! Vengan a nuestro mercado. ¡Con más de 50 puestos, hay algo para todos! ¿Quieres frutas y verduras frescas? Tenemos *frutas* y *verduras* fantásticas. ¿Buscas especias exóticas? Vendemos *especias* a precios espectaculares. ¿Estás pensando en preparar una mariscada *(seafood dish)* y necesitas comprar pescados y mariscos? Puedes comprar *los pescados y mariscos* aquí. ¿Te gustan las artesanías? Aquí tenemos *las artesanías que buscas*. ¿Necesitas ropa nueva? Éste es el lugar para ti; te ofrecemos *toda la ropa de moda* a los mejores precios. Y además de todo eso, ¿quieres ganar un viaje al Caribe? Sorteamos *un viaje al Caribe* entre nuestros clientes y tú puedes ganar *ese viaje al Caribe*. ¿Estás pensando en pagar con tarjeta de crédito? Aceptamos *tarjetas de crédito*. ¿Qué esperas? No te pierdas nuestras rebajas.

____

____

____

____

____

____

6-18 ¡Cuántas preguntas! El jefe de Andrés acaba de volver de unas vacaciones y tiene muchas preguntas para sus empleados *(workers)* del supermercado. Contesta sus preguntas usando la forma apropiada del verbo en el **pretérito** y los pronombres correspondientes.

1. —¿Mandaste ya los pedidos *(orders)* a nuestros proveedores *(suppliers)*?

—No, no ________________, porque no funciona el correo electrónico.

2. —¿Descargaron *(Did you unload)* ustedes las frutas y verduras del camión *(truck)*?

—Sí, ________________.

3. —¿Abriste el supermercado puntualmente todos los días?

—Sí, ________________ puntualmente todos los días.

4. —¿Pediste el marisco al Sr. Gutiérrez?

—No, no ________________, porque el Sr. Gutiérrez está de viaje.

5. —¿Dejaron Uds. los mensajes para mí en mi oficina?

—Sí, ________________ encima de su mesa.

6-19 Intenciones Completa las siguientes respuestas con la forma apropiada de los verbos y complementos según cada contexto.

MODELO —¿Vas a comprar una computadora nueva ahora?
—No, no *voy* a *comprarla* ahora. No tengo dinero suficiente.

1. —¿Piensas comprar el último disco de Shakira?
   —Sí, _______________ esta misma tarde.
2. —¿Van tus hermanas y tú a sacar las entradas para el partido de los Red Sox?
   —No, no _______________ hasta el sábado. Todavía no están a la venta.
3. —¿Piensa nuestro profesor de literatura cambiar la fecha del examen final?
   —No, no _______________. Las fechas de los exámenes son definitivas.
4. —¿Vas a ayudar a tus compañeros con la traducción de latín?
   —Sí, claro que _______________. Están teniendo dificultades con la clase.
5. —¿Intentaste llamar a Lorena?
   —Sí, _______________, pero no contestó nadie el teléfono.

Enfoque estructural *Otros pretéritos irregulares: pretéritos con **u**, **i**, **j**, e **y***

6-20 Explícate En las siguientes conversaciones, varias personas están explicando por qué no pudieron hacer unos mandados. Completa las conversaciones con el **pretérito** de los verbos entre paréntesis.

1. —Raquel, ¿pudiste ir al centro comercial el sábado?
   —No, no _______________ (poder), porque _______________ (venir) mis primos de visita y _______________ (haber) una gran reunión familiar en mi casa.
2. —¿Compraron Jorge y tú las entradas para el partido del domingo?
   —No, no las compramos, porque _______________ (tener) que trabajar hasta tarde y luego Jorge ya no _______________ (querer) ir hasta el estadio.
3. —¿Hizo tu hermana una fiesta por su cumpleaños?
   —No, no _______________ (poder) porque _______________ (tener) que escribir varios ensayos y _______________ (estar) muy ocupada.
4. —Fran, ¿viniste aquí a la conferencia de la profesora Milá el sábado por la mañana?
   —No, no _______________ (venir) porque _______________ (poner) el despertador a las ocho, pero la alarma no sonó. ¡Qué raro! ¿_______________ (Estar) bien la conferencia?
5. —¿Dónde estuvieron Malena y tú el viernes por la noche?
   —Pues, _______________ (estar) en una fiesta que _______________ (tener) unos amigos de Malena y después _______________ (andar) por los bares del casco antiguo.

Nombre ______________________________ Fecha ______________________________

6-21 El primer día de rebajas Ángela nos está contando su "aventura" en el centro comercial durante las rebajas. Completa su narración con el **pretérito** de los verbos entre paréntesis.

Ayer por la tarde (**1**) ________________ (estar, yo) en el centro comercial y (**2**) ________________ (venir) muy cansada. (**3**) ________________ (Querer) comprar unos zapatos *(shoes)* para mi nuevo traje *(suit)*, pero no (**4**) ________________ (poder) imaginarme la pesadilla *(nightmare)* del primer día de rebajas. (**5**) ________________ (Tener) que esperar muchísimo tiempo a los dependientes y para nada, porque los dependientes no (**6**) ________________ (poder) encontrar mi número *(size)*. (**7**) ________________ (Andar) por todas las tiendas, pero no (**8**) ________________ (tener) suerte. Y después, de vuelta a casa, empezó a llover y me (**9**) ________________ (poner) furiosa. ¡Qué día!

6-22 El accidente Miriam nos está contando los detalles del accidente que tuvo su hermano Darío el fin de semana pasado. Ayúdale con la narración conjugando los verbos que aparecen en cursiva en el **pretérito**.

1. El fin de semana pasado mi hermano Darío *conducir* el coche de mis padres y tuvo un pequeño accidente.

____

____

2. Un perrito *cruzarse* de repente enfrente del coche.

____

____

3. Aunque mi hermano *reducir* la velocidad, el coche *caer* a la cuneta *(shoulder of the road)*.

____

____

4. El dueño del perrito *huir* avergonzado *(ashamed)* y cuando vino la policía, mi hermano *decir* lo que ocurrió.

____

____

5. La policía *creer* a mi hermano y *traer* a mi hermano a casa en el coche patrulla.

____

____

6-23 ¿Cuándo lo hiciste? Con la información a continuación, construye oraciones completas para indicar hace cuánto hicieron las personas estas actividades.

MODELO Patricia / conducir / el coche de sus padres hace tres meses
Patricia condujo el coche de sus padres hace tres meses.

1. Los estudiantes / leer / Don Quijote hace dos años
____
2. Antonio / construir / una página web *(web page)* hace una hora
____
3. Tú / producir / un cortometraje *(short film)* hace seis meses
____
4. Tus compañeros y tú / traducir / poemas en español hace dos semestres
____
5. El profesor / traer / a la clase nuevas películas en español hace unas semanas
____

Nombre ______________________________ Fecha ______________________________

TERCERA ETAPA

Para empezar En una tienda de ropa

6-24 Vestido para la ocasión Las siguientes personas tienen que vestirse para diferentes ocasiones. Mira los dibujos y explica qué ropa van a llevar *(they are going to wear).*

1. ¿Qué ropa va a llevar y qué accesorios va a usar Julián para su entrevista?

____

____

2. ¿Qué ropa va a llevar y qué accesorios va a usar Ana para ir a la fiesta de Julián?

____

____

3. ¿Qué ropa van a llevar y qué accesorios van a usar Julián y Ana para sus vacaciones en Alaska?

____

____

4. ¿Qué ropa va a llevar y qué accesorios va a usar Inés para ir a la playa?

____

____

6-25 ¡Qué elegante! Alejandra admira el estilo único *(unique)* de Valeria. Completa su descripción con las palabras del cuadro. No te olvides que cada palabra se usa una sola vez.

bolso	guantes	zapatos	sombrero	vestido	pañuelo

Valeria tiene muy buen gusto para la ropa y siempre va muy bien coordinada. Mira, ahí viene. Me encanta el (1) ____________________ que lleva. Es muy ajustado, pero como ella está delgada *(slim)*, le queda muy bien. Fíjate, también lleva un (2) ____________________ de seda de los mismos tonos que el vestido. ¡Qué bien le queda el conjunto *(outfit)*! Y sus (3) ____________________ de tacón son muy bonitos también; hacen juego *(match)* con el (4) ______________________________ de piel que tiene.

Me encanta ir de compras con ella. El otro día salimos juntas y compró unos (5) ____________________ de lana y un (6) ____________________ para el otoño muy bonitos. ¡Qué elegancia de mujer!

Enfoque léxico *Más vocabulario y expresiones útiles para comprar ropa y accesorios*

6-26 Saber comprar... Valeria se considera *(considers herself)* una compradora experta. Lee su opinión sobre la mejor época del año para ir de compras y completa su narración con las palabras del cuadro. No te olvides que cada palabra se usa una sola vez.

probadores	número	clientes	precios
talla	dependientes	ofertas	

Después de las Navidades hay unas (1) ____________________ increíbles en todas las tiendas. Es la mejor época para hacer compras, porque puedes encontrar muy buenos (2) ____________________. Además, en las tiendas no hay tantos (3) ____________________ y los (4) ____________________ pueden trabajar mejor. Los (5) ____________________ no están llenos de ropa, y puedes ver mejor si la ropa te queda bien o mal.

A veces no tienen tu (6) ____________________ de ropa o tu (7) ____________________ de zapatos —eso es lo malo. Otra desventaja de estas promociones es que los artículos que compras no se pueden devolver. Así que tienes que pensarlo muy bien antes de comprar.

6-27 Los materiales Trata de relacionar cada cosa de la primera columna con el material del cual típicamente está hecha de la segunda columna.

1. una cartera
2. un suéter de invierno
3. una camiseta
4. una blusa
5. un anillo

a. algodón
b. oro, plata o platino
c. lana
d. piel
e. seda

Nombre ______________________ Fecha ______________

6-28 De compras A continuación hay un diálogo entre una clienta y una dependienta en una tienda de ropa. Fíjate en las respuestas de la clienta y piensa en las preguntas más adecuadas para completar el diálogo.

DEPENDIENTA: (1) ______________________

CLIENTA: ¡Hola! Quiero ver la falda que tiene en el escaparate.

DEPENDIENTA: (2) ______________________

CLIENTA: No, la falda a rayas no, la de un solo color, gracias.

DEPENDIENTA: (3) ______________________

CLIENTA: Sí, gracias. Me la voy a probar.

DEPENDIENTA: (4) ______________________

CLIENTA: No me queda bien.

DEPENDIENTA: (5) ______________________

CLIENTA: No, no necesito otra talla, pero gracias.

Enfoque estructural *Los pronombres demostrativos*

6-29 Éste no, ése... Lee los siguientes breves diálogos y completa los espacios en blanco con el pronombre demostrativo apropiado.

1. —¡Hola! ¿En qué puedo ayudarles?

   —¡Hola! Queremos mirar las bufandas.

   —Sí, claro. ¿Es para un hombre o para una mujer?

   —Es para un hombre.

   —Miren, *(those)* ______________ son de algodón y *(those over there)* ______________ son de lana. ¿Cuáles prefieren?

   —No sabemos con certeza. ¿Y la bufanda que tiene en el escaparate?

   —¿Cuál? ¿*(This one)* ______________?

   —Sí, ¿podemos verla?

   —Por supuesto. Aquí la tienen.

2. —Toni, ¡qué cantidad de bluejeans tienes!

   —Sí, es que los colecciono.

   —¿De qué marca *(brand)* son *(those)* ______________?

   —Diesel.

   —¿Y *(these)* ______________?

   —Citizen's. Son mis favoritos.

3. —Natalia, ¿me prestas *(loan)* un vestido?

   —¿Cuál quieres?

   —*(This one)* ______________.

—Es nuevo y todavía no me la he puesto *(I still haven't worn it)*. ¿No te conformas con *(that one over there)* ________________?

—Anda, por favor. Déjame el nuevo. Todos *(those)* ________________ ya te los pedí prestados *(borrowed them from you)*.

—Bueno, vale. Llévalo, pero no te olvides de devolvérmelo.

6-30 ¡Qué linda! Hoy sábado Mercedes y Sara están de compras en un centro comercial en Guatemala. Necesitan comprar un regalo para el cumpleaños de Rosa. Completa los espacios en blanco con el pronombre demostrativo apropiado.

MERCEDES: Aquí tienen ropa bonita.

SARA: ¡Mira! ¡Qué falda más linda!

MERCEDES: ¿*(This one)* **(1)** ________________?

SARA: No, *(that one over there)* **(2)** ________________, la de rayas.

MERCEDES: ¿Cuál? ¿*(That one)* **(3)** ________________?

SARA: No, la azul de rayas.

MERCEDES: Sí, es muy linda. A Rosa le va a gustar ese color. Con este cinturón negro queda muy bien. Creo que le va a gustar.

SARA: Sí, tienes razón. Perfecto. Ahora quiero buscar unas sandalias para mí.

MERCEDES: *(These)* **(4)** ________________ son muy bonitas, ¿no crees?

SARA: Sí, ¡pero son muy caras!

MERCEDES: Aquí enfrente hay una zapatería. ¿Vamos a ver el escaparate?

SARA: Sí, ¿por qué no?

6-31 El pueblo donde nací Óscar le está enseñando a Marilia el pueblo donde él nació. Durante su excursión, Óscar señala *(points out)* los distintos lugares donde pasó su niñéz *(childhood)*. Completa la conversación entre Óscar y Marilia con los pronombres demostrativos apropiados.

ÓSCAR: Mira, la casa donde nací.

MARILIA: ¿Cuál? ¿*(That one)* **(1)** ________________?

ÓSCAR: No, *(that one over there)* **(2)** ________________, la gris con ventanas blancas. Y ahí está el parque donde jugábamos *(we placed)*, y detrás de los árboles, *(those over there)* **(3)** ________________, teníamos *(we had)* un escondite secreto *(hidden place)*. Todo está muy cambiado.

MARILIA: ¿Cuándo viniste la última vez?

ÓSCAR: Hace diez años. Y *(that)* **(4)** ________________ fue en invierno. Había *(There was)* una niebla terrible. Mira, *(that)* **(5)** ________________ era *(was)* la escuela y este edificio de aquí era la biblioteca. ¿Oyes las campanas de la iglesia? *(These)* **(6)** ________________ siguen iguales.

Enfoque estructural *Otro tiempo pasado: el pretérito perfecto*

6-32 Un viaje a Honduras Alejandra está pensando en visitar Honduras después de su mes en Puerto Rico. Quiere comprar ropa apropiada para el viaje. Completa su conversación con Sofía con la forma correspondiente del **pretérito perfecto** del verbo entre paréntesis.

ALEJANDRA: ¡Sofía!, ¡Sofía! ¡Mira lo que (1) ____________ (encontrar) en el centro comercial para mi visita a Honduras!

SOFÍA: ¡Qué cantidad de bolsas! ¿Qué (2) ____________ (comprar), Alejandra? A ver.

ALEJANDRA: Primero pensé comprar unos pantalones cortos y camisetas, pero cambié de idea: en vez de llevar pantalones cortos me voy a vestir como los hondureños con pantalones largos y con falda. ¡Sólo los turistas llevan pantalones cortos!

SOFÍA: Es cierto, pero a veces son muy cómodos. ¿Qué tipo de zapatos (3) ____________ (escoger) para tus paseos?

ALEJANDRA: Escogí botas. Me las vendieron baratas porque el dependiente de la tienda de deportes era hondureño y me hizo un descuento especial.

SOFÍA: ¡Qué suerte (4) ____________ (tener) esta mañana!

6-33 ¿Qué ha pasado con Jorge? Gloria está muy preocupada porque no sabe nada de su novio Jorge desde que éste se fue a El Salvador solo a pasar sus vacaciones de primavera. En su conversación con Olga, su compañera de cuarto, Gloria le cuenta todo lo que ha pasado. Completa el diálogo con la forma correspondiente del **pretérito perfecto** del verbo entre paréntesis.

OLGA: Gloria, ¿qué te pasa? Pareces muy triste.

GLORIA: Sí, verás, (1) ____________ (llamar) a Jorge esta mañana, y su compañero me (2) ____________ (decir) que aún no (3) ____________ (volver) de su viaje a El Salvador.

OLGA: Pero si las vacaciones de primavera ya (4) ____________ (terminarse)…

GLORIA: Ése es el problema. Le (5) ____________ (escribir) un correo electrónico, pero dudo que me conteste. Está muy raro últimamente.

OLGA: ¿(6) ____________ (Hablar) con él desde que se fue a El Salvador?

GLORIA: Lo (7) ____________ (intentar), pero no (8) ____________ (poder) encontrarlo en su hotel.

OLGA: ¿Crees que le (9) ____________ (pasar) algo malo?

GLORIA: No, seguro que (10) ____________ (resolver) quedarse en El Salvador sin pensar ni en sus clases, ni en nadie…

OLGA: Lo siento, Gloria, de veras que Jorge no merece *(doesn't deserve)* que te preocupes tanto por él.

6-34 ¿Qué has hecho últimamente? ¿Cuál es la actividad más emocionante *(exciting)* que has hecho últimamente? ¿Y la más aburrida *(boring)*? ¿Por qué han sido emocionantes o aburridas esas actividades? Escribe una breve descripción de cinco actividades incorporando verbos en el **pretérito perfecto.**

1. ______________________
2. ______________________
3. ______________________
4. ______________________
5. ______________________

Vamos a leer

La compraventa en Internet

El Internet se ha convertido en un paraíso para el consumidor. Con un sólo ‹‹clic›› puedes comprar desde ropa, libros, discos, hasta los productos más exóticos imaginables. El Internet también es un buen medio para la compraventa de productos de segunda mano *(second-hand).*

Antes de leer

Looking for specific information when shopping on the internet
When purchasing items from the Internet, it is important that we understand precisely what is being sold and the rules surrounding the item's delivery. When visiting a Web page, you should consult the available guides. You can find out what shopping opportunites a Web site offers, and do so quickly. Guides are written in a very economical fashion; that is, they provide a lot of information in very little space. The sentences tend to be short and precise.

6-35 ¡Esta sociedad de consumo! Antes de leer detalladamente la página web **www.vendatodo.com** que aparece en la página 145, contesta las siguientes preguntas.

1. What kind of Web page do you think it is?
____
2. What kind of categories do you see on this Web page?
____
3. What kind of items do you think you may find in each category?
____
4. What kind of information about the products do you expect to find?
____
5. What language is used in order to capture the attention of potential buyers?
____

Nombre ______________________________ Fecha ______________

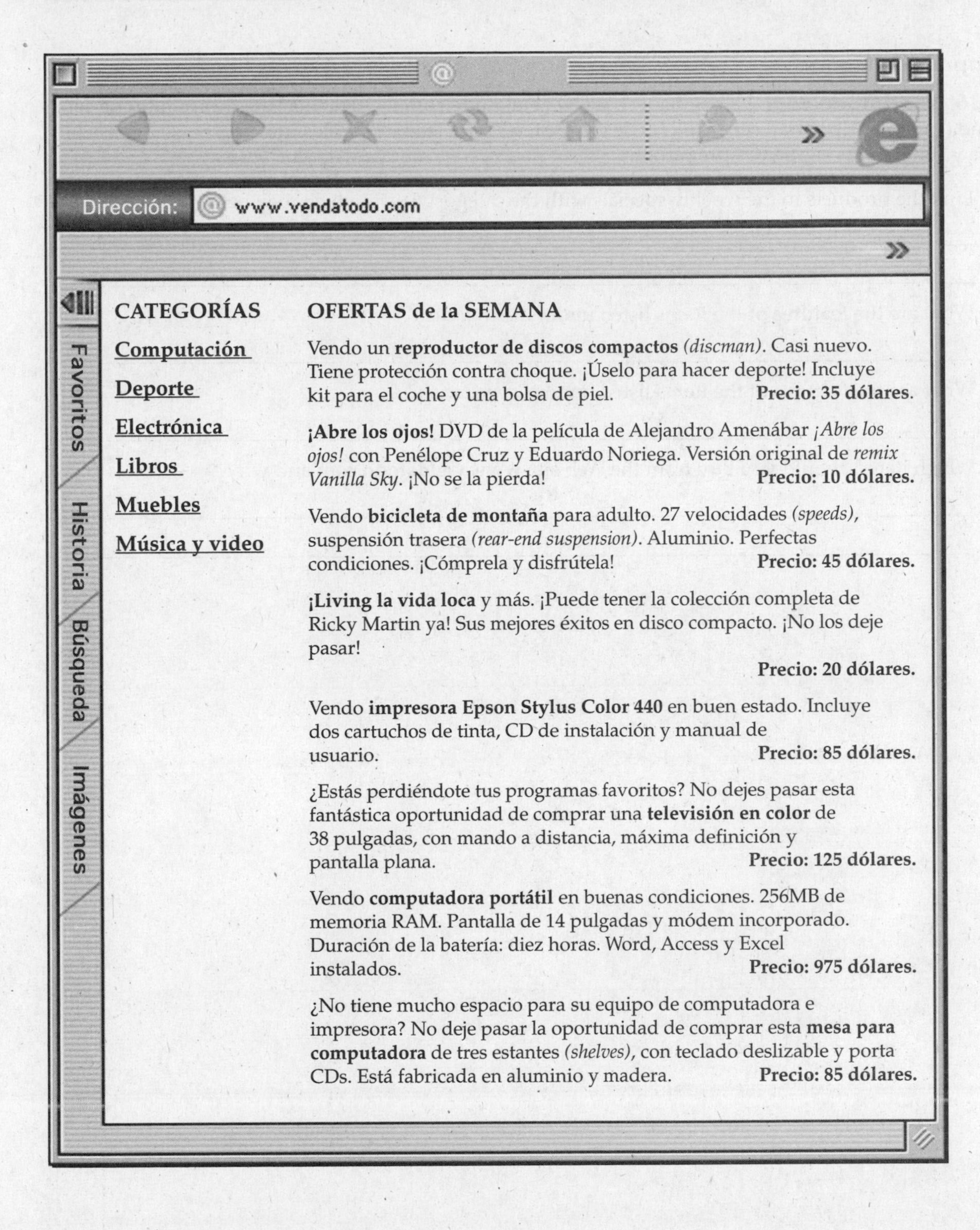

Dirección: www.vendatodo.com

Favoritos / Historia / Búsqueda / Imágenes

CATEGORÍAS

Computación

Deporte

Electrónica

Libros

Muebles

Música y video

OFERTAS de la SEMANA

Vendo un **reproductor de discos compactos** *(discman)*. Casi nuevo. Tiene protección contra choque. ¡Úselo para hacer deporte! Incluye kit para el coche y una bolsa de piel. **Precio: 35 dólares.**

¡Abre los ojos! DVD de la película de Alejandro Amenábar *¡Abre los ojos!* con Penélope Cruz y Eduardo Noriega. Versión original de *remix Vanilla Sky*. ¡No se la pierda! **Precio: 10 dólares.**

Vendo **bicicleta de montaña** para adulto. 27 velocidades *(speeds)*, suspensión trasera *(rear-end suspension)*. Aluminio. Perfectas condiciones. ¡Cómprela y disfrútela! **Precio: 45 dólares.**

¡Living la vida loca y más. ¡Puede tener la colección completa de Ricky Martin ya! Sus mejores éxitos en disco compacto. ¡No los deje pasar! **Precio: 20 dólares.**

Vendo **impresora Epson Stylus Color 440** en buen estado. Incluye dos cartuchos de tinta, CD de instalación y manual de usuario. **Precio: 85 dólares.**

¿Estás perdiéndote tus programas favoritos? No dejes pasar esta fantástica oportunidad de comprar una **televisión en color** de 38 pulgadas, con mando a distancia, máxima definición y pantalla plana. **Precio: 125 dólares.**

Vendo **computadora portátil** en buenas condiciones. 256MB de memoria RAM. Pantalla de 14 pulgadas y módem incorporado. Duración de la batería: diez horas. Word, Access y Excel instalados. **Precio: 975 dólares.**

¿No tiene mucho espacio para su equipo de computadora e impresora? No deje pasar la oportunidad de comprar esta **mesa para computadora** de tres estantes *(shelves)*, con teclado deslizable y porta CDs. Está fabricada en aluminio y madera. **Precio: 85 dólares.**

Después de leer

6-36 Vendatodo.com La página web **www.vendatodo.com** incluye una lista de artículos de segunda mano que podrían ser *(could be)* de gran interés para los estudiantes universitarios. Repasa la lista y contesta las siguientes preguntas.

1. Link the products in the weekly specials with the category/ies in which they belong.

____

____

2. What are the features of the items listed under *Electrónica*?

____

3. What are the features of the items listed under *Computación*?

____

4. Which item/s would you buy from the Web site **www.vendatodo.com** and why?

____

____

Nombre ______________________ Fecha ______________

Vamos a escribir

Vocabulary: Clothing; House: furniture; Stores and products
Phrases: Describing objects
Grammar: Verbs: preterite; Personal pronoun: direct/indirect object pronouns

Regalos, regalos

Eres una persona muy considerada *(thoughtful)* y nunca te olvidas de los cumpleaños de tus amigos/as. Piensa en los regalos que compraste para ellos el año pasado y explícale a tu profesor/a tus compras. Mientras preparas tu composición, recuerda incluir la siguiente información:

- qué cosas compraste y para quién(es)
- una descripción de las cosas y una explicación de la razón por la que las seleccionaste
- cuánto dinero gastaste

A empezar

6-37 Organización de las ideas Haz una lista de los nombres de tus amigos/as y qué compraste para cada persona.

A escribir

6-38 Preparación del borrador Prepara una breve descripción de cada regalo que incluiste en tu lista de la sección de **A empezar.** En la descripción explica las características de cada cosa y también su precio.

6-39 Revisión del borrador Revisa tu borrador teniendo en cuenta las siguientes consideraciones.

1. ¿Incluye tu composición una descripción de los regalos y las razones por las que las seleccionaste? ¿Tienes que añadir más detalles?
2. ¿Explicaste qué cosas compraste y para quién(es)? ¿Organizaste la información y la presentaste claramente?
3. ¿Incorporaste el vocabulario y las estructuras gramaticales de este capítulo para hablar de tus compras?

6-40 El producto final Haz los cambios necesarios de acuerdo con la revisión de tu borrador e incluye las ideas nuevas que se te hayan ocurrido. Antes de entregarle la narración a tu profesor/a, léela una vez más y asegúrate que no haya errores gramaticales y que todos los cambios hayan sido incorporados.

COMPRENSIÓN AUDITIVA

CD2, Track 2

6-41 ¿Qué compraron? Vas a escuchar tres conversaciones entre personas que han ido de compras. Mientras escuchas cada conversación, identifica las cosas que compraron y las que no compraron.

	Cosas que compraron	Cosas que no compraron
Conversación 1		
Conversación 2		
Conversación 3		

CD2, Track 3

6-42 Un regalo para mi sobrino Ramón está en una tienda de deportes buscando un regalo para su sobrino. Después de escuchar la conversación que tiene con la dependienta, contesta las siguientes preguntas.

1. ¿Sabe Ramón qué regalo va a comprar para su sobrino? ¿Qué le sugiere la dependienta?
____
2. ¿Cuánto dinero piensa gastar Ramón en el regalo?
____
3. ¿Qué decide comprar Ramón finalmente?
____
4. ¿Por qué elige ese regalo en particular?
____

CD2, Track 4

6-43 ¡Vámonos al supermercardo! Roberto y Tino están planeando una fiesta de cumpleaños para Alex, su compañero de apartamento. Escucha su conversación y contesta las siguientes preguntas.

1. ¿Qué frutas necesitan para la ensalada?
____
2. ¿Qué productos tienen que comprar en la sección de congelados?
____
3. ¿Qué bebidas van a servir?
____
4. ¿Qué otros productos mencionan Roberto y Tino en su conversación?
____

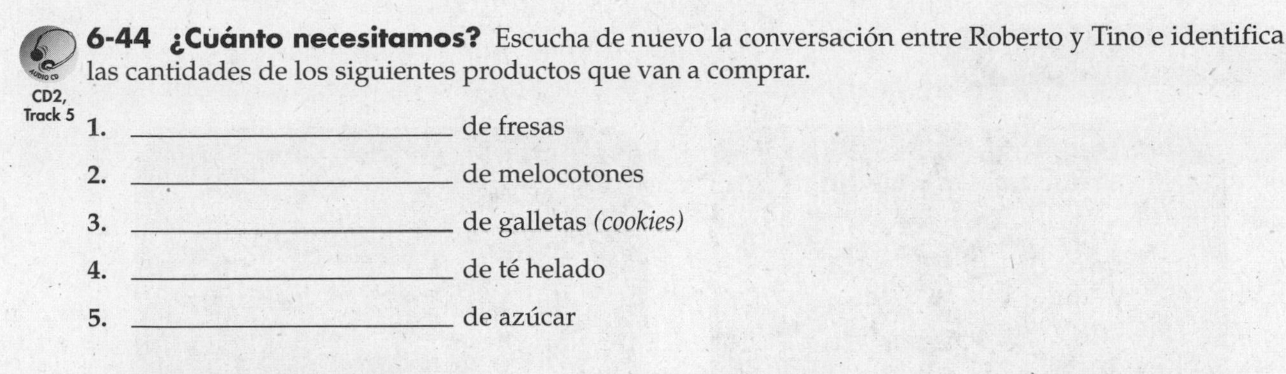

CD2, Track 5

6-44 ¿Cuánto necesitamos? Escucha de nuevo la conversación entre Roberto y Tino e identifica las cantidades de los siguientes productos que van a comprar.

1. ______________________ de fresas
2. ______________________ de melocotones
3. ______________________ de galletas *(cookies)*
4. ______________________ de té helado
5. ______________________ de azúcar

Pronunciación

Los sonidos consonánticos: *p, t, k*

CD2, Track 6

6-45 La consonante *p* The sound of **p** in Spanish is similar to the sound *p* in English, but it is pronounced without the puff of air that accompanies the English sound. Put your hand in front of your mouth and note the puff of air that is produced when you pronounce the English word *pan* and the absence of this puff when you say *speak.* The Spanish **p** is more like the *p* in *speak.*

Listen to and repeat the following words.

papas papelera pavo pepino pera pedazo pollo pimiento apio plátano

CD2, Track 7

6-46 La consonante *t* The sound **t** in Spanish is produced by placing the tip of the tongue behind the back of the upper front teeth, while the *t* in English is pronounced by placing the tip of the tongue on the gum ridge behind the upper front teeth. Pronounce the English word *tea* and note where the tip of your tongue is. Now pronounce the Spanish word **ti,** being careful to place the tip of your tongue on the back of the upper front teeth.

Listen to and repeat the following words.

talla patata té teclado ratón lácteos vestir tomate atún portátil

CD2, Track 8

6-47 El sonido *k* In Spanish, the sound of **k** can be spelled with a **c** before the vowels **a, o, u,** as in **caso, cosa, culpa,** or before the consonants **l** and **r,** as in **clase, crema.** It can also be spelled with **qu** as in **quito, queso.** In this combination the **u** is always silent. A few Spanish words that have been borrowed from other languages are spelled with the letter **k,** for example, **koala, kimono,** and **kilómetro.** In all of the cases mentioned above, the sound of **k** is almost identical to the sound of *k* in English.

Listen to and repeat the following words.

café calculadora queso paquete kilo mantequilla disco computadora cuesta documento

Nombre ______________________ Fecha ______________

Vamos a ver

6-48 ¡Qué difícil es cocinar! Valeria necesita la ayuda de Alejandra para preparar un plato mexicano. Completa las siguientes instrucciones de Alejandra sobre qué ingredientes son necesarios.

"Valeria, vas a necesitar:

(1) ______________ chiles poblanos (asados, pelados y desvenados), una taza y media de (2) ______________ blanco guisado, una taza de (3) ______________, tres cebollitas de cambray, media cucharadita de (4) ______________, una taza de caldillo de jitomate, (5) ______________ añejo al gusto…"

6-49 Comprensión Contesta las siguientes preguntas sobre el episodio.

1. ¿Para quién quiere preparar este plato Valeria? ¿Por qué?

____

____

2. En su testimonio, Alejandra habla de la diferencia entre los nombres de alimentos en diferentes países hispanos. ¿Qué ejemplo específico da? ¿Cómo se llama ese alimento en su país?

____

____

3. ¿Cómo le sale a Valeria la cena? ¿Cómo reaccionan los compañeros cuando prueban el plato?

____

____

Nombre ______________________ Fecha ______________

La salud física y mental

7

PRIMERA ETAPA

Para empezar Las partes del cuerpo

7-1 Descubre la palabra Las letras de las siguientes palabras están desorganizadas. Intenta organizarlas para deletrear los nombres de algunas partes del cuerpo en español.

MODELO tenfre *frente*

1. lliboto ______________________
2. gantagar ______________________
3. zacabe ______________________
4. lope ______________________
5. mohobr ______________________
6. matóesgo ______________________
7. dillaro ______________________
8. palesda ______________________

7-2 ¿Problemas de anatomía? Victoria está ayudando a su amigo James a estudiar para la prueba de vocabulario de las partes del cuerpo para su clase de español. Identifica las diferentes partes a las que Victoria se refiere.

1. La usas cuando sonríes *(you smile)*.
   la boca
2. Lo lavas, lo secas, lo peinas.
   el pelo
3. La usas cuando gritas *(you scream)*.
   la pulmentos
4. Los usas cuando abrazas *(you hug)* a alguien.
   los brazos
5. La usas para disfrutar del aroma de una flor.
   la nariz
6. Lo usas para pensar y razonar.
   el cerebro

Nombre ______________________ Fecha ______________

7-3 Accesorios ¿Con qué parte del cuerpo asocias los siguientes accesorios?

1. el collar el cuello
2. los anillos los dedos
3. los aretes las orejas
4. un sombrero la cabeza
5. las gafas de sol los ojos
6. el cinturón ~~e~~la cintura.

Enfoque léxico *Hablar de accidentes y lesiones*

7-4 ¡Se lastimaron! Imagínate que estás en la sala de urgencias *(emergency room)* del Hospital General de Medellín con tu amigo Pedro porque él se lastimó jugando al fútbol. Mientras esperas, observas la llegada de las siguientes personas. Describe qué le pasó a cada persona usando los verbos **cortarse, lastimarse, torcerse** y **romperse** más el nombre de la parte del cuerpo lastimado.

MODELO *Jorge se rompió el brazo.*

1. Sonia: Sonia se torció el cuello

2. Adolfo: Adolfo se lastimó ~~el~~ la oreja

3. Alejandra: Alejandra se cortó ~~e~~la cabeza.

Nombre ______________________ Fecha ______________________

4. Rosita: Rosita se contó la rodilla

5. Marcos: Marcos se rompío la pierna.

7-5 ¡Ser bella da trabajo! Valeria y Sofía tienen muy distintas opiniones sobre la belleza. Completa su diálogo usando los verbos **romperse, torcerse** y **hacerse.** Cada verbo se usa sólo una vez. ¡No olvides conjugar los verbos según el contexto!

SOFÍA: Valeria, veo que sueles llevar zapatos de tacón muy alto. ¿No te molestan los zapatos así de altos?

VALERIA: ¿Mis tacones? Sí, es cierto que a veces me duelen *(hurt, ache)* los pies después de un día largo. Pero con agua caliente y un poco de descanso…

SOFÍA: Pero Valeria, aparte del dolor *(pain)*, puedes (1) se haces una herida. ¿No te caíste alguna vez? ¿No (2) se rompió una pierna? ¿No te torciste nunca un tobillo?

VALERIA: Bueno, (3) se torció el tobillo varias veces… pero eso no importa. Para mí, ¡ser bella da trabajo! Tú sabes que mi mamá es una modelo jubilada y que mis dos hermanas practican el modelaje como yo.

SOFÍA: Yo no estoy de acuerdo contigo. Ser bella es ser natural, ser cómo se es. La verdadera hermosura viene desde dentro.

7-6 ¡Qué accidente! ¿Cuándo fue la última vez que te lastimaste? Escribe una breve narración sobre el accidente que sufriste. Describe cuándo y cómo ocurrió y dónde te lastimaste. Usa el vocabulario de las partes del cuerpo y el **pretérito**. ¡Sé creativo/a!

la pasada fin de semana fuí a caminar con mi familia yo caí en una piedra y me coté la rodilla y me torcí el tobillo.

Nombre ____________________ Fecha ____________________

Enfoque estructural *El imperfecto*

7-7 Recuerdos de la infancia Sofía recuerda con mucho cariño las celebraciones familiares que tenía durante su infancia. Ayúdale a completar su narración conjugando los verbos entre paréntesis en el **imperfecto.**

Uno de mis recuerdos favoritos de la infancia eran nuestras celebraciones familiares. Cualquier fiesta (1) servía *(servir) como excusa para reunirse. Casi toda mi familia (2)* vivían *(vivir) cerca de nuestra casa, y por eso no (3)* resultábamos *(resultar) difícil vernos. Recuerdo que (4)* celebrábamos *(celebrar, nosotros) los cumpleaños de niños y adultos con grandes fiestas donde (5)* nos divertíamos *(divertirse) muchísimo. El Día de los Reyes Magos* (Epiphany, the Feast of the Three Wise Men) *(6)* era *(ser) especialmente mágico para los niños.*

Recuerdo que el día 5 de enero (7) veíamos *(ver, nosotros) la cabalgata* (parade) *de Reyes, donde (8)* desfilaban *(desfilar) los tres Reyes de Oriente, que (9)* venían *(venir) cargados de regalos para los niños. Esa noche casi no (10)* dormíamos *(dormir, nosotros) de la emoción. A la mañana siguiente (11)* abríamos *(abrir, nosotros) los regalos que los Reyes nos habían dejado y (12)* jugábamos *(jugar) el resto del día con ellos. Recuerdo también el domingo de Pascua* (Easter). *Mi familia y yo (13)* íbamos *(ir) a la iglesia y después (14)* habíamos *(haber) una comida en casa de mis abuelos. Me (15)* gustaban *(gustar) las reuniones familiares. Ahora que estoy lejos, las echo de menos* (I miss them).

7-8 ¿Qué hacíamos normalmente? Los hábitos de la gente cambian con el tiempo. Indica qué hacían las siguientes personas cuando eran jóvenes y todavía vivían en la casa de sus padres.

MODELO María / despertarse temprano
María se despertaba temprano.

1. yo / no levantarse a las siete de la mañana
   yo no me levantaba a las siete de la mañana
2. Marcos y Susana / acostarse temprano todos los días
   Marcos y Susana les acostaban tempranos todos los días
3. Victoria y yo / no maquillarse nunca
   Vic y yo no nos maquillábamos nunca.
4. Eduardo / divertirse mucho los fines de semana
   Eduardo le divertía mucho los...
5. Teresa y Carla / ponerse la ropa de su madre
   T y C les ponían
6. tú / quedarse en casa los sábados y domingos
   tú te quedabas

Nombre ______________________ Fecha ______________

7-9 Ahora tú Piensa en cómo era tu vida cuando estabas en la escuela secundaria y cómo es ahora. Escribe seis oraciones usando el **imperfecto** para describir algunas de las actividades que hacías regularmente.

1. Iba a las Guías Scouts cada miercoles
2. bebía en ~~Clarky~~ la Casa de Clarky and Jamie
3. ~~jugaba~~ tocaba la guitarra por una hora a la semana
4. estudiaba todas las noches
5. veía la television todas las noches.
6. ______________________

Enfoque estructural *Los pronombres de complemento indirecto*

7-10 Planeando la semana Eduardo está haciendo una lista de todas las cosas (things) que tiene que hacer la próxima semana. Ayúdale a completar su lista rellenando los espacios en blanco con los pronombres de complemento indirecto apropiados.

MODELO Mi amiga Carla me escribió la semana pasada.
Le voy a responder.

1. Sofía está en el hospital. ___le___ voy a mandar unas flores.
2. Hace mucho tiempo que no escribo a mis padres. Esta tarde ___les___ voy a enviar un correo electrónico.
3. Es el cumpleaños de Francisco el jueves. ___le___ tengo que comprar un regalo mañana.
4. Hoy por la tarde tengo que ir a la consulta del doctor. ___me___ va a cambiar la venda en la herida del codo.
5. Tengo que pasar por la oficina de la profesora Montoya. ___les___ quiero dar las gracias por la carta de recomendación que me escribió.

7-11 Conversaciones En los siguientes mini-diálogos, algunas personas están preocupadas por *(are concerned about)* la salud de otras. Completa los espacios en blanco con los pronombres de complemento indirecto apropiados.

—Ángel, ¿qué (1) ___te___ recetó el médico?
—(2) ___me___ recomendó descansar y librarme *(get rid of)* de tanto estrés.

—Chicos, ¿ya (3) ___os___ curó la herida el doctor?
—Sí, y (4) ___nos___ aconsejó tener más cuidado con las bicicletas.

—¿Cómo está César?
—Está mejor. La enfermera (5) ___le___ puso una inyección, y ahora duerme.

—¿Sabes que Patricia y Raquel tuvieron un accidente esquiando?
—Sí, ya vi que el médico (6) ___nos___ enyesó una pierna y un brazo. ¡Qué mala suerte!

Nombre ______________________ Fecha ______________

7-12 Consejos Identifica el objeto indirecto entre los siguientes elementos a continuación y haz oraciones sustituyendo los objetos indirectos por pronombres de complemento indirecto adecuados. No olvides conjugar los verbos en el **pretérito.**

MODELO el profesor / aconsejar / a los estudiantes / la lectura de periódicos en español
El profesor ***les*** *aconsejó la lectura de periódicos en español.*

1. El médico / recomendar / a mi padre / descanso
El médico te recomendó descanso
2. La enfermera / pedir / a mí / mis datos personales
La enfermera me pedío mis datos personales
3. Los expertos / aconsejar / a la gente / el uso de la medicina natural
Los expertos les aconsejaban el uso de ...
4. Los doctores de la universidad / recomendar / a ti / una clínica muy buena en tu ciudad
Los doctores de la univesidad te recomendaron
5. El médico / recetar / a nosotros / una nueva medicina
El médico nos ~~recetó~~ recetó

Nombre ____________________ Fecha 3/4/13

SEGUNDA ETAPA

Para empezar — La personalidad y los estados de ánimo

7-13 ¡Qué diferentes son! Preguntamos a Natalia, una joven venezolana, sobre sus amigos y éstas son las descripciones que ella nos dio. Léelas y piensa en los adjetivos más apropiados para describir a cada persona.

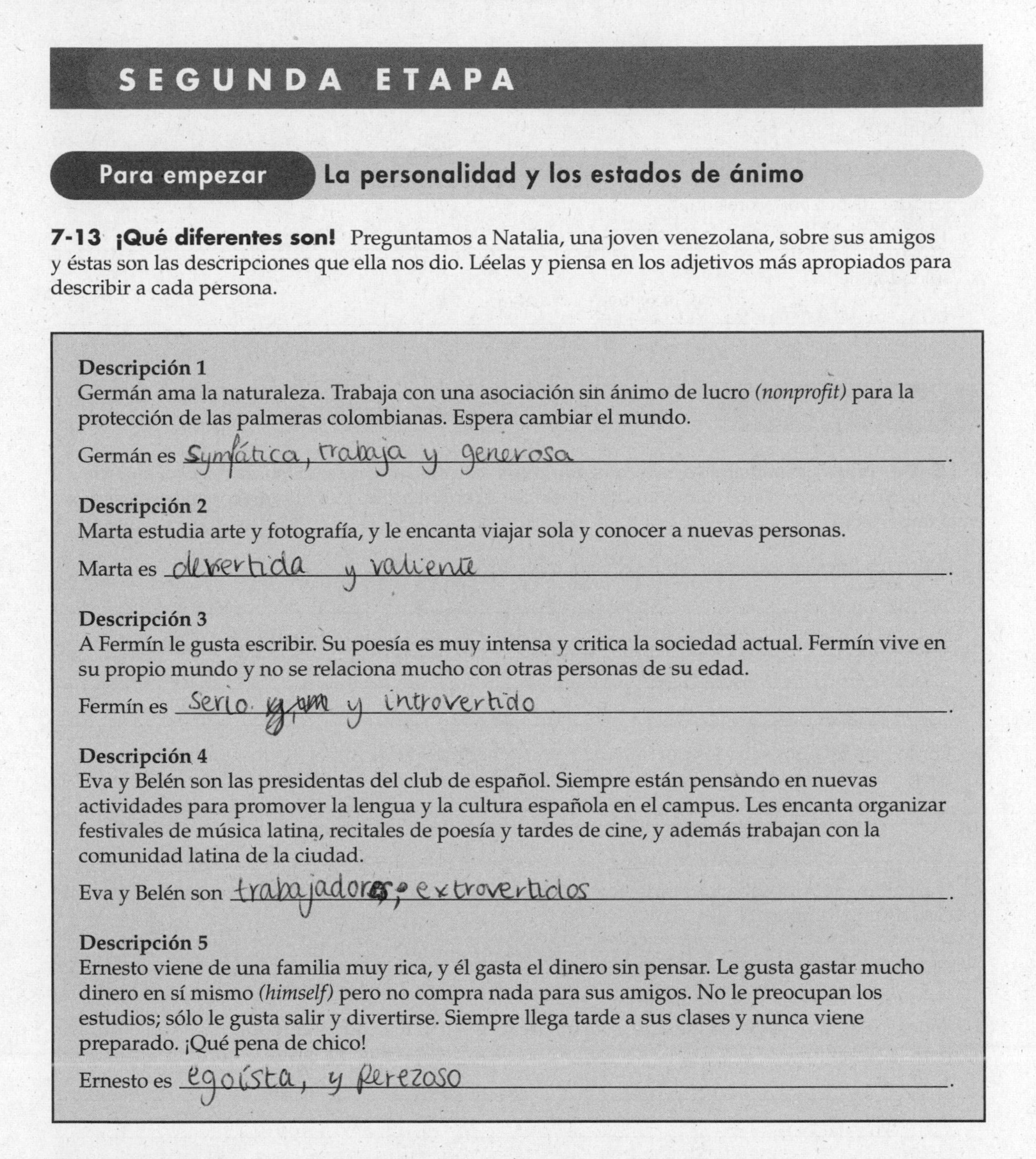

Descripción 1
Germán ama la naturaleza. Trabaja con una asociación sin ánimo de lucro *(nonprofit)* para la protección de las palmeras colombianas. Espera cambiar el mundo.

Germán es Symfática, trabaja y generosa.

Descripción 2
Marta estudia arte y fotografía, y le encanta viajar sola y conocer a nuevas personas.

Marta es devertida y valiente.

Descripción 3
A Fermín le gusta escribir. Su poesía es muy intensa y critica la sociedad actual. Fermín vive en su propio mundo y no se relaciona mucho con otras personas de su edad.

Fermín es Serio y introvertido.

Descripción 4
Eva y Belén son las presidentas del club de español. Siempre están pensando en nuevas actividades para promover la lengua y la cultura española en el campus. Les encanta organizar festivales de música latina, recitales de poesía y tardes de cine, y además trabajan con la comunidad latina de la ciudad.

Eva y Belén son trabajadores, extrovertidos.

Descripción 5
Ernesto viene de una familia muy rica, y él gasta el dinero sin pensar. Le gusta gastar mucho dinero en sí mismo *(himself)* pero no compra nada para sus amigos. No le preocupan los estudios; sólo le gusta salir y divertirse. Siempre llega tarde a sus clases y nunca viene preparado. ¡Qué pena de chico!

Ernesto es egoísta, y Perezoso.

7-14 Madera de... *(Have the makings of . . .)* A veces parece que algunas personas nacen con un talento especial para ciertas profesiones. En tu opinión, ¿qué características deben *(should)* tener las siguientes personas para tener éxito *(to be successful)* en sus profesiones?

1. abogado/a *(lawyer)*

   Un abogado es trabajador y serio

2. diseñador/a

   una diseñadora es imaginativa y devertida

3. maestro/a

un maestro es agradble y devertido pero también serio

4. político/a

una política es seria y trabajadora

5. jugador de béisbol profesional

~~un~~ jugador de béisbol profesional ~~es~~ son attetica

6. soldado *(soldier)*

un soldado es valiente y atletica.

Enfoque léxico *Expresiones para hablar de acciones habituales*

7-15 De niño... Guzmán nos está contando cómo eran sus fines de semana durante su infancia. Construye oraciones con los elementos que aparecen a continuación. ¡No olvides conjugar los verbos en el **imperfecto**!

1. Todos los fines de semana / yo / salir con mis padres

Todos los fines de semana yo salía con mis padres

2. Todos los sábados por la mañana / mi padre y yo / dar un paseo en bicicleta por la playa

Todos los sábados por la mañana mi padre y yo dábamos un paseo en bicicleta por la playa.

3. Por lo general / los sábados por la tarde / yo / tener partido de fútbol / y mis padres / ir al partido

Por lo general los sábados por la tarde yo tenía partido de fútbol y mis padres iban al partido

4. Normalmente / los sábados por la noche / mis padres y yo / cenar en una pizzería del barrio o en casa de unos amigos

Normalamente los sábados por la noche mis padres y yo cenábamos en una pizzería del barrio o en casa de unos amigos

5. Todos los domingos por la mañana / mi madre y yo / ir al mercado y comprar frutas y verduras para la semana

Todos los domingos por la mañana mi madre y yo îbamos al mercado.

6. Todos los domingos / la familia / ir a misa y después / comer en casa de mis abuelos

Todos los domingos la familia iba misa y después comíamos en casa de mis abuelos.

7. A menudo / los domingos por la tarde / mis padres y yo / ver una película en el cine

A menudo los domingos por la tarde mis padres y yo veíamos una película en el cine.

Nombre ______________________________ Fecha ______________________

7-16 ¡Qué tiempos aquéllos! Completa la narración de José sobre su años universitarios usando las expresiones del cuadro. Cada expresión se usa una sola vez.

los sábados por la tarde	por lo general	por las mañanas
los domingos	normalmente	los viernes por la noche
de vez en cuando	los fines de semana	por las tardes

Cuando estaba en la universidad, (1) ________________ me levantaba tarde, porque (2) ________________ salía con mis amigos a cenar y al cine. Después de levantarme, el sábado (3) ________________ lavaba mi ropa y arreglaba mi cuarto.

(4) ________________ me gustaba visitar alguna exposición en el museo de la ciudad o ir al centro comercial a comprar discos. (5) ________________ compraba algún compacto, pero no siempre. (6) ________________, los sábados por la noche mis compañeros y yo alquilábamos una película de video y nos quedábamos en nuestro cuarto.

(7) ________________ eran muy tranquilos. (8) ________________ hacía un poco de ejercicio y (9) ________________ preparaba mi tarea. ¡Qué tiempos aquéllos!

7-17 ¿Con qué frecuencia...? Usando la información proporcionada, indica con qué frecuencia los compañeros de la Hacienda Vista Alegre hacían las siguientes actividades cuando asistían a la escuela secundaria.

todos los veranos	con regularidad	a veces	normalmente	una vez a la semana

MODELO Sofía / ir de compras tres veces al mes
A veces Sofía iba de compras.

1. Alejandra / hacer ejercicio tres veces a la semana
____

2. Valeria y Antonio / ir al cine los sábados
____

3. Sofía / tomar el autobús para ir a clase todos los días
____

4. Javier / estar enfermo y / no ir a la escuela dos o tres veces al año
____

5. Sofía y Valeria / ver a sus primos durante los meses de julio y agosto
____

Nombre ______________________ Fecha ______________________

Enfoque estructural *Ser versus estar*

7-18 ¡Un día accidentado! ¿Cuántas cosas malas le pueden pasar a una persona en un día? La pobre Carmela tuvo un día horrible ayer. Completa su narración escogiendo entre **ser** y **estar** según el contexto.

El día de ayer (1) estuvo (fue / estuvo) muy malo. Primero, mi despertador no sonó y llegué tarde a trabajar. Por consiguiente, mi jefa (2) era (era / estaba) enojada conmigo. Después, mis compañeros Paco y Miguel (3) estaban (eran / estaban) enfermos y yo tenía muchísimas cosas que hacer en la oficina. Cuando salí de trabajar, decidí ir al cine, pero la película que elegí (4) era (era / estaba) aburrida. De vuelta a casa, tuve un pequeño accidente con mi carro, y el otro conductor me gritó y me dijo que yo no (5) era (era / estaba) una persona responsable. La situación (6) fue (fue / estuvo) muy desagradable.

7-19 Compañeros de cuarto Carlos y Paula se encuentran en la cafetería y empiezan a charlar sobre sus compañeros de apartamento. Completa su conversación con las formas apropiadas de **ser** o **estar** según el contexto.

PAULA: ¡Carlos! ¡Cuánto tiempo! ¿Cómo estás?

CARLOS: Muy bien, Paula. ¿Y tú?

PAULA: Pues hoy no me siento muy bien. (1) ______________ un poco enferma.

CARLOS: Lo siento. Espero que te mejores.

PAULA: Sí, yo también. Oye, ¿adónde vas?

CARLOS: Voy a encontrarme con Mateo. ¿Lo conoces?

PAULA: No, ¿quién es?

CARLOS: Mi nuevo compañero de cuarto. (2) ______________ muy agradable. Él y yo (3) ______________ muy independientes, pero a veces hacemos actividades juntos.

PAULA: Es importante tener buenos compañeros de cuarto. Mis compañeras (4) ______________ muy simpáticas, pero les gusta estudiar por la noche en la biblioteca, y cuando vuelven, yo nunca (5) ______________ despierta, así que no nos vemos mucho, y a veces (yo) (6) ______________ aburrida.

CARLOS: Oye, ¿por qué no vienes con Mateo y conmigo esta noche al cine?

PAULA: No, gracias, prefiero descansar, a ver si me curo esta gripe pronto.

CARLOS: Pues, bien… salimos otro día.

7-20 ¿Cómo son? ¿Cómo están? Lee la siguiente información que Marco nos proporciona sobre las siguientes personas y objetos. Luego combina los adjetivos del cuadro con el verbo **ser** o **estar** para describir a cada persona.

listo	aburrido	malo

1. A Julián no le gusta hacer nada. Por ejemplo, no le gusta salir y nunca quiere ir a bailar o de fiesta.

   Julián _______________.
2. El disco compacto que me dejaste no me gustó nada. ¿Cómo pudiste comprarlo?

   El disco compacto _______________.
3. Nuestro profesor tiene gripe. En clase hoy estornudó y tosió mucho.

   Nuestro profesor _______________.
4. Marta estudia mucho, saca buenas notas y es la primera de su clase.

   Marta _______________.
5. Ayer hablé con Juan. Dice que todavía no conoce a nadie en la ciudad y que no sabe muy bien adónde ir cuando quiere salir.

   Juan _______________.
6. Estoy esperando a Alejandro. Vamos a llegar tarde al partido. Nunca está preparado cuando vengo a buscarle.

   Alejandro no _______________.

7-21 ¿Dónde están mamá y papá? Alfredo y Jorge deciden darles una sorpresa a sus padres y vuelven a casa el fin de semana sin anunciarles su llegada. Desafortunadamente *(Unfortunately)* cuando llegan a casa sus padres parecen haber desaparecido *(seem to have disappeared)*. Completa la conversación entre los dos hermanos con el participio del cuadro que mejor describa las distintas situaciones. Presta especial atención a la concordancia entre el participio y el sustantivo al que determine.

puesto	abierto	preocupado	preparado	cansado

ALFREDO: ¡Hola! ¿Hay alguien en casa? ¡Mamá! ¡Papá! Somos nosotros.

JORGE: Vamos a entrar. La puerta está **(1)** _______________.

ALFREDO: Mira, la mesa está **(2)** _______________. Tal vez esperan invitados y nosotros nos presentamos aquí de sorpresa.

JORGE: No te preocupes. Papá y mamá van a estar muy contentos y muy sorprendidos *(surprised)* de vernos.

ALFREDO: Sí, es verdad. ¿Dónde crees que están?

JORGE: No pueden estar lejos. La cena está **(3)** _______________ en la cocina.

ALFREDO: Estoy un poco **(4)** _______________. No es normal que papá y mamá salgan sin cerrar la puerta, sin apagar la luz de la cocina.

JORGE: ¿Sabes lo que voy a hacer? Voy a ir a casa de la abuela. Es posible que estén allí. Tú, es mejor que te quedes aquí. Estás muy **(5)** _______________ del viaje. No te preocupes por nada.

7-22 En conversación Lee con atención los siguientes mini-diálogos y llena los espacios en blanco con la forma correspondiente del verbo **estar** y el participio que aparece entre paréntesis.

Mini-diálogo 1

—César, ¿te apetece ir al restaurante Varadero esta noche?

—Me parece que ese restaurante (1) ______ *(closed)* los jueves por la noche.

—¡Ah! ¿Es verdad?

—Además, he tenido mucho trabajo hoy y (2) ______ *(tired).*

—Pues, vamos a casa.

Mini-diálogo 2

—Me he pasado toda la tarde en la lavandería. Ahora toda la ropa (3) ______ *(washed)* y seca, excepto este suéter que todavía (4) ______ *(wet).*

—¿Por qué no lavaste la ropa en tu apartamento?

—Ay, porque la lavadora (5) ______ *(broken).*

Mini-diálogo 3

—Señorita López, ¿puedo hablar con usted?

—Lo siento, en este momento (6) ______ *(busy).* ¿Puede venir más tarde?

—Sí, claro.

—Gracias, Antonio.

7-23 ¿Qué tal ese ánimo? Elige el adjetivo que mejor describa el estado de ánimo de las siguientes personas y construye oraciones completas, usando el verbo **estar** en tus descripciones.

MODELO Cuando Marta volvía de la universidad, empezó a llover y ella no tenía paraguas.
Marta está mojada.

1. No estudiaste ayer y tienes un examen mañana.
   Yo ______.
2. Tus compañeros no durmieron mucho anoche.
   Mis compañeros ______.
3. Julio quiere salir con sus amigos pero tiene que trabajar.
   Julio ______.
4. Estás solo/a en tu apartamento y no sabes qué hacer.
   Yo ______.
5. Isabel no preparó la lectura para la clase de filosofía. Ahora cuando el profesor le hace una pregunta ella no sabe la respuesta.
   El profesor ______.

Nombre ______________________ Fecha ______________

TERCERA ETAPA

Para empezar Los problemas de salud

7-24 Querida enfermera A veces es difícil determinar si lo que se tiene es solamente un catarro común, o si es la terrible gripe. Completa el siguiente intercambio que tuvo lugar en una página de salud de Internet entre una mujer que se siente mal y una enfermera. Usa las palabras del cuadro. No olvides conjugar los verbos según el contexto.

tener tos	**dolores**	**síntomas**	**nariz**
enfermarse	**fiebre**	**dolor de cabeza**	**escalofríos**

Querida enfermera:

Cada año en noviembre o diciembre (1) ______________. *¿Cómo puedo saber si es un catarro o la gripe?*

Querida paciente: Las infecciones respiratorias más comunes son la gripe y el catarro. En muchas ocasiones suelen confundirse, pero hay ciertas diferencias fundamentales entre ambas.

Las dos son infecciones de la nariz y de la garganta, y en ocasiones afectan los pulmones cuando (2) ______________, pero son causadas por virus diferentes. Los (3) ______________ del catarro y los de la gripe generalmente empiezan en 1 ó 2 días después de la exposición y suelen durar hasta 2 semanas.

Los síntomas del catarro incluyen aumento de flujo nasal (mocos), (4) ______________ tapada, presión debajo de los ojos, estornudos *(sneezes)*, tos, (5) ______________ y de garganta y algunas veces una leve *(slight)* (6) ______________. La gripe es como un catarro más severo con los síntomas adicionales de (7) ______________ del cuerpo, (8) ______________ y fiebre alta.

7-25 La salud del viajero Lee los siguientes consejos para el viajero que va a Colombia que aparecieron en una revista de viajes, y complétalos escogiéndo la palabra o expresión más apropiada según el contexto.

En cada región de Colombia se encuentran innumerables maravillas, pero también hay riesgos para el viajero. Les presentamos unos consejos para mantener (1) **las alergias / la salud** en óptimas condiciones.

Para los que van a Bogotá y otros pueblos de la región andina, el viajero puede (2) **estar mareado / tener dolor de muelas** debido a la altitud y en los picos de mayor altitud tener (3) **bronquitis / náuseas.** El soroche, o el malestar que puede resultar de estos trastornos, se trata con una infusión de hojas de coca, o sea, el famoso mate de coca. Las grandes ciudades de Colombia tienen una excelente infraestructura con buena agua y abundante electricidad. En las capitales como Bogotá, Cali, o Medellín, el viajero que (4) **se enferma / está sano** va a encontrar excelente atención sanitaria en hospitales y clínicas equipadas con las últimas tecnologías. Esperamos que disfruten de sus vacaciones en Colombia, viajando seguros y con plena confianza en los recursos médicos del país.

Enfoque léxico *Más vocabulario de salud*

7-26 Enfermedades, dolores y remedios... ¿Qué hacen las siguientes personas cuando se sienten mal? ¿Qué tipo de remedio prefieren usar? Contesta las preguntas lógicamente usando los elementos de las tres columnas.

Cuando tengo la nariz tapada	la enfermera	le compra un jarabe
Cuando a mi hermano le duele la cabeza	mi madre	les receta antibióticos
Cuando mi padre tiene alergias	el médico	le da una aspirina
Cuando mi amiga Carla tose mucho	su padre	le pone una inyección
Cuando mis abuelos tienen bronquitis		me receta unas gotas

1. ______________________
2. ______________________
3. ______________________
4. ______________________
5. ______________________

7-27 ¿Qué hacer? Lee los síntomas que están sufriendo las siguientes personas y piensa en un remedio apropiado para cada caso.

1. Doctor, tengo una infección en la garganta.
   Necesita un ______________ para combatir la infección.
2. A Alejandro le duele mucho la cabeza.
   Necesita unas ______________.
3. Javier y José María tienen la nariz tapada.
   Necesitan unas ______________.
4. Doctora, toso mucho de noche y no puedo dormir.
   Necesitas un ______________ para la tos.
5. Cuando llega la temporada de la gripe.
   Necesitas una ______________.

7-28 ¡Pobre Anita! Elvira se encuentra con su amiga Violeta de camino a la farmacia. Completa su diálogo con el vocabulario entre paréntesis.

VIOLETA: ¡Hola, Elvira! ¿Adónde vas?

ELVIRA: Pues, tengo un poco de prisa porque voy a la farmacia.

VIOLETA: ¿A la farmacia? ¿Qué te pasa?

ELVIRA: No, a mí, nada. Anita está enferma. Tiene **(1)** ______________ *(fever)* y **(2)** ______________ *(shivers)*.

VIOLETA: ¡Pobre Anita!

ELVIRA: Sí, la niña tiene una infección muy fuerte en la garganta. Acabamos de (3) ______________ *(go to the doctor's office)* y el médico me dio una (4) ______________ *(prescription)* para comprar (5) ______________ *(antibiotics)* y (6) un ______________ *(syrup)* para la garganta.

VIOLETA: ¿Tiene Anita alguna (7) ______________ *(allergy)*?

ELVIRA: No, pero todas las primaveras tiene (8) ______________ *(cold)*. No sé qué voy a hacer. La pobrecita lo pasa muy mal.

VIOLETA: Bueno, Elvira, espero que Anita se mejore pronto.

ELVIRA: Gracias, Violeta. Hasta luego.

Enfoque estructural *Más usos del imperfecto*

7-29 Enfermos en la Hacienda Vista Alegre Cuando Valeria llegó a casa después de un día de compras, encontró a todos los demás compañeros en casa porque todos se sentían mal. Con la información a continuación, construye oraciones usando el **imperfecto** para indicar lo que hacían cuando Valeria llegó. ¡No olvides la concordancia!

1. Sofía / estar congestionado / y / doler / la cabeza

   ____

2. Javier / pensar que / tener gripe / y Alejandra / tomarle la temperatura

   ____

3. Alejandra / tomar / una pastilla / porque / tener dolor de estómago

   ____

4. Antonio / hacer un cita / con el dentista / porque / tener dolor de muelas

   ____

7-30 Dolencias ***(Ailments)*** Completa los mini-diálogos conjugando los verbos entre paréntesis en el **imperfecto**.

ROSA: ¿Qué hacías cuando llegué a casa anoche?

TOMÁS: (1) ______________ (Tomar) una aspirina y (2) ______________ (acostarse) un rato.

LOLA: ¿Dónde estabas cuando a Luis le dio un ataque de alergia?

CARMEN: (3) ______________ (ir) en el carro al trabajo.

TERE: ¿(4) ______________ (Sentirse) mal durante todo el día?

ANDRÉS: Sí. Me (5) ______________ (doler) mucho la garganta y no paraba de toser hasta que tomé un jarabe que me recetó el médico.

PABLO: ¿Por qué (6) ______________ (llorar) la niña?

MAMÁ: Porque el médico le (7) ______________ (examinar) mientras la enfermera le (8) ______________ (tomar) la temperatura.

7-31 Una historia clínica Como Gerardo no se siente bien, ha decidido ir a la consulta para una revisión. El médico necesita saber su historia clínica y empieza a preguntarle sobre su infancia. Completa su conversación conjugando los verbos entre paréntesis en el **imperfecto.**

DOCTOR: Cuando eras niño, ¿te enfermabas mucho?

GERARDO: No, normalmente no (1) ________________ (ponerse) enfermo, pero (2) ________________ (tener) alergias todos los años.

DOCTOR: ¿Te cansabas con frecuencia?

GERARDO: No. Siempre (3) ________________ (hacer) ejercicio y nunca (4) ________________ (cansarse), pero recientemente me siento más débil y ahora casi no hago deporte.

DOCTOR: (5) ¿________________ (Comer) bien?

GERARDO: Sí, bueno, comía muy bien porque (6) ________________ (vivir) en casa de mis padres, después en la universidad ya no comía bien.

DOCTOR: Debes llevar una vida un poco más activa. Te recomiendo que hagas un poco de ejercicio todos los días y que sigas una dieta equilibrada.

GERARDO: Gracias, doctor, voy a seguir sus consejos.

Enfoque estructural *Resumen de los usos del pretérito y del imperfecto*

7-32 ¡Qué susto! Guti nos cuenta sobre la atención médica que él y sus hermanos recibían cuando eran niños. Completa la narración con la forma del **pretérito** o del **imperfecto** de los verbos entre paréntesis.

Mis hermanos y yo nos (1) ________________ (hacer) una revisión médica todos los años. Mis padres pensaban que era necesario para prevenir enfermedades serias. Normalmente, no (2) ________________ (ponerse) enfermos, pero todos los inviernos (3) ________________ (enfermarse) de gripe. A mi madre siempre le (4) ________________ (gustar) darnos remedios caseros, y todas las mañanas nos (5) ________________ (preparar) jugo de naranja y por las noches nos (6) ________________ (dar) té con miel antes de dormir. Pero un año mi hermano Sebastián (7) ________________ (sufrir) un ataque de alergia y mis padres (8) ________________ (tener) que llevarlo al hospital. ¡Qué susto! Aquel invierno los remedios caseros de mi madre no (9) ________________ (servir) y el médico le (10) ________________ (recetar) a mi hermano un antihistamínico.

Nombre ______________________ Fecha ______________________

7-33 ¿Y tu salud? Intenta recordar cómo era tu salud cuando eras niño/a. ¿Te enfermabas mucho? ¿Qué síntomas tenías cuando estabas enfermo/a? ¿Qué remedios te curaron? Escribe un párrafo para responder a estas preguntas utilizando el **imperfecto** y el **pretérito**.

Mi salud

Cuando era niño/a, ____

____

____

____

____

____

____

____

____

____

____

7-34 Un fin de semana en Caracas Gustavo nos cuenta sobre el fin de semana que él y sus amigos pasaron en Caracas. Completa la narración con la forma del **pretérito** o del **imperfecto** de los verbos entre paréntesis.

Mis amigos y yo **(1)** ____________ (llegar) a Caracas a las once de la mañana y, aunque **(2)** ____________ (estar) cansados, **(3)** ____________ (salir) a dar una vuelta por la ciudad. **(4)** ____________ (Pasear) un rato por las calles alrededor de la Plaza Bolívar. Luego, (yo) **(5)** ____________ (caminar) al sureste y **(6)** ____________ (visitar) el Capitolio; el edificio **(7)** ____________ (ser) completamente blanco con una cúpula dorada. Los otros **(8)** ____________ (ir) a la Santa Capilla donde (nosotros) **(9)** ____________ (encontrarse) más tarde. En un restaurante cerca de ésa iglesia **(10)** ____________ (cenar) algo y **(11)** ____________ (volver) al hotel.

Al día siguiente, todos **(12)** ____________ (estar) cansados de tanto caminar el día anterior, así que **(13)** ____________ (decidir) ir a un spa holístico en las afueras de la ciudad para descanso y revitalización total. En el spa yo **(14)** ____________ (nadar) en la piscina porque la natación me relaja mucho. Mis amigos **(15)** ____________ (recibir) unos masajes terapéuticos y luego yo **(16)** ____________ (reunirse) con ellos en el café del spa y todos nosotros **(17)** ____________ (tomar) unas bebidas refrescantes. Mis amigos y yo **(18)** ____________ (divertirse) mucho ese fin de semana en Caracas. Les recomiendo que vayan; es un lugar maravilloso.

Vamos a leer

La telemedicina

Antes de leer

> **Predicting content from the title**
> The title of a reading can help you to anticipate what the text will be about. These content predictions, based on the title, will enhance your reading comprehension in Spanish.

7-35 Avances en medicina Antes de leer este artículo en la página 169 sobre una nueva alternativa al sistema tradicional de medicina, echa un vistazo al *(glance at)* título y contesta las siguientes preguntas.

1. What do you think the prefix **tele-** refers to? Make a list of at least three words in Spanish that contain the prefix **tele-**.

   ____

   ____

2. What does the term **telemedicina** suggest to you?

   ____

3. What kind of services do you think that **la telemedicina** can offer?

   ____

   ____

Después de leer

> **Skimming**
> When you read the article for the first time, you need not understand every word. Try to get the gist of what the text is about without stopping at any specific word or sentence and focus on identifying the cognates.

7-36 Cognados Intenta identificar por lo menos seis cognados que aparecen en el texto.

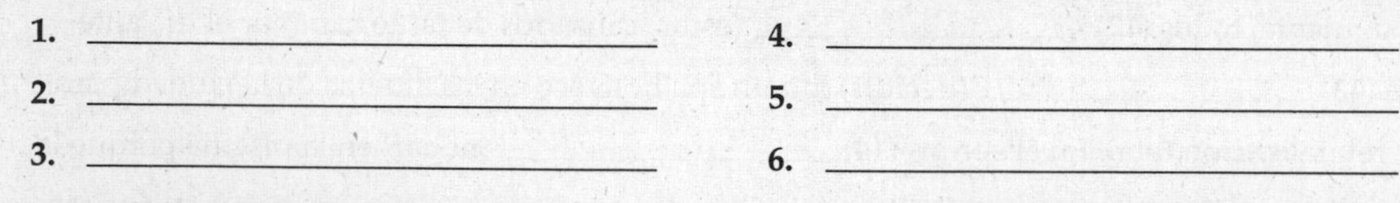

1. ____________________ 4. ____________________
2. ____________________ 5. ____________________
3. ____________________ 6. ____________________

7-37 Estudio de palabras Las siguientes palabras te van a ayudar a comprender mejor el artículo. Empareja cada palabra con su definición.

_____ **1.** el seguimiento médico	**a.** el campo, los lugares lejos de la ciudad
_____ **2.** la teleformación	**b.** atención médica a distancia
_____ **3.** las áreas rurales	**c.** observación que el médico hace de un enfermo
_____ **4.** la consulta	**d.** atención que el médico le da a un paciente
_____ **5.** la teleasistencia médica	**e.** educación a distancia

Nombre ______________________ Fecha ______________________

Scanning
Read the article a second time and now focus on the specific information required to answer the following questions.

7-38 La medicina a distancia Ahora que has leído el artículo detenidamente *(with great attention)*, contesta las siguientes preguntas **en español**.

1. What is **la telemedicina?**

____

____

2. Name some of the services that **la telemedicina** provides.

____

____

3. What are some of the advantages of this new concept of medical assistance?

____

____

4. Who would benefit the most from **la telemedicina?**

____

____

5. What do you think of this new medical system? In your opinion, what are some of the advantages and some of the disadvantages?

____

____

La telemedicina

La telemedicina consiste en el uso de las tecnologías de comunicación para proporcionar asistencia sanitaria a distancia. Las técnicas de la telemedicina representan una excelente alternativa a la medicina tradicional, dado que se puede obtener una consulta altamente especializada sin salir de casa.

Los servicios que ofrece la telemedicina son muy variados y se concentran en torno a dos áreas principales.

1. La teleasistencia médica, que incluye la atención al paciente y el diagnóstico de enfermedades a cualquier hora y desde cualquier lugar, el seguimiento médico y quirúrgico de los pacientes con menos visitas a casa y menos traslados al hospital, el apoyo familiar y social.

2. La teleformación, programas de formación en Internet, cursos en-línea, videoconferencias educativas, en los que pueden participar médicos, auxiliares de clínica, farmacéuticos y demás personal sanitario. Las telecomunicaciones favorecen también el intercambio científico entre especialistas de todo el mundo y el acceso a información médica de forma rápida y eficaz.

En la actualidad se están realizando numerosas investigaciones a escala mundial en el campo de la telemedicina y sus distintas aplicaciones. En Latinoamérica, países como Colombia, Costa Rica y México han iniciado proyectos en telemedicina con el objetivo de atender a las necesidades de los pacientes en áreas rurales, donde el desarrollo de los servicios de salud no es suficiente. La asistencia sanitaria es un servicio del que todo ciudadano debe disponer, y la aplicación de la telemedicina puede superar ciertas barreras económicas y sociales del pasado.

Nombre ______________________ Fecha ______________

Vamos a escribir

ATAJO 4.0

Vocabulary: Body: parts; Medicine; Personality

Phrases: Describing people; Describing weather; Talking about past events; Writing about theme, plot, or scene

Grammar: Verbs: imperfect, preterite, preterite & imperfect

Un informe policial

Imagina que eres uno de los principales testigos de un accidente que ocurrió ayer cerca del campus universitario y que la policía quiere saber todos los detalles del accidente. Tienes que darles una descripción detallada de todo lo que viste sin olvidarte de nada *(without forgetting anything)*. Mientras preparas tu informe escrito, asegúrate de incluir la siguiente información:

- cuándo ocurrió el accidente
- qué tiempo hacía
- qué personas estaban implicadas
- qué heridas sufrieron las personas implicadas

A empezar

7-39 Organización de las ideas Piensa en las circunstancias del accidente y haz una lista de todos los eventos que recuerdas.

A escribir

7-40 Preparación del borrador Organiza cronológicamente los eventos de la lista que preparaste en la sección **A empezar** y describe cómo ocurrió el accidente y las heridas que sufrieron las personas implicadas.

7-41 Revisión del borrador Revisa tu borrador, teniendo en cuenta las siguientes consideraciones.

1. ¿Aparece toda la información relevante sobre el accidente? ¿Hay algún detalle que olvidaste mencionar?
2. ¿Están claras las ideas que expones? ¿Están los eventos organizados cronológicamente?
3. ¿Incluiste el vocabulario y las estructuras gramaticales que aprendiste en este capítulo para describir accidentes y heridas que ocurrieron en el pasado?

7-42 El producto final Haz los cambios necesarios de acuerdo con la revisión de tu borrador e incluye las ideas nuevas que se te hayan ocurrido. Antes de entregarle tu informe a tu profesor, léelo una vez más y asegúrate de que no haya errores ortográficos y de que todos los cambios se hayan incluido.

Nombre ______________________________ Fecha ____________________

COMPRENSIÓN AUDITIVA

7-43 ¿Un accidente? Escucha mientras Rosario le narra a Graciela el accidente que sufrió Miguel. Después de escuchar el diálogo, determina si las siguientes oraciones son **ciertas** o **falsas.**

CD2, Track 8

_____ **1.** El accidente de Miguel no fue grave.

_____ **2.** El accidente ocurrió cuando Miguel iba a clase.

_____ **3.** Miguel se cayó de la bicicleta.

_____ **4.** Miguel se lastimó solamente el brazo.

_____ **5.** Miguel tuvo que pasar la noche en el hospital.

7-44 Hablando de salud Vas a escuchar la conversación entre dos amigos, Catalina y Esteban. Mientras escuchas el diálogo, toma apuntes *(take notes)* sobre la información que ellos proporcionan sobre su salud y contesta las siguientes preguntas **en español.**

CD2, Track 9

1. ¿Cómo se siente Esteban? ¿Qué le duele?

____

____

2. ¿Qué hace Catalina para estar en buena forma?

____

____

3. ¿Qué le pasó a Pepa, la hermana de Catalina?

____

____

7-45 ¡Pobre Francisco! Francisco nos cuenta qué pasó durante su viaje a Venezuela el verano pasado. Mientras escuchas su narración, completa las siguientes oraciones con las palabras o expresiones que oyes en la grabación.

CD2, Track 10

1. Todos los veranos ____________________ a mi amigo Igor en Venezuela.

2. Siempre ____________________ mucho en mi viaje a Venezuela. Pero el año pasado, ____________________ unas vacaciones horribles.

3. Con tan mala suerte me caí de la bicicleta, ____________________ una pierna y ____________________ en el codo.

4. Allí la enfermera me ____________________ la pierna, y me ____________________ en el codo.

CD2, Track 10

Escucha la narración una vez más y organiza los siguientes eventos según cómo Francisco describe cómo ocurrieron. Numéralos de **1** hasta **7.**

_____ Francisco hizo una cita con el doctor.

_____ Igor y Francisco fueron de excursión a las montañas.

_____ A Francisco le picaban los ojos y estornudaba sin parar.

_____ La enfermera le recomendó descanso a Francisco.

_____ Francisco se sintió mejor después de tomar el antihistamínico.

_____ Francisco se cayó de la bicicleta y se rompió una pierna.

_____ En el hospital, la enfermera le enyesó la pierna a Francisco.

CD2, Track 11

7-46 Enrique y Margarita Le pedimos a Patricia que describiera *(she describes)* a dos estudiantes de su universidad que conoce bastante bien. Mientras escuchas las dos descripciones, identifica como mínimo cuatro rasgos de personalidad *(personality traits)* para cada persona y explica por qué escogiste esos rasgos.

1. Enrique es…

____

____

____

____

Porque…

____

____

____

____

2. Margarita es…

____

____

____

____

Porque…

____

____

____

____

Pronunciación

Las consonantes: *j, s*

CD2, Track 12

7-47 El sonido de la *j* y de *ge, gi* The Spanish **j (jota)** is pronounced similarly to the *h* in the English word *hot*. When the letter **g** is followed by the vowels **e** and **i**, it has the same sound.

Listen to and repeat the following words.

oreja jarabe viaje generoso fingir imaginativa ojo consejo julio juventud

CD2, Track 13

7-48 El sonido de la *s* The sound of the Spanish **s** is spelled with the letters **z** or **s**, and also **c** when followed by the vowels **e** and **i**. Usually they are pronounced similarly to the *s* in the English word *say*. Note that **z** is never pronounced like the *z* in the English words *zoo, zebra,* and *zero.*

Listen to and repeat the following words.

saludo cabeza serio naúseas sincero paciente peso perezoso sutil consulta

Nombre ______________________ Fecha ______________________

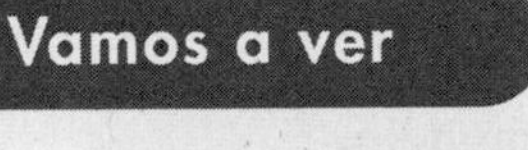

7-49 Los compañeros opinan Mientras escuchas los testimonios de los compañeros, clasifica como positivos o negativos los adjetivos que emplean para describir los rasgos de personalidad de los demás compañeros.

POSITIVO	NEGATIVO

7-50 ¿Quién? Indica quién está siendo descrito/a con los adjetivos de la **Actividad 7-49.** Escribe tus respuestas en las líneas proporcionadas al lado de cada adjetivo y usa las siguientes abreviaturas: **Ale** = Alejandra; **An** = Antonio; **J** = Javier; **S** = Sofía; **V** = Valeria. Sigue el **modelo.**

MODELO *S y Ale* bonitas

____ aburridos
____ admirable
____ alegre
____ amargada
____ arrogante
____ atento
____ atractivo
____ bonitas
____ bromista
____ corrientes
____ curiosa
____ decidida
____ divertido
____ feliz
____ galante
____ guapísima
____ insoportable
____ inteligente
____ linda
____ llamativa
____ pesado
____ raro
____ sexi
____ simpática
____ valiente
____ vanidoso

Nombre ______________________________ Fecha ______________________

El mundo a mi alrededor 8

PRIMERA ETAPA

Para empezar La vida urbana y rural

8-1 Definiciones Empareja el siguiente vocabulario acerca de la naturaleza y sus elementos y de nuestro impacto en la naturaleza, con sus definiciones.

_____ **1.** el bosque
_____ **2.** la sequía
_____ **3.** la reserva natural
_____ **4.** el desierto
_____ **5.** la flora y la fauna
_____ **6.** el efecto invernadero
_____ **7.** la deforestación
_____ **8.** el mar

a. conjunto de plantas y todas las especies animales de un lugar
b. un lugar o terreno que está despoblado o deshabitado
c. extensión de terreno natural acotado *(enclosed)* y protegido para la preservación de su ecosistema o de una parte de él
d. masa de agua salada que cubre aproximadamente las tres cuartas partes de la superficie terrestre
e. extinción de las plantas forestales de un terreno
f. falta de lluvias durante un período prolongado de tiempo que produce escasez de agua
g. extensión de terreno densamente poblado de árboles, arbustos *(shrubs)* y matorrales *(bushes)*
h. subida de la temperatura de la atmósfera que se produce como resultado de la concentración en la atmósfera de gases, principalmente dióxido de carbono

8-2 Por un mundo mejor... Javier es miembro de una organización de ecología y está muy preocupado por el agravamiento *(worsening)* de la contaminación del planeta. Está explicándoles a los demás compañeros cómo la basura representa un problema ambiental. Completa su narración con los verbos del cuadro. No te olvides que cada verbo se usa una sola vez.

contaminar	reciclar	proteger	reutilizar	tirar	desperdiciar

Hoy en día generamos grandes cantidades de basura, tanto que se ha convertido en un problema ambiental muy serio en la mayor parte de las ciudades del mundo. Por eso, soy defensor de la estrategia de las tres R: reducir, (1) ______________ y (2) ______________. Es una fórmula sencilla para (3) ______________ el medio ambiente de los residuos sólidos y es la mejor forma de no (4) ______________ recursos naturales.

Me enfado mucho cuando veo basura en las calles. (5) ______________ basura a la calle no sólo es una agresión hacia el medio ambiente sino también una falta de respeto hacia las demás personas. Debemos cuidar nuestras ciudades, no ensuciarlas ni (6) ______________ las con papeles y demás residuos.

Enfoque léxico *Expresiones para organizar una secuencia de acciones en el pasado*

8-3 Una reunión Humberto asistió a una reunión del club de Estudiantes con Conciencia Ecológica de su universidad y ahora le está contando a su amigo Javi cómo fue la reunión y qué aprendió. Completa su diálogo con la expresión de tiempo más adecuada en el contexto.

finalmente	primero de todo	luego	primero	al final

JAVI: ¿Qué tal la reunión?

HUMBERTO: Muy interesante.

JAVI: ¿Ah sí? ¿De qué hablaron?

HUMBERTO: (1) primero de todo uno de los miembros presentó un resumen de las campañas que va a organizar el club este año y los miembros se dividieron en distintos grupos responsables para cada campaña.

JAVI: ¿Qué campañas hay? ¿Vas a trabajar con una de ellas?

HUMBERO: Este año el club está organizando tres campañas durante diferentes épocas del año: (2) primero, para empezar el año, este otoño vamos a adoptar una carretera y mantenerla limpia. (3) luego en el invierno, vamos a distribuir en el campus información sobre programas de reciclaje en nuestra comunidad. Voy a trabajar con esa campaña. (4) al final, en la primavera vamos a plantar árboles el último viernes de abril para celebrar la Fiesta Nacional de los Árboles y lanzar un programa ambiental para el Día Mundial del Medio Ambiente, que se celebra el 5 de junio.

JAVI: ¡Qué bien! Si quieres te puedo ayudar con la campaña de reciclaje, entregando folletos o lo que sea. ¿Hicieron algo más durante la reunión?

HUMBERTO: Sí, (5) finalmente de la reunión vimos un documental de National Geographic sobre el efecto invernadero. Creo que eso va a ser una de las campañas para el año siguiente.

8-4 Una visita muy agradable Ángela tuvo el fin de semana pasado de visita a dos amigas suyas de la escuela secundaria, Carla y Lola. Lee con atención su narración sobre el fin de semana que pasaron juntas y complétala con la expresión de tiempo más adecuada en el contexto.

por la tarde	**ese mismo día**	**luego**	**el último día**	**primero de todo**
el fin de semana pasado	**al día siguiente**	**al final del día**	**más tarde**	**por último**

(1) primero de todo mis amigas Carla y Lola vinieron de San Salvador a visitarme. Las recogí por la mañana en la estación de autobuses y (2) luego pasamos por mi apartamento a dejar sus cosas. (3) por la tarde nos encontramos con mi novio, Roque, para almorzar y (4) más tarde fuimos al cine a ver una película. (5) el día siguente asistimos a un concierto en la universidad y volvimos a mi apartamento de madrugada. (6) el fin de semana nos levantamos a las once, comimos algo y, (7) ______________, a las cuatro, fuimos a un partido

de fútbol. (8) _______________ estábamos cansadas y volvimos a casa temprano.
(9) al final del día mis amigas y yo desayunamos en la cafetería de la universidad y pasamos la mañana de compras. (10) por ultimo. llevé a mis amigas a la estación y regresé a la universidad. Fue una visita muy agradable. Me gustaría *(I would like)* que me visitaran más a menudo.

8-5 ¿Qué hiciste? ¿Qué hacías? Organiza las actividades que realizaste en los períodos de tiempo que se indican abajo, prestando especial atención al uso del pretérito o del imperfecto.

1. Ayer por la mañana, primero de todo (yo) mirá Corronation street.
   Más tarde comimos queso en pan tostado.,
   y al final del día ~~bail~~ bailé con mis amigos en Skins.
2. Todos los veranos (yo) iba en las vacaciones con mi familia.
   Por las mañanas Caminábamos en las monarñas,
   y por las tardes nadábamos en el mar o piscina.
3. El sábado pasado por la mañana (yo) ayudé a una fiesta.
   Después, ese mismo día, estudié un poco,
   y esa noche bailé con mis amigos en Skins.

Enfoque estructural *La narración en el pasado: el pretérito y el imperfecto*

8-6 Todos los días..., pero ayer... Utiliza la siguiente información para expresar el contraste entre acciones habituales y acciones completadas en el pasado.

MODELO todos los inviernos / Paula / enfermarse / pero el invierno pasado / no tener ningún catarro
Todos los inviernos Paula se enfermaba, pero el invierno pasado no tuvo ningún catarro.

1. Normalmente / Raúl / pasar la Pascua con su familia en el campo / pero la primavera pasada / visitar a su novia

   ____
2. Todos los días / tú / levantarse temprano / pero ayer / dormir hasta las once

   ____
3. Por lo general en vacaciones de primavera / yo / ir de viaje con mis compañeros / pero en mi último año de universidad / tener muchas entrevistas y / no poder viajar

   ____
4. Todas las Navidades / mis padres / hacer una fiesta para la familia / pero el año pasado / llevar a toda la familia de viaje a la capital

   ____
5. En verano / mis amigas y yo / ir a todos los conciertos al aire libre / pero el verano pasado / no conseguir entradas para ninguno

   ____

8-7 ¡Qué aventura! Luisa nos cuenta qué le pasó anoche mientras dormía. Completa su narración con el pretérito o el imperfecto de los verbos entre paréntesis.

(1) ______________ (Ser) de noche y (2) ______________ (hacer) frío. De repente yo (3) ______________ (oír) ruidos y (4) ______________ (levantarse). Todo (5) ______________ (estar) oscuro y en silencio. No (6) ______________ (haber) nadie en la casa. (7) ______________ (Ver) una sombra (*shadow*) en el salón y (8) ______________ (bajar) las escaleras. (9) ______________ (Tener) mucho miedo y (10) ______________ (sentirse) muy insegura. Inesperadamente (11) ______________ (sentir) algo en mis pies y (12) ______________ (dar) un grito. Un bulto negro (13) ______________ (salir) corriendo y entonces (14) ______________ (reconocer) al gato de mis vecinos. Siempre (15) ______________ (pasar) a mi casa por la ventana, pero por lo general no (16) ______________ (ser) tan ruidoso. (17) ______________ (Reírse) de mi aventura y (18) ______________ (volver) a la cama.

8-8 Una experiencia inolvidable El verano, los viajes, conocer nuevos lugares, conocer a nuevas personas, ser voluntario/a... Todos hemos tenido alguna experiencia inolvidable, ¿verdad? Seguro que tú también. Háblanos de esa experiencia especial. ¿Qué pasó? ¿Qué recuerdos conservas de aquella experiencia? Combina en tu narración verbos en los tiempos pretérito e imperfecto.

Una experiencia inolvidable

____

____

____

____

____

____

____

____

Enfoque estructural *Los pronombres de complemento directo e indirecto*

8-9 Preguntas y respuestas Lee con atención las preguntas y las respuestas que aparecen a continuación en las dos columnas y trata de relacionar cada respuesta con su pregunta correspondiente, prestando especial atención a los pronombres correctos de complemento directo e indirecto.

_____ **1.** ¿Enviaste la dirección del centro de reciclaje al presidente del club Estudiantes con Conciencia Ecológica?

_____ **2.** ¿Quién te explicó los problemas de circulación de esta ciudad?

_____ **3.** ¿Quién les envió la información sobre ecoturismo en Argentina?

_____ **4.** ¿Quién les enseñó la flora y fauna del bosque?

_____ **5.** ¿Te mandó Humberto el folleto sobre reciclaje?

a. Nos la enseñó el guardabosques *(forest ranger).*

b. Nos la envió Carlos. Él fue de vacaciones allí el año pasado.

c. Me los explicó el agente inmobiliario cuando buscaba una casa.

d. No, no me lo mandó pero le llamé y me dijo que iba a mandármelo pronto.

e. Sí, se la envié ayer, pero todavía no ha respondido.

8-10 No repitas Examina con atención las siguientes preguntas y localiza el complemento directo y el complemento indirecto en la oración. Después responde a las preguntas sustituyendo esos complementos por el pronombre adecuado en cada caso y conjugando el verbo en la forma que resulte más apropiada en el contexto.

MODELO —¿Les dijo el profesor sus notas en el examen?
—No, no *nos las dijo* todavía.

1. —¿Les dio Valeria la receta *(recipe)* para chiles rellenos?
   Sí, ____________________ esta mañana.
2. —¿Te mostró el entrenador las estadísticas de bateo de esta temporada?
   Sí, ____________________. Son fantásticas.
3. —¿Me enseñas tu nuevo apartamento?
   Claro que ____________________. ¿Cuándo puedes venir?
4. —¿Te devolvió José el dinero que te debía?
   Sí, ____________________ cuando me fui de la residencia estudiantil.
5. —¿Pidieron los aperitivos al mesero?
   Sí, ____________________ hace unos minutos. Tenemos muchas ganas de probarlos.

8-11 Tu primera visita ¿Recuerdas cómo fue tu primera visita al campo o a una gran ciudad? Responde a las siguientes preguntas basándote en tu experiencia personal y sustituyendo en tus respuestas los complementos directos e indirectos por los pronombres correspondientes.

1. ¿Te recomendó alguien un lugar o ciudad en particular? ¿Quién?
   ____
2. ¿Te enviaron un catálogo de información sobre qué hacer y qué ver antes de irte?
   ____
3. ¿Te ofrecieron la oportunidad de hacer unas excursiones, deportes o actividades?
   ____
4. ¿Dieron a los visitantes una visita guiada?
   ____
5. ¿Les mandaste una postal a tus amigos o compraste un recuerdo para alguien?
   ____

SEGUNDA ETAPA

Para empezar Los titulares

8-12 Descubre la palabra Las letras de las siguientes palabras están desorganizadas. Intenta organizarlas para deletrear vocabulario de medios de comunicación y tipos de información.

MODELO nitelivesó *televisión*

1. coseriódip _______________
2. nevitraste _______________
3. acrític _______________
4. Itentrne _______________
5. duataclida _______________
6. diora _______________
7. ocienotir _______________
8. trasevis _______________

8-13 Las noticias Laura acaba de ver el noticiero en la televisión y su amiga Mercedes le está preguntando sobre las noticias. Completa el diálogo entre Laura y Mercedes con el vocabulario para hablar de noticias.

telediario	noticia de última hora	inundaciones	reportaje	crimen	víctima

MERCEDES: ¿De qué hablaron en el (1) _______________. ¿Algo nuevo?

LAURA: Pues, sí. Para empezar, la (2) _______________ es que el comité olímpico ha decidido que las próximas Olimpiadas se van a celebrar aquí en Buenos Aires.

MERCEDES: ¡Qué bien! Teníamos la mejor candidatura y por eso ganamos.

LAURA: Sí, teníamos una muy buena candidatura pero las demás candidaturas también eran fuertes. Yo no estaba tan segura como tú que fuéramos a ganar, pero me alegra mucho la noticia.

MERCEDES: Además de *(In addition to)* eso, ¿qué reportaron?

LAURA: Pues, hubo un (3) _______________ desde Rosario sobre el aumento del (4) _______________ en la ciudad. El reportero hablaba con una mujer, la más reciente (5) _______________ de una serie de robos *(robberies)*.

MERCEDES: ¡No me digas *(You don't say)*! ¡Pobre mujer!

LAURA: Sí, es alarmante. Ah, y también hablaron de la posibilidad de (6) _______________ debido a fuertes lluvias.

Nombre ______________________ Fecha ______________

Enfoque léxico *Los días feriados y las celebraciones*

8-14 La graduación de Sergio Sergio se gradúa y Lidia, su hermana, está planeando una fiesta sorpresa para él. Completa la conversación que Lidia tiene con su amiga Maribel, usando las expresiones apropiadas.

LIDIA: ¿Sabes? Estoy preparando (1) ______________ *(surprise party)* para la graduación de Sergio.

MARIBEL: ¿En serio? Así que él no sabe nada, ¿verdad?

LIDIA: Claro, ésa es la idea.

MARIBEL: ¿A cuántas personas vas a (2) ______________ *(to invite)*?

LIDIA: Alrededor de setenta, entre amigos y familia.

MARIBEL: Y ¿cuándo vas a (3) ______________ *(to celebrate)* la graduación de Sergio?

LIDIA: El último sábado de mayo. La fiesta va a ser en el jardín de la casa de mis padres.

MARIBEL: Estoy segura que van a (4) ______________ *(to have fun)*. Y Sergio va a estar muy sorprendido.

LIDIA: Eso espero. Es una gran ocasión. Todavía no sé que le voy a (5) ______________ *(to give a gift)*.

MARIBEL: La fiesta me parece un regalo estupendo. ¿Qué más quieres?

LIDIA: No sé...

MARIBEL: ¿Ya sabes dónde vas a comprar el (6) ______________ *(cake)*? Porque hay una pastelería muy buena en mi barrio, donde mi madre compra siempre. Si quieres te acompaño.

LIDIA: Bien. El postre es lo único que me falta, porque ya encargué los aperitivos y las bebidas. ¿Vamos entonces?

8-15 El aniversario de mis padres Beatriz nos cuenta sobre la fiesta de aniversario que celebran sus padres cada año. Usando las palabras del cuadro, completa su narración. Conjuga los verbos según el contexto.

invitar	pasarlo bien	dar una fiesta	brindar	celebrar	hacer regalos

Todos los años mis padres (1) ______________ su aniversario de boda. Llevan veinte años casados y todos los años hacen la misma cosa: ellos (2) ______________. El año pasado (3) ______________ a casi cincuenta personas.Yo ayudé a mi madre a escribir y mandar las invitaciones y a preparar la fiesta. Me encanta ver a mis padres tan ilusionados con su fiesta. La familia y los amigos les (4) ______________ a mis padres, y ellos les están muy agradecidos *(thankful)*. Todos los invitados (5) ______________ siempre: comen, bailan, charlan… Mi abuelo (6) ______________ todos los años por la pareja *(couple)* y les desea muchos años de felicidad.

Nombre ______________________ Fecha ______________

Enfoque estructural *El pluscuamperfecto*

8-16 ¿Quién llamó? Durante la cena, el teléfono sonó varias veces y tú contestaste. Al día siguiente, tu familia quería saber quién era y qué había dicho. Indica quién llamó, y usa el **pluscuamperfecto** al repetir lo que la persona que llamó te dijo. Cambia los verbos al pasado y los pronombres a las formas que correspondan a la situación. Sigue el modelo.

MODELO José llama. Te dice que ha ido al cine y que ya ha visto la película.
Llamó José. Me dijo que había ido al cine y que ya había visto la película.

1. Francisco llama. Te dice que ha hablado con el profesor y que no ha podido convencerle para cambiar la fecha del examen.

____

____

2. Alicia llama. Te dice que ha ido al centro y que ya ha encontrado el regalo para Carlos.

____

____

3. Tu tío Guillermo llama. Te dice que ha comprado las invitaciones para la fiesta de aniversario de tus padres pero que todavía no ha tenido tiempo de enviárselas a todos los invitados.

____

____

4. Una persona que no conoces llama. Te dice que ha marcado este número tres veces y que ha tenido problemas con la línea.

____

____

5. Tu amiga Silvia llama. Te dice que ha recibido una invitación para la fiesta de Carlos y que ya ha comprado un vestido nuevo.

____

____

6. El empleado de la biblioteca llama. Te dice que ha buscado el libro que necesitas, pero que no lo ha encontrado.

____

____

8-17 Sí, ya había... Fíjate en la sucesión temporal de las siguientes acciones y construye oraciones sobre las acciones de los compañeros de la Hacienda Vista Alegre, siguiendo el modelo.

MODELO Antonio / aprender a manejar un carro / antes de cumplir dieciséis años
Antonio había aprendido a manejar un carro antes de cumplir dieciséis años.

1. Sofía / visitar otros países de Sudamérica / antes de ir a Puerto Rico

____

2. Javier y Antonio / vivir con otros compañeros / antes de vivir en la Hacienda Vista Alegre

____

3. Valeria / trabajar como modelo / antes de empezar sus estudios en Italia

____

4. Alejandra / estudiar baile / antes de interesarse por la fotografía

____

5. Los compañeros / no conocer la cultura taína / antes de vivir en Puerto Rico

____

8-18 ¡Qué mala suerte! ¡Hay fines de semana cuando es mejor no salir de casa! Todos los planes que Adrián tenía para el fin de semana se estropearon *(fell through)*. Lee con atención lo que pasó y completa las oraciones con el **pluscuamperfecto** del verbo más adecuado en el contexto.

hacer	**vender**	**invitar**	**llover**	**reservar**

Primero pensaba comprar un pastel para el cumpleaños de mi hermanito, pero cuando fui a la pastelería ya (1) ______________ todos los pasteles. Después, iba a hacer una fiesta el viernes por la noche en el club español, pero cuando llamé para concretar la hora, alguien (2) ______________ ya el salón para esa misma noche... Quería jugar al golf con Marcos el sábado por la mañana, pero (3) ______________ la noche anterior y el campo estaba muy mojado... Quería invitar a Rosa al baile del sábado, pero cuando la llamé me dijo que Sabino ya la (4) ______________. Salí a comer con mis compañeros de cuarto el domingo, pero (nosotros) no (5) ______________ una reserva en el restaurante y tuvimos que esperar dos horas para comer.

Enfoque estructural

Los pronombres de complemento directo e indirecto con el infinitivo y los tiempos progresivos

8-19 Los preparativos de la fiesta La madre de Jorge está preparando una fiesta sorpresa para su hijo porque él cumple dieciocho años y se gradúa de la escuela secundaria. Juany, la hermana menor de Jorge, se está interesando en los preparativos de la fiesta. Contesta las preguntas que Juany le hace a su madre utilizando los pronombres de complemento directo e indirecto que sean necesarios y conjugando el verbo según convenga.

JUANY: ¿Cuándo les vas a enviar las invitaciones a los amigos de Jorge?

MADRE: (1) ______________ pronto, pero no con mucha antelación porque no quiero que Jorge se entere *(find out)*.

JUANY: ¿Cuándo necesitamos encargar *(order)* el pastel al Sr. Menéndez de la pastelería?

MADRE: (2) ______________ la semana próxima.

JUANY: Vamos a ponerle velas al pastel, ¿no?

MADRE: ¡Claro que (3) ______________! A Jorge le gusta muchísimo soplar las velas.

JUANY: El tío Enrique te va a traer unas botellas de champaña para la fiesta, ¿verdad?

MADRE: Sí, (4) ______________ y en la fiesta todos vamos a brindar por el futuro de Jorge.

JUANY: Vas a darme dinero para comprarle un regalo a Jorge, ¿verdad?

MADRE: Sí, (5) ______________.

Nombre ______________________ Fecha ______________

8-20 ¿Quién está haciendo qué? Lee con atención las preguntas que aparecen a continuación y relaciona la actividad con el sujeto más adecuado en cada caso. Después, escribe respuestas sustituyendo los complementos directos e indirectos de la pregunta por los pronombres correspondientes y usando la forma verbal correcta.

mi tía Isabel	sus padres	una organizadora de bodas	la anfitriona	mis amigos

1. ¿Quién te está preparando una fiesta para tu graduación?

____

2. ¿Quién les está dando la bienvenida a los invitados?

____

3. ¿Quién te está haciendo el pastel de cumpleaños?

____

4. Pilar, ¿quién les está planeando el banquete de boda?

____

5. ¿Quién les está regalando dinero a los recién casados *(newlyweds)*?

____

8-21 ¿Quién? Imagínate que te acaban de aceptar en un curso de verano de estudios ecológicos en Argentina. Como estás un poco nervioso/a por el viaje, todos los miembros de tu familia te están ayudando. Contesta las siguientes preguntas utilizando los pronombres correctos y la información entre paréntesis.

1. ¿Quién está preparándome la maleta? (mamá)

____

2. ¿A quién le está pidiendo más información papá? (al director del curso)

____

3. ¿A quién le están regalando mapas y libros los vecinos? (a ti)

____

4. ¿A quién le estás enseñado el apartamento? (al chico que me lo va a realquilar *[sublet]*).

____

5. ¿Quién les va a dar mi nueva dirección a mis amigos? (nosotros)

____

Nombre ______________________ Fecha ______________

TERCERA ETAPA

Para empezar — Las últimas tecnologías

8–22 ¿Qué es? Mira los siguientes dibujos de aparatos electrónicos personales e indica qué es. Sigue el **modelo.**

MODELO *Es un reproductor de MP3.*

1. Es una cámara digital

2. Es un teléfono celular

3. Es un PDA

4. Es una computadora portátil

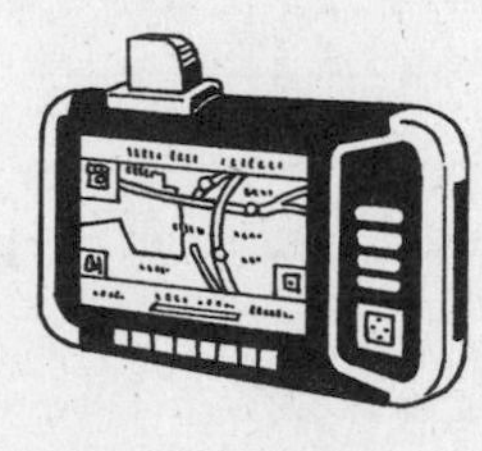

5. Es un ~~Sistema de~~ GPS

6. Es un control remoto

Nombre ______________________________ Fecha ____________________

8-23 Un aparato nuevo Marta acaba de comprarse un reproductor de MP3. Como no sabe usarlo le hace unas preguntas a su amiga Pilar porque ella tiene el mismo reproductor. Completa su diálogo con los verbos del cuadro, usando la forma verbal correcta.

apagar	**desconectar**	**funcionar**	**reproducir**
cargar	**conectar**	**encender**	

MARTA: Pilar, ¿cómo (**1**) ____________________ este aparato?

PILAR: Es muy fácil usarlo, Marta.

MARTA: ¿Ah sí? Entonces, ¿cómo lo (**2**) ____________________?

PILAR: Lo más fácil es (**3**) ____________________lo a tu computadora mediante un cargador USB. Fíjate en el icono de la batería para saber el estado de la carga. Debes cargarlo totalmente antes de (**4**) ____________________lo de la computadora.

MARTA: Bien, eso no parece muy difícil. ¿Cómo escucho las canciones?

PILAR: Usando la opción *shuffle* y tienes la opción de (**5**) ____________________ por canciones o álbumes.

MARTA: Prefiero hacerlo por canciones.

PILAR: Y si usas el reproductor por la noche, utiliza la luz de retroiluminación.

MARTA: ¿Hay una luz de retroiluminación? ¿Dónde?

PILAR: La (**6**) ____________________ manteniendo presionado el botón Menú y luego para (**7**) ____________________ la mantén presionado el botón Menú de nuevo.

MARTA: Gracias, Pilar. Lo voy a probar esta noche.

PILAR: Llámame si tienes algún problema, pero es bastante fácil de usar. Ya verás *(You'll see)*.

Enfoque léxico *Las computadoras e Internet*

8-24 La computadora Paco tiene muy poca experiencia usando computadoras. Está aprendiendo los nombres de las distintas partes de la computadora. Ayúdale a identificar los dibujos a continuación.

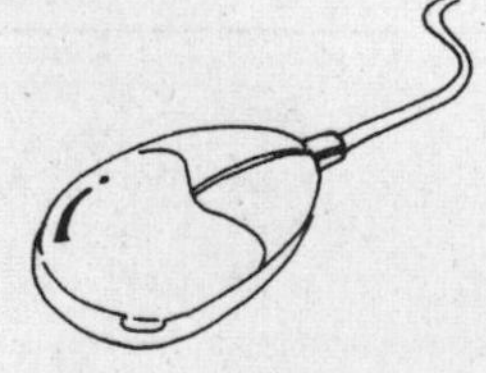

1. ____

2. ____

Nombre ______________________ Fecha ______________

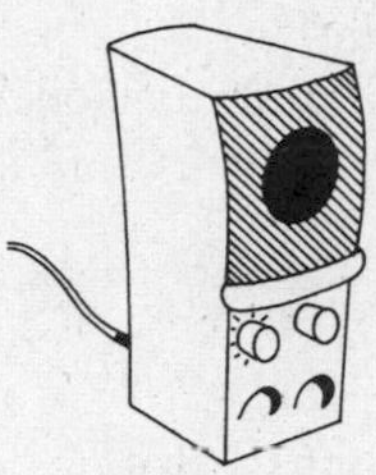

3. ______________________

4. ______________________

5. ______________________

6. ______________________

8-25 Cada cosa por su nombre Tus amigos y tú están jugando a **Adivina la palabra,** un juego de definir cosas. Ahora te toca *(it is your turn)* leer las pistas *(clues)* en forma de preguntas o definiciones que aparecen a continuación, y adivinar *(guess)* las palabras relacionadas con las computadoras.

1. ¿Qué utilizas para escribir en la computadora?
   las teclas
2. Es un código secreto que te permite acceder a los documentos.
   la Clave ~~Personal~~
3. ¿Qué usas para imprimir un documento?
   una impresora
4. Es el lugar por donde sale el sonido de tu computadora.
   los altavos
5. Es el lugar donde pones el CD/DVD-ROM.
   la unidad de CD/DVD Rom

8-26 Una sesión de informática Alfredo es un instructor de informática y está dando instrucciones a sus alumnos. Completa sus instrucciones con los verbos que aparecen a continuación, según corresponda en el contexto. No olvides que cada verbo se usa una sola vez.

editar	imprimir	abrir	cerrar	guardar

1. Para empezar, tienen que ________________ un nuevo documento y escribirle una carta a un amigo.
2. Luego, tienen que ________________ la carta, haciendo los cambios necesarios.
3. Antes de cerrar el documento, tienen que ________________ el documento en un archivo.
4. Finalmente, tienen que encender la impresora, ________________ el documento y ________________ el programa.

8-27 ¡Conéctate! Completa la siguiente narración sobre las ventajas de usar el Internet con las palabras o expresiones del cuadro. Cada palabra o expresión se usa una sola vez.

enlaces	correo electrónico	buscadores	recibir	navegando	hacer clic	bajar	enviar

El acceso a Internet es hoy en día una herramienta *(tool)* de trabajo y de diversión muy extendida entre jóvenes y adultos. El manejo de Internet es relativamente fácil. Una vez *(Once)* que encuentras los (1) ________________ a las páginas necesarias con uno de los (2) ________________ que existen en la red, sólo con (3) ________________ puedes acceder a una gran cantidad de información. También, (4) ________________ por Internet, puedes leer periódicos y revistas de todo el mundo, y para escuchar las radios internacionales sólo tienes que (5) ________________ un programa que reconoce y transmite la voz. Además, el (6) ________________ facilita la comunicación profesional y personal. Puedes (7) ________________ y (8) ________________ mensajes de forma instantánea. Ya no hay barreras. ¡Conéctate!

8-28 Vía electrónica María está hablando con uno de sus compañeros de trabajo sobre la conexión de Internet que tiene en su casa. Completa su conversación con el vocabulario de Internet que aparece entre paréntesis.

PACO: María, ¿ya tienes (1) ________________ *(e-mail)* en casa?

MARÍA: Sí, nos conectamos a (2) ________________ *(Internet)* el mes pasado.

PACO: Pues, dame tu (3) ________________ *(address)* así puedo escribirte y mandarte los documentos que necesitas en un (4) ________________ *(attachment)*.

MARÍA: Sí, gracias. La dirección es mcosta (5) ________________ *(at)* terra (6) ________________*(dot)* ar.

PACO: Bien. Contesta mi mensaje cuando lo recibas para confirmar que pudiste abrir el anexo sin problema.

Enfoque estructural *Repaso de los tiempos del pasado*

8-29 El virus Hace unos minutos cuando Valeria escribía un correo electrónico a su hermana menor, su computadora fue atacada por un virus. Ella estaba intentando resolver el problema cuando entró Antonio en el salón y empezó a hacerle preguntas. Completa el diálogo, haciendo el papel de Valeria y contestando todas sus preguntas **afirmativamente.** No te olvides conjugar los verbos según el contexto y usar los pronombres necesarios para evitar la repetición.

ANTONIO: ¿Qué ocurre? Pareces alterada *(upset)*.

VALERIA: Claro que estoy alterada. Hace unos minutos cuando revisaba mi correo electrónico me entró un virus.

ANTONIO: Déjame adivinar qué pasó. Abriste un mensaje de un remitente *(sender)* desconocido, ¿no?

VALERIA: Sí, pero fue pura casualidad *(it happened quite by accident)*.

ANTONIO: Bueno, lo importante ahora es intentar arreglarlo. ¿Has borrado el mensaje de tu buzón? Es lo primero que tienes que hacer.

VALERIA: (1) ______

ANTONIO: Bien. ¿Has mandado un mensaje para advertir *(to warn)* la presencia del virus? ¡No quieres que las computadoras de tus amigos y familia se infecten también!

VALERIA: (2) ______

ANTONIO: ¿Has bajado un programa antivirus de Internet?

VALERIA: (3) ______

ANTONIO: ¿Y lo has instalado en la computadora?

VALERIA: (4) ______

ANTONIO: Bueno, ahora si tienes un poco de suerte el programa va a detectar el virus y lo va a limpiar de la computadora.

VALERIA: Creo que está funcionando porque el antivirus ya ha puesto algunos archivos infectados en cuarentena.

ANTONIO: Me alegro. Ten cuidado con el correo electrónico, Valeria.

8-30 De compras Patricia llama a su amiga Teresa y las dos hablan sobre lo que hizo Patricia ayer por la tarde. Completa su conversación telefónica con el pretérito, el imperfecto o el pluscuamperfecto de los verbos entre paréntesis.

TERESA: ¿Aló?

PATRICIA: ¿Está Teresa?

TERESA: Sí, soy yo. ¿Quién es?

PATRICIA: ¿Teresa? Hola, soy Patricia. ¿Qué tal?

TERESA: Hola, Patricia. Oye, te (1) ______ (llamar) ayer pero no te (2) ______ (encontrar) en casa.

PATRICIA: Por la tarde (3) ______ (ir) con mi prima Clara al centro comercial y seguramente nosotras ya (4) ______ (salir) de casa cuando tú me (5) ______ (llamar).

TERESA: ¿Porque (6) ____________ (ir) Uds. al centro comercial?

PATRICIA: Clara me (7) ____________ (mostrar) un anuncio *(ad)* sobre ofertas especiales en computadoras para este fin de semana que (8) ____________ (ver) por la mañana mientras (9) ____________ (leer) el periódico.

TERESA: ¡Qué bien! ¿(10) ____________ (Encontrar) una que te gustó?

PATRICIA: Sí, me (11) ____________ (comprar) una portátil no muy cara.

TERESA: ¿Y Clara? ¿Compró una también?

PATRICIA: No, Clara no (12) ____________ (tener) ganas de comprar nada. Su computadora sólo tiene un año; es prácticamente nueva.

8-31 ¡Voluntarios! Gabriel nos habla de su experiencia como "hermano mayor" *(Big Brother)* durante sus años de universidad. Nos cuenta las actividades que él y Justin, su "hermano menor", solían hacer y cuánto se divertían juntos. Completa su narración con el **pretérito** o el **imperfecto** de los verbos entre paréntesis.

Cuando (1) ____________ (estar, yo) en la universidad, (2) ____________ (participar) como voluntario en el programa Hermano mayor. Todas las semanas (3) ____________ (llevar) a Justin, mi "hermano menor", a la biblioteca infantil, al cine, al museo de niños, al zoológico… A Justin también le (4) ____________ (gustar) ir a la universidad y pasar un rato con mis compañeros. Los domingos (5) ____________ (ir) juntos a los partidos de baloncesto y (6) ____________ (divertirse) mucho. Justin (7) ____________ (ser) un niño muy activo y curioso, y no le (8) ____________ (ir) mal en sus estudios. Recuerdo el día que (9) ____________ (visitar) su clase. Justin (10) ____________ (ponerse) muy contento, me (11) ____________ (presentar) a su maestra y a sus compañeros, y aquella tarde me (12) ____________ (quedar) en la clase y juntos (13) ____________ (hacer) una sesión de lectura con unos cuentos infantiles que yo (14) ____________ (llevar). Creo que mi experiencia como "hermano mayor" (15) ____________ (ser) una de las mejores de mi vida.

Enfoque estructural *El verbo **gustar** y otros verbos similares*

8-32 Los informáticos Nieves y sus amigos son miembros de un club de informática. Imagina que estás entrevistándoles para un artículo que estás escribiendo para el periódico universitario. Lee sus respuestas y escribe las preguntas correspondientes.

1. ____________________

Sí, me preocupan los virus; por eso uso software antivirus y lo actualizo todos los días.

2. ____________________

Claro que no. No nos molesta para nada recibir preguntas de otros estudiantes universitarios sobre cómo usar correo electrónico o Internet.

3. ____________________

Sí, nos importan mucho los problemas de seguridad en Internet. Son muy serios.

4. ____________________

Sí, nos interesan las acciones del gobierno en relación con las políticas de privacidad del correo electrónico.

5. ____________________

Sí, me fascina asistir a congresos sobre la informática. De hecho, en el 2005 asistí al 3er Congreso Iberoamericano de Seguridad Informática que se celebró en Valparaíso, Chile.

6. ____________________

Sí, a muchas personas les interesa saber más sobre cómo diseñar páginas web. Recibimos muchas consultas todos los días.

8-33 ¿Qué les pasa? Indica qué les pasa a los compañeros. Emplea la información siguiente para hacer oraciones completas.

MODELO Antonio está cansado. A él / apetecer tomar una siesta
A él le apetece tomar una siesta.

1. Valeria está enojada. A ella / molestar si no recibe una contestación rápida de sus amigos cuando les manda correos electrónicos.

   ____

2. Javier está planeando una excursión a la Isla de Mona. A él / encantar la naturaleza y las actividades al aire libre.

   ____

3. Antonio: Esta mañana mientras Javier y yo jugábamos al básquetbol me torcí el tobillo. A mí / doler mucho el tobillo.

   ____

4. Sofía: Necesitamos unos CDs nuevos para la casa. Valeria, ¿a ti / importar comprar unos cuando vayas al centro comercial esta tarde?

   ____

5. Alejandra: Javi, a mí / fascinar tu acento.

   ____

6. Javier y Valeria están en la cocina buscando comida en el frigorífico. A ellos / preocupar que no haya comida suficiente para la cena.

   ____

8-34 Pero, ¿qué te pasó? Ángela se encuentra con su primo Luis quien le cuenta sobre el accidente de bicicleta que tuvo y sus preocupaciones sobre las posibles consecuencias. Completa su conversación usando los verbos del cuadro en el presente. No olvides que cada verbo se usa una sola vez y que los verbos tienen que ir acompañados por pronombres de complemento indirecto.

interesar	doler	importar	molestar	apetecer	preocupar

ÁNGELA: Pero Luis, ¿qué te pasó?

LUIS: Pues nada, que me caí de la bicicleta y me torcí la muñeca.

ÁNGELA: Y ¿(1) ____________________ mucho?

LUIS: Un poco, pero el doctor dijo que no era grave.

ÁNGELA: ¿(2) ____________________ la venda?

LUIS: No, pero (3) ____________________ faltar al trabajo *(to miss work)*.

ÁNGELA: Ah, ¿no estás trabajando?

LUIS: No, no puedo con el brazo así.

ÁNGELA: ¿Y a tu jefe no (4) ____________________?

LUIS: Bueno, tenía unos días de vacaciones que estoy usando. (5) ____________________ mucho mi trabajo y no quiero perderlo.

ÁNGELA: Entiendo. Oye, cambiando de tema, ¿tienes planes para el fin de semana? ¿(6) ____________________ venir a mi fiesta de cumpleaños?

LUIS: Claro, así me distraigo un poco. Gracias por invitarme.

Nombre ______________________________ Fecha ______________

Vamos a leer

Fundación Patagonia Natural

Antes de leer

8-35 La Patagonia Antes de iniciar la lectura, responde a las siguientes preguntas.

1. ¿Recuerdas dónde está la región de la Patagonia?

____

2. ¿Conoces algunos de los atractivos naturales de la Patagonia?

____

3. ¿Qué organizaciones ecologistas conoces? ¿Eres miembro/a de alguna de ellas?

____

4. ¿Alguna vez has donado dinero a una organización no gubernamental (ONG)? ¿A cuál? ¿Cómo donaste el dinero (por teléfono, correo o Internet)?

____

Scanning
As you first read the article, look for terms related to the natural world.

8-36 Estudio de palabras Lee las dos páginas de Internet (páginas 194 y 195) sin detenerte y haz una lista con todo el vocabulario que encuentres relacionado con la naturaleza. Añade otras palabras que aprendiste en este capítulo.

1. ______________ 6. ______________
2. ______________ 7. ______________
3. ______________ 8. ______________
4. ______________ 9. ______________
5. ______________ 10. ______________

Nombre ______________________ Fecha ______________________

Dirección: www.patagonianatural.org

Favoritos
Historia
Búsqueda
Imágenes

FUNDACIÓN PATAGONIA NATURAL es una organización no gubernamental fundada en julio de 1989 con el objetivo de promover la perpetuidad de las especies de flora y fauna, proteger el ambiente patagónico y propiciar el manejo responsable de sus recursos y ecosistemas.

Natural y salvaje, la Patagonia despliega su paisaje de mar, playa, médano o acantilado, meseta, montaña, glaciar y la inmensidad del cielo sobre su horizonte circular. Natural es el viento patagónico que amenaza con llevárselo todo, sus miles de especies de flora y fauna, y los fósiles como huellas imborrables del pasado de la Humanidad.

Haz una donación

Nombre ______________________ Fecha ______________

Dirección: www.patagonianatural.org/donar

Favoritos | Historia | Búsqueda | Imágenes

Bienvenido a la página de donaciones de la Fundación Patagonia Natural

Con su contribución usted ayudará a conservar la biodiversidad en la Patagonia, aportando recursos para evitar la contaminación costera y marina, cuidar nuestra fauna y proteger nuestro ecosistema.

Cada peso que usted aporta va directamente a proyectos de estudios y prevención de contaminación, de rescate de fauna, de educación ambiental y concienciación social.

Si usted quiere donar, por favor llene el formulario que aparece a continuación y siga los pasos indicados

Gracias por ser parte del proyecto para una **Patagonia Natural.**

Nombre/s ______

Apellido/s ______

Email ______

Teléfono ______

Incluya el código de la localidad

Datos opcionales

Dirección ______

Localidad ______ C.P. ______

Provincia / Estado ______

País ______

Ocupación ______

☐ Deseo recibir noticias de la Fundación

Monto a donar ______ ○ pesos ○ dólares

Source: http://www.patagonianatural.org/donar/

Nombre ______________________ Fecha ______________

Después de leer

Getting the gist
Remember that when you read the web pages you do not have to understand every word. Focus on identifying the main points of the reading and complete the comprehension activities that follow.

8-37 Comprensión Contesta las siguientes preguntas sobre el contenido de las páginas web.

1. ¿Qué tipo de organización es la Fundación Patagonia Natural?

____

2. En su página web inicial, la fundación explica sus tres objetivos. ¿Cuáles son y cuál de los tres te parece el más importante?

____

____

____

____

3. Según la página web, ¿a qué va destinado el dinero donado a la Fundación Patagonia Natural?

____

____

4. ¿Qué tienes que hacer si decides donar dinero a la Fundación?

____

____

8-38 ¡Qué interesante! ¿Qué opinas de lo que acabas de leer? ¿Te parece una buena organización? ¿Te interesan los objetivos de la Fundación? Forma seis oraciones para expresar tus reacciones ante la lectura del texto, utilizando verbos como: **gustar, importar, molestar, preocupar, encantar, apetecer, fascinar.**

1. ______________________
2. ______________________
3. ______________________
4. ______________________
5. ______________________
6. ______________________

Nombre ______________________________ Fecha ____________________

Vamos a escribir

Vocabulary: Animals: wild; City; Plants: flowers, trees; Traveling
Phrases: Describing the past; Expressing time relationships; Talking about past events
Grammar: Verbs: imperfect, preterite, preterite & imperfect

Un viaje por Argentina

Imagínate que tus amigos y tú pasaron las vacaciones de primavera viajando por diferentes partes de Argentina. Antes de irse, buscaron información por Internet sobre lugares y sobre qué hacer. Asegúrate de incluir en la descripción de su viaje la siguiente información:

- la información sobre Argentina que encontraste en la web
- el itinerario que tú y tus amigos siguieron (¿ciudades, campo, una combinación de los dos?)
- qué vieron y qué hicieron
- si ocurrió algo imprevisto *(unexpected)* durante el viaje

A empezar

8-39 Organización de las ideas Navega por Internet para encontrar información sobre Argentina y hacer una lista de lugares y actividades que te parecen interesantes. Puedes usar el buscador Google Argentina y las siguientes palabras clave: turismo, guía turística, itinerarios turísticos.

Google Argentina: http://www.google.com.ar/

A escribir

8-40 Preparación del borrador Utiliza la información que preparaste en la sección **A empezar** y escribe el primer borrador de tu narración de tu viaje por Argentina. Empieza explicando qué información encontraste en la web. A continuación, describe el itinerario que tú y tus amigos decidieron seguir. Finalmente, explica qué vieron y qué hicieron durante las vacaciones y si algo imprevisto ocurrió mientras viajaban.

8-41 Revisión del borrador Revisa tu borrador, teniendo en cuenta las siguientes consideraciones.

1. ¿Aparece toda la información necesaria sobre la búsqueda de información que hiciste por Internet? ¿Está el itinerario del viaje bien detallado?
2. ¿Están claras las ideas que expones? ¿Está el itinerario organizado según el recorrido que tus amigos y tú hicieron cada día?
3. ¿Incluiste el vocabulario que aprendiste en este capítulo para hablar de Internet y de la naturaleza y sus elementos? ¿Utilizaste las estructuras gramaticales apropiadas para hablar del pasado?

8-42 El producto final Haz los cambios necesarios de acuerdo con la revisión de tu borrador e incluye las ideas nuevas que se te hayan ocurrido. Antes de entregarle la descripción de tus planes de viaje a tu profesor, léela una vez más y asegúrate de que no haya errores ortográficos y de que todos los cambios se hayan incluido.

Nombre ______________________ Fecha ______________

COMPRENSIÓN AUDITIVA

CD2, Track 14

8-43 Un viaje de negocios Marcial Morales y otros dos profesores de la Facultad de Lenguas Modernas han hecho un viaje a la Universidad de Buenos Aires para observar el programa de estudios hispanos allí y establecer contacto entre su universidad y la Universidad de Buenos Aires. A su regreso, Marcial se encuentra con Victoria de la Fuente, una compañera de la facultad, que le pregunta sobre los detalles de su viaje. Escucha con atención su conversación y completa el siguiente cuadro con la información que escuches.

	Actividades que realizaron durante el viaje
1. El día que llegaron…	
2. Ese mismo día, más tarde…	
3. Al final de la noche…	
4. Al día siguiente, por la mañana…	
5. Al mediodía…	
6. Su último día en Buenos Aires…	

CD2, Track 15

8-44 Una fiesta muy especial Alejandra le cuenta a Rosario sobre una fiesta muy especial que está organizando para su hija, Anita. Escucha con atención su conversación y completa las siguientes oraciones seleccionando la respuesta más apropiada.

1. Alejandra está organizando…
   - **a.** la boda de su hija Anita.
   - **b.** la graduación de su hija Anita.
   - **c.** el bautizo de su hija Anita.
   - **d.** la fiesta de quinceañera de Anita.
2. A la fiesta van a asistir…
   - **a.** doscientos invitados.
   - **b.** ciento setenta y cinco invitados.
   - **c.** ciento sesenta y cinco invitados.
   - **d.** ciento cincuenta y cinco invitados.
3. Ayer en el centro comercial Anita y su madre…
   - **a.** compraron un vestido blanco para la fiesta.
   - **b.** vieron vestidos muy bonitos en blanco y colores claros.
   - **c.** compraron un vestido de noche.
   - **d.** no vieron ningún vestido bonito.
4. Anita y su padre salieron a comprar…
   - **a.** unas zapatillas de deporte.
   - **b.** unas botas de montaña.
   - **c.** unos zapatos de tacón alto.
   - **d.** unas sandalias para la fiesta.
5. Para la fiesta, Alejandra…
   - **a.** ya envió las invitaciones, pero no habló con la banda de músicos.
   - **b.** tiene que enviar las invitaciones y hablar con la banda de músicos.
   - **c.** tiene que escoger las flores y el pastel con Anita.
   - **d.** ya escogió las flores y el pastel, pero no envió las invitaciones.

Nombre ______________________ Fecha ______________

CD2, Track 15

8-45 Tradiciones latinas Escucha la conversación de nuevo y contesta las siguientes preguntas en **español**.

1. ¿Qué tradición asociada con la celebración de la quinceañera se menciona en la conversación?

   ____

2. ¿Qué recuerdos tiene Alejandra sobre su celebración quinceañera?

   ____

3. ¿Hay alguna tradición estadounidense semejante a la de la celebración de la quinceañera?

   ____

CD2, Track 16

8-46 Un regalo muy especial A veces los regalos más importantes son los más sencillos. Escucha mientras Lorena y Cheri, dos amigas, tratan de escoger el mejor regalo para un posible novio, y contesta las siguientes preguntas.

1. ¿Cómo se llama el amigo de Lorena? ¿Dónde lo conoció Cheri?

   ____

2. ¿Por qué tiene que ser algo muy especial este regalo?

   ____

3. Además de sus consejos, ¿qué le ofrece Cheri a Lorena? ¿Qué hace Lorena? ¿Las acepta o no? ¿Por qué?

   ____

   ____

4. ¿Cómo se resuelve el dilema del regalo?

   ____

   ____

Pronunciación

Las consonantes: *ch, y, ll*

CD2, Track 17

8-47 La consonante *ch* The consonant **ch** in Spanish is similar to the sound of the *ch* in the English word *church*.

Escucha y repite las siguientes palabras.

chao cuchara noche ceviche chico cuchillo hecho chocolate Menchú chuleta

CD2, Track 18

8-48 Las consonantes *y, ll* The Spanish consonants **ll** and **y** represent a sound that is similar to the *y* in the English word *yes*, but pronounced with more tension.

Escucha y repite las siguientes palabras.

maya llamar ayer calle leyó gallina yo pasillo yuca lluvia

Nombre ______________________ Fecha ______________

Vamos a ver

8-49 ¿Cierto o falso? Basándote en lo que ocurre en el episodio, indica si las siguientes oraciones son ciertas o falsas y corrige las oraciones falsas.

	Cierto	Falso
1. Valeria se deprime cuando cumple años.	❑	❑
______________________		
2. Los amigos de Valeria en Venezuela no le escribieron correos electrónicos el día de su cumpleaños.	❑	❑
______________________		
3. Valeria está acostumbrada a fiestas muy grandes.	❑	❑
______________________		
4. Hoy Valeria cumple veinticuatro años.	❑	❑
______________________		
5. El año pasado hubo cien invitados en la fiesta de cumpleaños de Alejandra.	❑	❑
______________________		

8-50 ¿Los cumpleaños de Valeria o Alejandra? Indica si las siguientes descripciones se relacionan con los cumpleaños de la niñez de Valeria o Alejandra. Escribe **V** para Valeria o **A** para Alejandra en el espacio al lado de cada descripción.

_____ **1.** una fiesta muy grande cada año

_____ **2.** una fiesta con compañeros de escuela

_____ **3.** un bizcocho de cumpleaños, refrescos y helados

_____ **4.** un ramo de flores grande

_____ **5.** su comida favorita preparada por su madre y hermanas

_____ **6.** bolsitas con confites y una piñata

Nombre ______________________________ Fecha ______________________

Festivales, música y cine

9

PRIMERA ETAPA

Para empezar — Los festivales musicales y conciertos

9-1 ¡Qué ritmo! Identifica los ritmos hispanos que corresponden con las siguientes definiciones. Cada palabra del cuadro se usa una sola vez.

el flamenco	el tango	el corrido	la salsa	la cumbia	el merengue

1. balada tradicional mexicana: ______________
2. danza popular típica de la República Dominicana: ______________
3. seductor baile argentino de pareja enlazada: ______________
4. baile popular colombiano: ______________
5. ritmos de guitarra y percusión, de profundo sentimiento, originales del sur de España: ______________
6. música popular bailable con influencias tropicales: ______________

9-2 Estrellas y sus géneros de música ¿Qué género de música se asocia con las siguientes estrellas musicales? Empareja cada artista con su género de música.

____	1. Madonna	a. el hip hop
____	2. Bob Marley	b. el jazz
____	3. Ludwig van Beethoven	c. el rap
____	4. Missy Elliott	d. la música reggae
____	5. Nas	e. la música clásica
____	6. Ella Fitzgerald	f. la música pop

Enfoque léxico — *Hablar de festivales musicales y conciertos*

9-3 Festivales musicales y conciertos A continuación aparece una serie de palabras relacionadas con los festivales musicales y conciertos. Relaciona los verbos de la primera columna con las palabras de la segunda columna.

____	1. entender	a. un disco
____	2. actuar	b. la letra
____	3. presentar	c. un concierto
____	4. patrocinar	d. en directo

9-4 Asociaciones Asocia el vocabulario de festivales y conciertos del cuadro con sus definiciones.

el vocalista	estar de gira	una banda	el afiche	las entradas

1. uno las compra para poder estar presente en un concierto: ____________________
2. un grupo de músicos: ____________________
3. el cantante de un grupo musical: ____________________
4. es lo que hacen los músicos cuando viajan para dar conciertos: ____________________
5. el cartel que anuncia un evento cultural: ____________________

9-5 La Sarita Completa la narración sobre el grupo peruano La Sarita con el vocabulario del cuadro.

discografía	en vivo	festival	se celebró	escenario	grupo musical

El rock del **(1)** ____________________ peruano La Sarita fusiona el folclor peruano y latinoamericano dentro de un ritmo contemporáneo. La **(2)** ____________________ de La Sarita incluye dos producciones: *Más poder* (IEMPSA 1999) y *Danza la raza* (IEMPSA 2003). El primer disco les abrió las puertas para tocar en el extranjero: en Helsinki, Finlandia (mayo 2000) y en Bogotá, Colombia (octubre 2000) como parte del Rock al Parque, el **(3)** ____________________ al aire libre más grande de Latinoamérica, donde compartieron el **(4)** ____________________ con Manú Chao, Los Pericos, La Mosca Tsé Tsé, entre otros. Su segundo álbum, *Danza la raza,* representó una extraordinaria mezcla de ritmos. Les permitió volver a la música **(5)** ____________________ con fuerza y participar en el V Mercado Cultural, mega evento mundial organizado por la Casa Cultural Vía Magia y que **(6)** ____________________ del 2 al 7 de diciembre del 2003 en Salvador, Bahía, Brasil. En 2004 La Sarita empezó el año taloneando a Molotov pero durante el resto del año pasó por una crisis que casi los llevó a la separación definitiva. Afortunadamente, La Sarita superó la crisis y actualmente están más unidos que nunca y creando su música moderna, única y peruana.

Enfoque estructural *Las acciones recíprocas*

9-6 ¿Estás seguro? Rubén está hablando con su hermano Emilio sobre una amiga que quiere invitar a un concierto. Completa su conversación con los verbos del cuadro en el presente. Cada verbo se usa una sola vez.

escribirse	quererse	verse	conocerse	llamarse	pelearse

RUBÉN: Estoy pensando invitar a mi amiga Merche al concierto de La Sarita. Tú y Merche, ¿**(1)** ____________________?

EMILIO: Sí, la conocí el año pasado durante el Carnaval de Cajamarca, pero hace tiempo que no **(2)** ____________________.

RUBÉN: Merche es muy divertida. Ella y yo (**3**) ______________ correos electrónicos con frecuencia y me río mucho con sus mensajes. También a veces (**4**) ______________ por teléfono y pasamos mucho rato charlando. Es una chica fantástica. Además nunca (**5**) ______________.

EMILIO: Parece que tú y Merche (**6**) ______________ mucho.

RUBÉN: Sí, pero sólo como amigos.

EMILIO: ¿Estás seguro?

9-7 Es recíproco... Construye oraciones con los elementos que aparecen a continuación indicando qué hacen normalmente estas personas. No olvides conjugar correctamente los verbos que expresan acciones recíprocas. Sigue el **modelo.**

MODELO los buenos amigos / ayudarse y / respetarse
Los buenos amigos se ayudan y se respetan.

1. Mi familia y yo / abrazarse cuando / despedirse

____

2. Las personas en los países hispanos / besarse / cuando / verse por la calle

____

3. Mis amigos de la escuela secundaria y yo / no escribirse mucho / pero / llamarse por teléfono con frecuencia

____

4. Los hombres de negocios / darse la mano / cuando / saludarse

____

5. Mi hermano y Rosana / quererse mucho / pero a veces también / pelearse

____

9-8 ¿Y ustedes? ¿Qué haces normalmente con tus seres queridos *(loved ones)*? ¿Se ven con frecuencia? ¿Se hablan mucho por teléfono? ¿Se pelean a veces? Escoge **uno** de los temas para escribir una breve descripción sobre la relación que tienes con tus seres queridos. No olvides usar los verbos que has aprendido para expresar acciones recíprocas.

Mi familia y yo
Mis amigos y yo

____

____

____

____

____

____

____

____

____

Enfoque estructural *La a personal*

9-9 ¿A personal o no? Usa las siguientes listas de palabras para formar oraciones. Presta atención al uso de la **a personal.**

1. el grupo musical / no conocer / ese coreógrafo
____
2. nosotros / esperar / la puesta en venta *(release)* del último disco del vocalista
____
3. yo / conocer / los miembros de La Sarita
____
4. ella / escuchar / el profesor de música
____
5. el cantante / buscar / un representante
____
6. esta noche / la banda / tocar / en directo
____

9-10 Un objetivo muy claro Completa la siguiente descripción del grupo musical Aztra, rellenado los espacios en blanco con la **a personal** cuando sea necesario. Si la **a personal** no es necesaria, escribe una "X".

¿Conoces **(1)** ______________ Aztra? A continuación tienes unos datos sobre el grupo musical ecuatoriano.

- La banda nació a finales del año 2001 con un objetivo muy claro: luchar y protestar por un mundo nuevo y una sociedad más justa para los pueblos ecuatorianos. Su sonido único fusiona **(2)** ______________ el heavy metal con instrumentos andinos clásicos del folclor latinoamericano.
- Antes de grabar su primer disco llamado Tierra libre, Aztra grabó **(3)** ______________ tres sencillos *(singles)* promocionales y un video clip que fue objeto de censura por parte del ministerio de gobierno del Ecuador.
- En su segundo disco llamado *Insurgente*, Aztra tenía **(4)** ______________ otra oportunidad de compartir su ideología social y revolucionaria a través de sus letras más directas y concretas. Entre los 9 temas del disco hay una introducción con relatos de los obreros *(workers)* sobrevivientes de la masacre de Aztra el 18 de octubre de 1977, la canción "Manifiesto" que admira **(5)** ______________ Víctor Jara, cantautor chileno, y también podemos escuchar **(6)** ______________ Mauricio Calle, vocalista de la banda cuencana Bajo Sueños y **(7)** ______________ Cristian Bertoncelli, vocalista de la banda argentina Renacer, como vocalistas invitados.

- Aztra ha actuado en directo en varios festivales como: Llucshi Yanquis III y IV, La Semana del Rock 2003 y 2004, y la Concha Acústica el 31 de diciembre del 2003 y 2005 y la banda ha estado de gira en varias ciudades del Ecuador (Quito, Guayaquil, San Gabriel, Ibarra, Portoviejo, Ambato, Riobamba, Latacunga, Lago Agrio y otros)

9-11 El último concierto que vi... Antonio y Javier están hablando sobre los conciertos. Completa su diálogo leyendo las respuestas y escribiendo las preguntas correspondientes. No olvides usar la **a personal** cuando sea necesario.

ANTONIO: El último concierto que vi antes de venir a Puerto Rico fue en mayo.

JAVIER: (1) _______________

ANTONIO: Vi a Sin Bandera.

JAVIER: ¿Sin Bandera? (2) _______________

ANTONIO: Sí, es un grupo, bueno un dúo de pop latino. (3) _______________

JAVIER: Sí, lo conozco. Leonel García es un cantante mexicano y también toca la guitarra, ¿no?

ANTONIO: Exacto. Pues Sin Bandera está formado por él y Noel Schajris. Noel es argentino; toca el piano y es vocalista junto con Leonel.

JAVIER: (4) _______________

ANTONIO: Tuvo lugar en Texas, en el coliseo del condado de El Paso. Lo pasé fenomenal y por casualidad me encontré con un viejo amigo en el concierto.

JAVIER: ¿Ah sí? (5) _______________

ANTONIO: Vi a Roberto. Era mi mejor amigo hasta que se mudó a California cuando teníamos doce años.

JAVIER: ¡Qué casualidad!

ANTONIO: La verdad que sí. Fue una noche estupenda... un concierto espectacular y una reunión con un viejo amigo.

Nombre ______________________ Fecha ______________

SEGUNDA ETAPA

Para empezar — Los instrumentos musicales

9-12 ¿Qué instrumentos toca? Acabas de enterarte que tu nuevo amigo Juan es un músico con mucho talento. Lee las siguientes descripciones e identifica los instrumentos que toca.

1. instrumento musical de viento formado por una bolsa de cuero o fuelle que tiene acoplados tres tubos: el soplete, el puntero y el roncón

   ____

2. instrumento musical de metal, especie de trompeta grande que se alarga y acorta recogiéndose en sí mismo

   ____

3. tambores de origen africano

   ____

4. instrumento musical de metal, especie de bugle grande que hace un sonido profundo

   ____

5. instrumento musical de cuerda tocado con arco, más grande que el violín y más pequeño que el contrabajo

   ____

6. instrumento musical de cuerda provisto de un teclado

   ____

9-13 ¿De cuerda, de viento o de percusión? Clasifica los siguientes instrumentos según la familia a la que pertenecen: **cuerda, viento,** o **percusión.**

la flauta	**las congas**	**el bongó**
el bajo	**la trompeta**	**el guitarrón**
la batería	**el saxofón**	**el arpa**

Instrumentos de cuerda	Instrumentos de viento	Instrumentos de percusión

Nombre ______________________ Fecha ______________

Enfoque léxico *Los músicos*

9-14 ¿Qué tocan? Di qué instrumentos tocan los siguientes músicos. Sigue el **modelo.**

MODELO el saxofonista
el saxofón

1. la acordeonista ______________________
2. el trombonista ______________________
3. el bajista ______________________
4. la guitarrista ______________________
5. el violinista ______________________
6. la pianista ______________________

9-15 Titulares Completa los siguientes titulares sobre famosos músicos con las palabras del cuadro.

percusionista	**cantante**	**guitarrista**	**cantautora**	**compositor**

Cantante, (**1**) ______________, productor y autor de la música y letra de todos los temas que canta, el colombiano Juanes se ha convertido en el artista latino con mayor proyección en el mercado internacional.

El (**2**) ______________ latino pionero en la escena de jazz latino, soul y salsa, Ray Barretto murió a los 76 años.

El acento andaluz del músico, (**3**) ______________ y (**4**) ______________ Alejandro Sanz confunde a muchos; la mayoría cree que es del Sur, pero en realidad nació en Madrid.

Considerada por muchos críticos como la más importante (5) ______________ latina que ha surgido en el panorama musical estadounidense de los años noventa, Albita continúa inyectando su distintiva visión creativa dentro del contexto de la música popular cubana.

9-16 Los músicos que más admiro Escribe una breve narración sobre los músicos que más admiras. Explica qué tipo de músicos son, qué instrumentos tocan y por qué merecen tu admiración.

____
____
____
____
____
____

Nombre ______________________ Fecha ______________

Enfoque estructural *El se impersonal*

9-17 ¿Qué se hace? Indica de manera impersonal las actividades que la gente debe hacer o no en las siguientes situaciones o lugares. Hay que ser creativo/a y dar consejos adecuados. Sigue el **modelo.**

MODELO la biblioteca
Se estudia en la biblioteca. o *Se lee en la biblioteca.* o *No se habla en la biblioteca.*

1. el restaurante
____
2. un museo
____
3. un día típico
____
4. una fiesta de cumpleaños
____
5. la universidad
____
6. un partido de béisbol
____
7. una tienda de ropa
____
8. un festival de música
____

9-18 La influencia de la cultura hispana Imagina que estás escribiendo un artículo sobre la presencia hispana en Estados Unidos y has encontrado la siguiente información. Pero, para lograr una mayor objetividad, vas a cambiar estas oraciones a la forma impersonal.

MODELO Hacen una visita guidada en español en muchos museos.
Se hace una visita guidada en español en muchos museos.

1. Hablan español en aeropuertos, hospitales y bancos.
____
2. Venden comida hispana en la mayoría de los supermercados.
____
3. Escuchan música latina en muchas discotecas.
____
4. Estudian español en las escuelas, en los institutos y en las universidades.
____

9-19 La vida de los mejores músicos del mundo ¿Por qué no nos cuentas cómo es la vida de los mejores músicos del mundo? ¿Qué instrumentos se tocan? ¿Cómo se vive? ¿Qué se hace? Construye cinco oraciones expresando en forma impersonal los hábitos más extendidos entre los mejores músicos del mundo.

1. ____________________
2. ____________________
3. ____________________
4. ____________________
5. ____________________

Enfoque estructural *Más sobre los verbos reflexivos: los verbos reflexivos y los no reflexivos*

9-20 Mis compañeras y yo Ana, una estudiante del Conservatorio Nacional de Música de Perú, nos cuenta cómo es su vida ahora que comparte apartamento con otras dos chicas. Completa su narración escogiendo la forma reflexiva o la no reflexiva del verbo entre paréntesis, según convenga.

Acabo de empezar mis estudios en el Conservatorio Nacional de Música. Vivo con otras dos chicas del conservatorio, Patricia y Susana. Nuestra rutina es bastante diferente. Por ejemplo, Patricia es violonchelista y (1) ____________ (levanta / se levanta) muy temprano porque sus clases empiezan a las siete de la mañana. Aunque no le gusta tener que madrugar tanto, ella (2) ____________ (divierte / se divierte) mucho en las clases y está aprendiendo mucho. Cuando vuelve a casa (3) ____________ (levanta / se levanta) a Susana. Ella es compositora y siempre (4) ____________ (duerme / se duerme) por las mañanas porque tiene clases por la tarde y trabaja en una tienda de música cinco noches a la semana. ¡La pobre siempre está cansada! Yo soy percusionista y normalmente (5) ____________ (quedo / me quedo) en casa por las mañanas, porque este semestre tengo la mayoría de mis clases por la noche. Aunque Patricia, Susana y yo tenemos rutinas diferentes, entre semana casi siempre (6) ____________ (vemos / nos vemos) para comer en la cafetería. También, los fines de semana nos gusta salir a cenar y siempre (7) ____________ (probamos / nos probamos) nuevos tipos de comida. Me alegro de tener a mis compañeras. A veces (8) ____________ (enojamos / nos enojamos), pero en general tenemos una buena relación.

9-21 ¿Qué me aconseja, doctor? Enrique es estudiante universitario y cantante en una banda de música latina. Recientemente sufre problemas de insomnio y decide consultar a un especialista en medicina natural sobre su situación. Completa la narración de Enrique escogiendo el verbo adecuado en la forma reflexiva o no-reflexiva del presente de indicativo.

despertar(se)	sentir(se)	dormir(se)	quedar(se)	preocupar(se)

Doctor, no sé lo que me pasa, pero (1) ______________ muy mal. Estoy muy ocupado porque soy estudiante universitario y asisto a clases de lunes a viernes y también soy cantante y suelo practicar con la banda tres o cuatro días entre semana. Los fines de semana trabajo en la librería universitaria durante el día y canto con la banda por las noches en distintos bares de la ciudad. El problema es que recientemente todas las noches (2) ______________ a mis compañeros de apartamento porque yo no puedo dormir. Cuando ellos salen para la universidad, yo (3) ______________ en la cama un rato más, pero tampoco (4) ______________. No quiero tomar pastillas para dormir, pero no puedo seguir así. Mi situación (5) ______________ mucho a mis compañeros y está afectando mi vida. ¿Qué me aconseja?

9-22 Combinaciones Construye oraciones usando los elementos de las tres columnas y escogiendo entre la forma reflexiva y la no reflexiva del verbo de acuerdo con el contexto de los mensajes.

La llegada de las vacaciones	quedan	en casa este fin de semana?
El comportamiento de Inés	se preocupan	a los estudiantes.
¿Cuántos días	alegra	de las buenas notas de los estudiantes.
El profesor	preocupa	por la educación de sus hijos.
Los padres	se alegra	para el final del semestre?
¿Enrique y Luis	se quedan	a sus amigos.

1. ______________________________
2. ______________________________
3. ______________________________
4. ______________________________
5. ______________________________
6. ______________________________

Nombre ______________________________ Fecha ______________________

TERCERA ETAPA

Para empezar El cine

9-23 Películas ganadoras Empareja las siguientes ganadoras del Oscar a la mejor película extranjera con sus descripciones.

_____ **1.** *Mar adentro* (2004)

_____ **2.** *Todo sobre mi madre* (1999)

_____ **3.** *Belle Époque* (1993)

_____ **4.** *La historia oficial* (1985)

_____ **5.** *Volver a empezar* (1982)

a. drama que se desarrolla durante los últimos años de la dictadura militar argentina en el cual una profesora de historia comienza a tomar conciencia de lo ocurrido en los años previos durante el llamado Proceso de Reorganización Nacional

b. comedia romántica en la cual la acción tiene lugar antes de la guerra civil española cuando Fernando, un joven que acaba de desertar del ejército se esconde en una finca del campo; allí es acogido por Manolo, un pintor excéntrico, y sus cuatro jóvenes y guapas hijas

c. drama que cuenta el regreso del famoso escritor Antonio Miguel Albajara a Gijón (España), su ciudad natal, después de cuarenta años trabajando como profesor de Literatura Medieval en la Universidad de Berkeley

d. drama sobre una mujer llamada Manuela que siente la necesidad imperiosa de buscar al padre del hijo que acaba de perder en un accidente

e. drama que cuenta la historia real de Ramón Sampedro, marinero que tras un accidente en su juventud queda parapléjico y permanece postrado en una cama durante cerca de 30 años y desea morir dignamente

9-24 Una cinéfila ***(A movie buff)*** ¿Sabías que Sofía es cinéfila? Completa la siguiente conversación entre Sofía y Alejandra con el vocabulario del cuadro.

las comedias	**los dramas**	**las películas románticas**
las películas de artes marciales	**las películas del oeste**	

ALEJANDRA: Sofi, yo no sabía que eras cinéfila. ¿Cuál es tu película favorita?

SOFÍA: Uf, qué pregunta más difícil. Tengo muchas favoritas. A ver, de **(1)** ______________ mi favorita es la película italiana *La vida es bella* de Roberto Benigni.

ALEJANDRA: ¡Me encanta esa película también! Es impresionante como una película sobre algo tan doloroso y trágico como el Holocausto me hizo llorar y reír a la vez.

SOFÍA: Pues, sí, es un peliculón.

ALEJANDRA: Y de **(2)** ______________, ¿cuál es tu favorita?

SOFÍA: Mmm, diría que mi favorita es *La vida de Brian* de los Monty Python.

ALEJANDRA: Nunca la vi, pero si me dices que es buena voy a tener que alquilar el DVD.

SOFÍA: Ah, y de (3) ____________________ es genial *Shakespeare enamorado.* Me gusta mucho Gwyneth Paltrow. ¿Sabías que cuando tenía 15 años pasó una temporada en España? Vivió con una familia en Talavera de la Reina, Toledo. Regresa a menudo a España y habla muy bien castellano.

ALEJANDRA: No, no sabía eso. Pero recuerdo que ella ganó el Oscar a la mejor actriz por su interpretación en esa película. ¿Y qué me dices de (4) ____________________ de Jackie Chan?

SOFÍA: Bueno, no me gustan mucho, pero tampoco me disgustan igual que (5) ____________________, como las de Clint Eastwood.

9-25 La ficha técnica Completa la siguiente ficha técnica para la película *Diarios de motocicleta* con el siguiente vocabulario: **Actores, Director, Guionista.**

Ficha técnica

- **Titulo original:** *Diarios de motocicleta*
- **Año:** 2004
- **Nacionalidad:** Argentina, Perú, Chile, EE.UU.
- **(1)** ______________: Walter Salles
- **Productor:** Robert Redford
- **(2)** ______________: José Rivera
- **Fotografía:** Eric Gautier
- **Montaje:** Daniel Rezende
- **(3)** ______________: Gael García Bernal, Rodrigo de la Serna, Mercedes Morán, Mía Maestro.

Enfoque léxico *Hablar de las películas y los cines*

9-26 Descubre la palabra Las letras de las siguientes palabras están desorganizadas. Intenta organizarlas para deletrear vocabulario de películas y cine.

MODELO cenfusoni *funciones*

1. aquillta ______________________________
2. niec domu ______________________________
3. teganomur ______________________________
4. gisapornatot ______________________________
5. drenatas ______________________________
6. lípcuela batasitudlu ______________________________

Nombre ______________________ Fecha ______________________

9-27 Multicines Primavera Luis y Roberto viven en Trujillo, Perú y quieren ir al cine este fin de semana. Luis llama a Roberto para concretar los planes. Completa su diálogo con el vocabulario del cuadro.

boleto	golosinas	butacas	cartelera
día del espectador	horario	salas	tarifa

ROBERTO: ¿Aló?

LUIS: ¿Roberto?

ROBERTO: Sí, soy yo.

LUIS: Miré la (1) ______________ y hay muchos estrenos.

ROBERTO: ¡Qué bien! Podemos ir a Multicines Primavera porque tienen un (2) ______________ escalonado y así podemos escoger una película al llegar. ¿Te parece?

LUIS: Bien. También es bueno ese multicine porque tiene las (3) ______________ tipo estadio y (4) ______________ muy cómodas.

ROBERTO: ¿Sabes cuánto cuesta un (5) ______________? Hace mucho que no voy al cine y seguramente los precios han subido.

LUIS: Voy mucho a ese cine el (6) ______________ y sólo pago 4.00 soles, pero creo que los fines de semana la (7) ______________ normal es 6.00 soles.

ROBERTO: De acuerdo. Podemos cenar algo antes de la película o comprarnos (8) ______________ y palomitas en el cine, ¿te parece?

LUIS: ¡Por supuesto!

9-28 El festival de cine Completa la siguiente información sobre una película que concursó en el Toronto International Film Festival en 2004 con las palabras del cuadro.

blanco y negro	duración	reparto	sinopsis	estreno

Título: Días de Santiago
Director y guionista: Josué Méndez.
País: Perú.
Año: 2004.

(1) ______________: 83 min.

Género: Drama.

(2) ______________: Pietro Sibille (Santiago Román), Milagros Vidal (Andrea), Marisela Puicón, Alhelí Castillo (Mari), Lili Urbina (Mamá), Ricardo Mejía (Papá), Erick García (Coco), Ivy La Noire (Inés).

Producción: Enid Campos.
Música: M. J. Laroche, Mogambo, Malas Juntas, Afrodisíacos y C. Vega.
Fotografía: Juan Durán.
Montaje: Roberto Benavides Espino.
Diseño de producción: Eduardo Camino.
Dirección artística: Claudia Aguirre.
Tipo de película: Color y (3) ______________ /35mm

(4) ______________ **en Perú:** 30 de septiembre de 2004

(5) ______________: Santiago Román (Pietro Sibille), un ex soldado de 23 años, ha vuelto a Lima después de años de haber luchado contra la subversión terrorista y el narcotráfico en su propio país y en la guerra contra Ecuador. Quiere mejorar su propia situación lo mismo que la de su familia y de su país, pero la sociedad y la gente no lo esperaban y ya no hay sitio para él.

Enfoque estructural *El pronombre reflexivo **se** para expresar accidentes y acciones imprevistas*

9-29 Un viaje accidentado Lee con atención el relato que Fran nos hace de su accidentado viaje a Miami con su amigo Miguel para asistir al Festival de Cine Latino. Completa la narración con el verbo en el **pretérito** que creas más adecuado en el contexto de la historia. No te olvides de que cada verbo se usa una sola vez.

romper	perder	caer	quemar	acabar

¡Vaya viaje que tuvimos! El primer día de nuestra estancia en Miami a Miguel se le (1) ________________ las entradas al festival. Fuimos inmediatamente al festival para comprar unas nuevas, pero a mí se me (2) ________________ la cartera en el taxi. Así que cuando llegamos a la taquilla Miguel tuvo que comprarme una entrada y luego pasé la tarde haciendo llamadas para cancelar todas mis tarjetas de crédito. No terminaron ahí los problemas. En la habitación se nos (3) ________________ el aire acondicionado y en el hotel se les (4) ________________ los ventiladores. Casi nos morimos de calor por la noche.

Al día siguiente, después de asistir al festival por la mañana, decidimos descansar en la piscina del hotel. Nos dormimos al sol y se nos (5) ________________ la espalda y las piernas. ¡Qué dolor! Tuvimos que ir a la farmacia para comprar una crema para las quemaduras *(sunburns)*.

9-30 ¡Pobre profesor! Hay días que es mejor no salir de casa. Fíjate lo que le pasó al profesor de Viki hoy: un desastre tras otro. Completa la narración que ella nos hace de estos incidentes utilizando los verbos entre paréntesis en el **pretérito.**

A nuestro profesor esta mañana le pasó de todo. Se le (1) ________________ (olvidar) los libros para la clase. Después se le (2) ________________ (acabar) la tiza y tuvo que ir a buscar más. Entonces, se le (3) ________________ (caer) las gafas y se le (4) ________________ (romper). El pobre no veía nada y se le (5) ________________ (perder) todas las notas que tenía preparadas. Menos mal que se le (6) ________________ (ocurrir) una buena idea: ponernos una película, que además era muy interesante.

9-31 Un día horrible Todos tenemos días de ésos, ¿verdad? ¿Por qué no nos cuentas uno de tus días desastrosos? Háblanos de dos incidentes que te ocurrieron a ti y de otros dos que les ocurrieron a unos/as amigos/as tuyos/as ese día. Usa las estructuras con **se** que estudiaste en esta etapa. ¡Sé creativo/a!

¡Qué día!

1. (A mí) ____
2. ____
3. (A mis amigos/as) ____
4. ____

Nombre ______________________ Fecha ______________

Enfoque estructural *Expresiones negativas y afirmativas*

9-32 ¡Qué aburrido! Fran, el primo de Dina, es un chico muy solitario y no le gusta mucho salir y relacionarse con la gente de su edad. Lee la descripción que hace Dina de su primo y completa las oraciones con la expresión más adecuada del cuadro.

ningunas	**siempre**	**nunca**	**alguien**	**tampoco**	**algunas**	**ni… ni**

Mi primo Fran es un aburrido. (1) ______________ quiere salir con nosotros a cenar a un restaurante ni (2) ______________ ir con nosotros al cine. (3) ______________ veces iba con nosotros de excursión a la playa o a la montaña pero (4) ______________ lo pasaba mal. Es un chico un poco extraño, (5) ______________ le interesan las actividades sociales ______________ las actividades al aire libre. Pasa mucho tiempo frente a su computadora y si (6) ______________ le interrumpe, se molesta mucho. Esta noche viene a cenar a casa con su madre, y de verdad que no tengo (7) ______________ ganas de verlo.

9-33 ¡Cuántas negaciones! Lee con atención las siguientes preguntas y responde con oraciones completas en las que incluyas las expresiones negativas que estudiaste en esta etapa.

MODELO —¿Saben tus amigos *algo* del cine mudo?
—No, *no saben nada.*

1. —¿Conoces a *algún* director de cine boliviano?
   —No, ______________________________.
2. —¿Vieron *alguna vez* una película doblada?
   —No, ______________________________.
3. —¿Va *alguien* contigo al festival de cine?
   —No, ______________________________.
4. —¿A Pedro o a Elvira les gusta el argumento de esta película?
   —No, ______________________________.
5. —¿Quieres comer *algo*? ¿Palomitas o golosinas?
   —No, gracias, ______________________________.

9-34 Y viceversa... Te presentamos ahora las respuestas para varias preguntas que debes adivinar, prestando especial atención a las expresiones negativas que aparecen en las oraciones.

MODELO —*¿Fueron alguna vez al cine el día del espectador?*
—No, no fuimos nunca al cine el día del espectador.

1. ______________________

—No, no hay ningún cine con 24 salas en esta ciudad.

2. ______________________

—No, gracias, no voy a tomar nada con las palomitas.

3. ______________________

—No, no tengo ninguna amiga cinéfila.

4. ______________________

—No, no conocemos a nadie del reparto.

5. ______________________

—No, ni a mis padres ni a mis hermanos les interesa ver el estreno de esta semana.

Vamos a leer

La Academia Latina de la Grabación

Antes de leer

Activating background knowledge: Content
Articles about musical organizations and music awards, no matter the language, generally include very predictable information. If you have seen articles about musical organizations and music awards in your native language, you will be able to anticipate most of the information included in the same kind of articles written in a different language.

9-35 Música latina, ¡presente! Vas a leer un artículo sobre la Academia Latina de la Grabación, una asociación musical que se fundó en los Estados Unidos para promover la música latina al mercado doméstico. Antes de leer el artículo, contesta las siguientes preguntas.

1. ¿Escuchas música en español? ¿Cuántos ritmos típicos latinos puedes identificar?

____

2. ¿A cuántos músicos latinos conoces? ¿Sabes si han ganado algún premio?

____

3. ¿Qué pérfil profesional tienen los probables miembros de la Academia Latina de la Grabación?

____

4. ¿Cuál crees que es el objetivo de una organización de este tipo?

____

Nombre ______________________ Fecha ______________________

La Academia Latina de la Grabación®

Establecida en 1997 después de diez años de desarrollo, la Academia Latina de Artes y Ciencias de la Grabación (la Academia Latina de la Grabación) es la primera sociedad internacional creada por la Academia Nacional de Artes y Ciencias de la Grabación. Es una asociación compuesta por músicos, productores, ingenieros y otros profesionales técnicos y creativos de la grabación, dedicados a mejorar la calidad de vida y las condiciones culturales de la música latina y sus creadores. Con oficinas en Miami y Santa Mónica, los miembros de la Academia incluyen a profesionales de la música en comunidades de habla hispana y portuguesa alrededor del mundo.

La Academia Latina de la Grabación ofrece programas educacionales y culturales de alta calidad, oportunidades para establecer contactos y amparo en temas como la protección de los derechos de autor, los derechos de los artistas y la legislación que afecta la cultura y las artes. La organización se compromete a preservar la identidad y vitalidad de los centenares de formas regionales de la música latina en todo el mundo —estilos que son la fundación misma de la música latina.

El 13 de septiembre del año 2000, la Academia Latina de la Grabación celebró el espíritu creativo, la descollante diversidad y los muchos logros de la música latina con la Primera Entrega Anual del Premio GRAMMY Latino. La ceremonia fue el primer programa en la historia de la televisión estadounidense trasmitido primordialmente en español y portugués, y probablemente la más importante celebración de la cultura latina que se haya presentado en las pantallas de este país. El programa fue disfrutado por 7,5 millones de espectadores en los Estados Unidos, y millones más en todo el mundo, anunciando así la introducción de una nueva Academia y un premio dedicado a la importante influencia cultural de la música latina.

El Premio GRAMMY Latino reconoce los logros creativos y/o técnicos, no las cifras de ventas o posiciones en las listas de popularidad. Los ganadores son determinados por sus colegas —los socios votantes de la Academia Latina. El propósito principal del Premio GRAMMY Latino es reconocer la excelencia y dar a conocer la diversidad cultural y contribución de los artistas latinos, tanto en los Estados Unidos como internacionalmente.

Durante los últimos dos años, la Academia Latina de la Grabación ha presentado programas educacionales (incluyendo el ‹‹GRAMMY en las escuelas›› y el ‹‹Foro profesional del GRAMMY››) a más de 4.000 participantes en México, Sudamérica y Puerto Rico. Organizado en colaboración con la Fundación GRAMMY, el programa de la Academia ‹‹GRAMMY en las escuelas›› educa a los estudiantes de música sobre la industria de la grabación, permitiéndoles participar en paneles interactivos y talleres, haciendo preguntas sobre las practicalidades de trabajar en el negocio de la música y la posibilidad de tener éxito en este campo.

A través de numerosos viajes en el exterior y un esfuerzo para extenderse dentro de Norteamérica, la Academia Latina continúa gozando del apoyo de la comunidad musical latina. Su número de socios sigue creciendo a un ritmo saludable. Es sólo mediante un grupo de socios activos, comprometidos y representativos que la Academia Latina puede realizar su objetivo de crear un impacto positivo en la situación creativa, educacional y profesional de la música latina y sus creadores.

Con su ayuda, podemos lograr un cambio.

Source: Courtesy of the Latin Recording Academy

Nombre ______________________ Fecha ______________

Después de leer

9-36 El espíritu musical hispano Lee el artículo sobre la fundación y el desarrollo de la **Academia Latina de la Grabación** y completa la información de la encuesta a continuación, en español.

La Academia Latina de Artes y Ciencias de la Grabación
Año de establecimiento
Perfil de los miembros
Misión
Oficinas
Premio que concede
Impacto cultural

9-37 El Grammy latino Ahora, contesta en español las siguientes preguntas sobre el Premio GRAMMY Latino que la Academia otorga a artistas latinos.

1. ¿Qué importancia tenía la primera entrega anual del Premio GRAMMY Latino?

____

____

____

2. ¿Son concedidos los premios GRAMMY por las cifras de ventas o las posiciones en las listas de popularidad?

____

____

3. ¿Cuál es el objetivo principal del Premio GRAMMY Latino?

____

____

____

Nombre ______________________ Fecha ______________

Vamos a escribir

ATAJO 4.0

Vocabulary: Musical instruments; Time: expressions
Phrases: Talking about the present; Talking about past events; Comparing and contrasting
Grammar: Verbs: present, preterite, imperfect

Una entrevista con...

Imagina que el año pasado tuviste la oportunidad de entrevistar a uno de tus ídolos musicales. Cuéntale a tu profesor/a todos los detalles que aprendiste durante la entrevista. Asegúrate de incluir en tu composición la siguiente información:

- información sobre qué tipo de artista es (qué tipo de música toca, qué instrumentos toca, etc.)
- detalles sobre su carrera profesional
- detalles sobre su vida personal

A empezar

9-38 Organización de las ideas Piensa en uno de tus ídolos musicales y haz una lista de información sobre dónde y cuándo nació el/la artista, algunas de sus canciones de éxito y otros detalles importantes sobre su vida personal y carrera profesional.

A escribir

9-39 Preparación del borrador Utiliza los hechos de la sección **A empezar** y escribe una breve biografía sobre el/la artista empleando una organización cronológica de los eventos. Termina tu **borrador** comparando el talento de tu ídolo con el de otros artistas de su campo artístico.

9-40 Revisión del borrador Revisa tu borrador teniendo en cuenta las siguientes consideraciones:

1. ¿Incluye tu composición toda la información mencionada en la sección **A empezar**? ¿Tienes que añadir más detalles sobre la vida personal o profesional de tu ídolo? ¿Incluye una comparación precisa entre el talento de tu ídolo y el de otros artistas?
2. ¿Has organizado los hechos sobre tu ídolo cronológicamente? ¿Hay algún hecho que no esté claro?
3. ¿Incorporaste el vocabulario y las estructuras gramaticales de este capítulo para hablar de los músicos y las experiencias pasadas?

9-41 El producto final Haz los cambios necesarios de acuerdo con la revisión de tu borrador e incluye las ideas nuevas que se te hayan ocurrido. Antes de entregarle la composición a tu profesor/a, léelo una vez más y asegúrate que no haya errores ortográficos y que todos los cambios hayan sido incorporados.

Nombre ______________________________ Fecha ____________________

COMPRENSIÓN AUDITIVA

CD2, Track 19

9-42 El día de Alicia Alicia le está contando a su amiga su rutina diaria. De acuerdo con la información que escuches, indica si las siguientes afirmaciones son **ciertas (C)** o **falsas (F).**

_____ 1. Alicia se levanta a las siete de la mañana y sale inmediatamente del apartamento.

_____ 2. Le gusta revisar el material para sus clases por la mañana.

_____ 3. Generalmente, desayuna en la cafetería de la universidad.

_____ 4. Prefiere manejar a sus clases.

_____ 5. Si no hay mucho tráfico, tarda media hora en llegar a la universidad.

_____ 6. Alicia va a la universidad sólo los lunes, miércoles y viernes.

_____ 7. De vez en cuando, Alicia y sus amigos almuerzan en algún bar cerca de la universidad.

CD2, Track 20

9-43 Una mañana típica Escucha cómo es una mañana típica de Rodrigo en su apartamento y completa la descripción con la información que escuches.

Mis compañeros de apartamento (1) ________________ primero todos los días. Yo, por lo general, (2) ________________ más tarde, a las ocho. Me gusta (3) ________________ en la cama un rato. Después, (4) ________________ rápidamente, (5) ________________ y voy a la cocina para desayunar. Normalmente mis compañeros y yo, no (6) ________________ mucho por la mañana. Los fines de semana es un poco diferente: todo el mundo (7) ________________ tarde y (8) ________________ en casa; nadie tiene prisa.

CD2, Track 21

9-44 ¡Qué espectáculo! Pablo le está contando a Marián sobre el viaje de verano que hizo él y sus compañeros de apartamento a Viña del Mar, en el sur de Chile, para asistir al Festival Internacional de la Canción. Mientras narra sus recuerdos, escucha atentamente para captar la información necesaria para contestar las siguientes preguntas en **español.**

1. ¿Quiénes participaron en el festival de música de Viña del Mar?

____

____

2. ¿Cuándo tuvo lugar el festival?

____

3. ¿De qué se acuerda Pablo del festival?

____

____

4. ¿Qué opina Marián de Víctor Jara?

____

____

Nombre ______________________________ Fecha ______________

Pronunciación

Los sonidos consonánticos: *b, d, g*

CD2, Track 22

9-45 El sonido *b* In Spanish, the sound of **b** can be spelled with the letter **b** or **v,** and is pronounced like the *b* of *Bill* when it is the first consonant of a word or follows **m** or **n.**

Listen to and repeat the following words.

banda violín bueno vestido trombón vela boda batería invitado butaca

When the consonant **b** is between vowels or after any consonant except **m** or **n,** it is pronounced with the lips coming together but not allowing the lips to stop the passage of air.

Listen to and repeat the following words.

tuba movía abuela evento aperitivo clave oboe festival Navidad Nochebuena

CD2, Track 23

9-46 El sonido *d* In Spanish, when **d** is the first consonant of a word or comes after **l** or **n,** it is produced by placing the tip of the tongue behind the back of the upper front teeth. In English, *d* is pronounced by placing the tip of the tongue on the gum ridge behind the upper front teeth. Pronounce the English name *Dee* and note where the tip of your tongue is. Now pronounce the Spanish word **di,** being careful to place the tip of the tongue on the back of the upper front teeth.

Listen to and repeat the following words.

da día dúo brinde domingo de dos danza disco dulce

The consonant **d** also has a sound that is similar to *th* in the English words *these, them, those, weather,* etc. When you say these words, note that the tip of the tongue touches the upper teeth. In Spanish, **d** is pronounced this way when it is between vowels or after any consonant except **l** or **n.**

Listen to and repeat the following words.

cada Lidia adulto video aficionado sede todo balada medios educado

CD2, Track 24

9-47 El sonido *g* In Spanish, **g** is pronounced like the *g* in the English word *goal* when it is the first consonant of a word or follows **n.** The sound **g** is spelled with the letter **g** before the vowels **a, o, u,** as in **gato, gota, gusta,** or before the consonants **l** or **r** as in **globo, grupo,** and with the letters **gu** before the vowels **e, i,** as in **guerra, guitarra.**

Listen to and repeat the following words.

gaita guía gustos merengue bongó tango ganador guitarra grupo

When the consonant **g** (in the same combinations you have studied before) is between vowels or after any consonant except **n,** it is pronounced like the *g* in the English word *sugar* when it is said very quickly.

Listen to and repeat the following words.

haga seguí agua ceguera logotipo pagué mago regalo seguidor agudo

Nombre ______________________________ Fecha ____________________

Vamos a ver

9-48 ¿Qué significa? A continuación tienes unas citas sacadas del segmento de video. Léelas atentamente y fíjate en las palabras en negrilla *(bold)*. Luego, usa el contexto para ayudarte a emparejar las palabras en negrilla con sus significados.

1. ____ "—Soy bailarina… No me gusta **presumir**, pero yo bailo mejor que todos ellos juntos." (Alejandra)
2. ____ "—Y vamos a ver, tú y tú bailan juntos. Pueden **acomodarse** por aquí. Y ustedes dos… se ponen aquí." (Víctor)
3. ____ "—Este tambor **se encarga** de mantener un ritmo constante." (Víctor)
4. ____ "—Y voy a hacer una pequeña demostración para que ustedes vean cómo es que, cuando sale el bailador, el tocador del primo o subidor tiene que estar bien **pendiente** para marcar los pasos del bailador. Y los varones, estén **pendientes** para que vean cómo yo hago los movimientos y que luego lo podamos hacer." (Víctor)

a. [persona] que pone mucha atención o interés en una persona, cosa o suceso

b. exhibir con orgullo una cualidad o algo que se tiene o se hace

c. tener [alguien o algo] determinada cosa como función o cometido *(task)*

d. poner a una persona o una cosa en un lugar apropiado o cómodo

9-49 La lección de baile Mira el video y decide si las siguientes oraciones son **ciertas (C)** o **falsas (F)** y corrige las oraciones falsas.

____ 1. Alejandra quiere bailar con Víctor, el instructor de baile.

____

____ 2. El baile que los compañeros aprenden se llama la danza puertorriqueña.

____

____ 3. Víctor les explica que el buleador es el tambor que improvisa mientras el primo o subidor es el que mantiene el ritmo constante.

____

____ 4. Según Víctor el baile que están aprendiendo los compañeros siempre se baila en parejas.

____

Nombre ______________________ Fecha ______________________

Viajemos

PRIMERA ETAPA

Para empezar En la agencia de viajes

10-1 Una visita sorpresa Imagina que ha pasado un año desde que los compañeros vivieron en la Hacienda Vista Alegre. Valeria y Antonio están en una agencia de viajes porque están planeando ir a Madrid para sorprender a Sofía con una visita. Completa su conversación con la agente de viajes con el vocabulario del cuadro.

coche de alquiler	**billetes**	**folletos turísticos**
cheques de viaje	**viaje organizado**	

AGENTE: Buenos días. ¿En qué les puedo servir?

ANTONIO: Queremos planear un viaje a Madrid, España.

AGENTE: ¿Les interesa un **(1)** ______________________?

VALERIA: No. Vamos a visitar a una amiga nuestra. Es española y vive en Madrid, así que ella nos puede indicar qué hacer y qué visitar mientras estamos en España.

AGENTE: Entonces, empecemos con los **(2)** ____________ de avión y luego les puedo enseñar información sobre hoteles. Ah, espere. Señorita, dijo que Uds. tienen una amiga en Madrid, ¿planean quedarse en un hotel o con su amiga?

ANTONIO: En un hotel. No queremos ser una molestia para nuestra amiga.

AGENTE: De acuerdo. Así que les voy a dar unos **(3)** ______________________ sobre España porque contienen descripciones de los hoteles disponibles.

VALERIA: Muy bien. Me encargo yo de elegir el hotel.

AGENTE: ¿Uds. van a querer reservar un **(4)** ______________________?

ANTONIO: Sí, uno pequeño y económico.

AGENTE: Bien. ¿Y van a necesitar **(5)** ______________________?

VALERIA: Sí.

AGENTE: ¿De qué cantidad?

VALERIA: 500 euros.

10-2 Mini-diálogos Completa los mini-diálogos que tienen lugar en una agencia de viajes, con el vocabulario entre paréntesis.

AGENTE: Ud. ha elegido el viaje organizado de Castilla y León.

EL SR. OLMOS: Eso es. ¿Incluye ese viaje (1) ____________________ *(guided sightseeing tours)*?

AGENTE: Sí, de Ávila, Salamanca y Segovia, las tres Ciudades Patrimonio de la Humanidad de esa comunidad autónoma.

AGENTE: ¿Y cuándo es vuestra boda?

NURIA E IVÁN: El 7 de julio.

AGENTE: Enhorabuena. ¿Y adónde os interesa ir para la (2) ____________________ *(honeymoon)*?

NURIA: A un lugar exótico. ¿Qué nos recomienda?

LA SRA. GARCÍA: ¿Y cuánto es el (3) ____________________ *(fare)*?

AGENTE: 1.250 euros.

JAVI: ¿Y dónde puedo encontrar más información sobre ese (4) ____________________ *(organized tour)*?

AGENTE: En este (5) ____________________ *(brochure)*. Mira, aquí está el (6) ____________________ *(itinerary)* y un (7) ____________________ *(map)*.

Enfoque léxico

Antes de viajar: ¡Hay tanto que hacer!

10-3 Viajar al extranjero Cuando viajamos a un país extranjero es necesario hacer muchas cosas. A continuación, aparece una serie de actividades que normalmente hacemos antes de un viaje. Relaciona los verbos de la primera columna con los sustantivos de la segunda columna.

sacar	al consulado
revisar	el itinerario
ir	el seguro de viajes
obtener	el pasaporte
contratar	el visado

1. ______________________________
2. ______________________________
3. ______________________________
4. ______________________________
5. ______________________________

Nombre ______________________ Fecha ______________

10-4 Una excursión Cuando Valeria y Antonio estaban en la agencia de viajes planeando su viaje a Madrid, la agente les dio información sobre posibles excursiones desde Madrid. Abajo está la información sobre la excursión que más les interesó. Completa los espacios en blanco con las siguientes palabras: **estancia, destino, ida y vuelta, tasas, pasajeros.**

LANZAROTE 2 noches

SUN ROYAL/SUN ISLAND APTH

Apartamento 1 Habitación

Dos (**1**) ________________ en Solo Alojamiento (Impuestos incluidos).

Desde **259 € por persona**

Descripción del viaje

SUPER OFERTA

Salidas desde Madrid del 01 al 31 de julio en vuelo de la compañía Air Europa con

(**2**) ________________ a Lanzarote.

(**3**) ________________ de 2, 5 ó 7 noches, en hotel de 4* o aptos. de 3 LL en régimen elegido. Posibilidad de añadir noches extras. Consultar precios. Traslados. Plazas Limitadas.

Servicios incluidos

El precio incluye:

Avión de (**4**) ________________.

Traslados.

Estancia de 2, 5 ó 7 noches en hotel de 4* o aptos. de 3LL y régimen elegido. Seguro de viajes obligatorio.

Asistencia de nuestro personal en destino

El precio no incluye:

(**5**) ________________ y suplementos. Gastos de gestión y cancelación

10-5 Preguntas y respuestas Lee con atención las preguntas y respuestas que aparecen a continuación y trata de relacionar cada respuesta con su pregunta correspondiente.

d 1. ¿Para cuántos viajeros?

a 2. ¿Quiere Ud. un billete de ida y vuelta? would you like a return ticket?

b 3. ¿Es un vuelo directo a Barcelona?

e 4. ¿Me puede decir la hora de salida?

c 5. ¿Están incluidas las tasas?

f 6. ¿No es posible quedarme más días?

a. No, de ida solamente.

b. No, el avión hace escala en Madrid.

c. Sí, el precio total del viaje es 900 euros.

d. Tres. Dos adultos y un niño.

e. Por supuesto. El autobús sale a las 15:00. of course

f. No. Lo siento pero todas las excursiones a Salamanca tienen una estancia máxima de dos días.

Nombre ______________________ Fecha ______________________

Enfoque estructural *Expresiones verbales para hablar del futuro*

10-6 Un viaje a España Imagina que estás planeando un viaje a España para las vacaciones de primavera. Como quieres que todo salga perfecto, has decidido organizarte al máximo y planear todo lo relacionado con el viaje este fin de semana. Escribe en tu calendario las cosas que **quieres, piensas, tienes que** o **vas a hacer,** relacionadas con tu viaje.

MODELO *El viernes por la tarde después de mis clases, quiero ir a una agencia de viajes. Allí, tengo que mirar los folletos turísticos…*

1. El viernes

~~yo pienso,~~ quiero a Malága por el fin de Semana con mis amigos.

2. El sábado

Nosotros tenemos que nadar en el Mar porque ~~es~~ tene Calor! el noche Bailamos en las discotechas.

3. El domingo

Nosotros ~~vuel~~ volamos a escosía y trabajamos en el tren a la casa.

10-7 Deja una nota Parece que no estás teniendo mucha suerte hoy con tus visitas. No has podido encontrar a ninguna de las personas que buscas. ¿Por qué no le dejas una nota a cada persona indicando el objeto de tu visita?

1. Hoy fuiste a ver a un amigo, pero no estaba en casa. Es importante que tu amigo sepa *(know)* dónde vas a estar y qué vas a hacer en las próximas horas. Escríbele una nota indicando:
   - *the time you stopped by*
   - *where you are going to be later on*
   - *what you are going to do in the next couple of hours*

2. Fuiste a la oficina de uno de tus profesores, pero no lo encontraste. Escribe un mensaje indicando:

- *the time you stopped by*
- *that you are not going to be in class next Monday and explain why*
- *that you plan to come back on Tuesday afternoon*

3. Hoy fuiste a ver a una compañera de clase, pero no estaba en casa. En tu nota:

- *tell her that there is a movie you want to see*
- *ask her if she feels like going tonight or tomorrow evening*
- *tell her that if she wants to call you, you are going to be home all day*

10-8 Antes de graduarme Los años universitarios nos dan la oportunidad de realizar actividades que, muchas veces, nunca más vamos a poder hacer. Cuéntanos qué piensas hacer antes de graduarte, qué metas *(goals)* quieres cumplir antes de terminar tus años en la universidad. Utiliza en tu narración las **estructuras para hablar del futuro** que te presentamos en este **Enfoque estructural.**

Antes de graduarme, ____

Nombre ______________________________ Fecha ____________________

Enfoque estructural *El tiempo futuro*

10-9 ¡Qué viaje nos espera! Valeria nos cuenta los planes que ella y Antonio tienen para su viaje a España. Completa su narración con el futuro de los verbos que aparecen entre paréntesis.

En julio Antonio y yo (**1**) ________________ (ir) a España. Ayer fuimos a una agencia de viajes y creo que tenemos todo decidido sobre qué (**2**) ________________ (hacer -nosotros). Puesto que yo (**3**) ________________ (estar) en Nueva York visitando a una amiga mía de Venezuela que es modelo y ahora vive allí, Antonio (**4**) ________________ (reunirse) conmigo y los dos (**5**) ________________ (tomar) un vuelo directo desde Nueva York a Madrid. Nosotros (**6**) ________________ (quedarse) en Madrid cinco días y Sofía nos (**7**) ________________ (enseñar) la ciudad y todas sus atracciones… los museos, el parque del Retiro, los monumentos y palacios. Yo (**8**) ________________ (ir) de compras y Antonio y Sofía (**9**) ________________ (asistir) a un partido de fútbol en el estadio Bernabéu porque Antonio (**10**) ________________ (querer) ver jugar al equipo del Real Madrid. ¡Quizás *(Maybe)* cinco días no (**11**) ________________ (ser) suficientes! Estábamos pensado en hacer una excursión de seis días a Lanzarote para disfrutar de las maravillosas playas que ofrece la isla, pero podríamos *(we could)* reducirla a tres días y así pasar más tiempo en Madrid. Bueno, nosotros (**12**) ________________ (tener) que preguntárselo a Sofía. Ella nos (**13**) ________________ (decir) si en cinco días (**14**) ________________ (ser) posible hacer y ver todo lo que queremos.

Estoy tan entusiasmada. ¡Qué viaje nos espera!

10-10 La adivina Tina Raquel siente una gran curiosidad por saber cómo va a ser su futuro y decide consultar a una adivina sobre el trabajo, la salud y el amor en su vida en el futuro. Fíjate en las respuestas que le da la adivina Tina y piensa en las preguntas más adecuadas utilizando la forma del futuro de los verbos que correspondan. Sigue el modelo.

MODELO —*¿Me dirás la verdad?*
—Claro que voy a decirte la verdad.

1. — ____

—Sí, vas a encontrar un trabajo bueno.

2. — ____

—Sí, vas a viajar por razones de trabajo.

3. — ____

—No, tus amigas Ana y Mónica no van a vivir en la misma ciudad que tú.

4. — ____

—Sí, tus padres van a estar cerca de ti.

Nombre ______________________________ Fecha ______________

5. — ______________________________

—Sí, vas a usar el español en tu profesión.

6. — ______________________________

—No, no vas a sufrir grandes problemas de salud.

7. — ______________________________

—Vas a conocer al hombre de tu vida en el último año de la universidad.

8. — ______________________________

—No, no se van a casar.

9. — ______________________________

—Sí, te vas a casar con otra persona algún día.

10-11 ¿Qué pasará con nuestro mundo? ¿Cuáles son las grandes interrogantes que nos planteamos sobre el futuro de nuestra sociedad? ¿Se producirán grandes cambios en nuestro planeta? Escribe seis preguntas sobre los temas que más te preocupan sobre el porvenir *(future)* utilizando el tiempo futuro. No uses el mismo verbo más de una vez.

MODELO *¿Habrá trabajo para todos?*

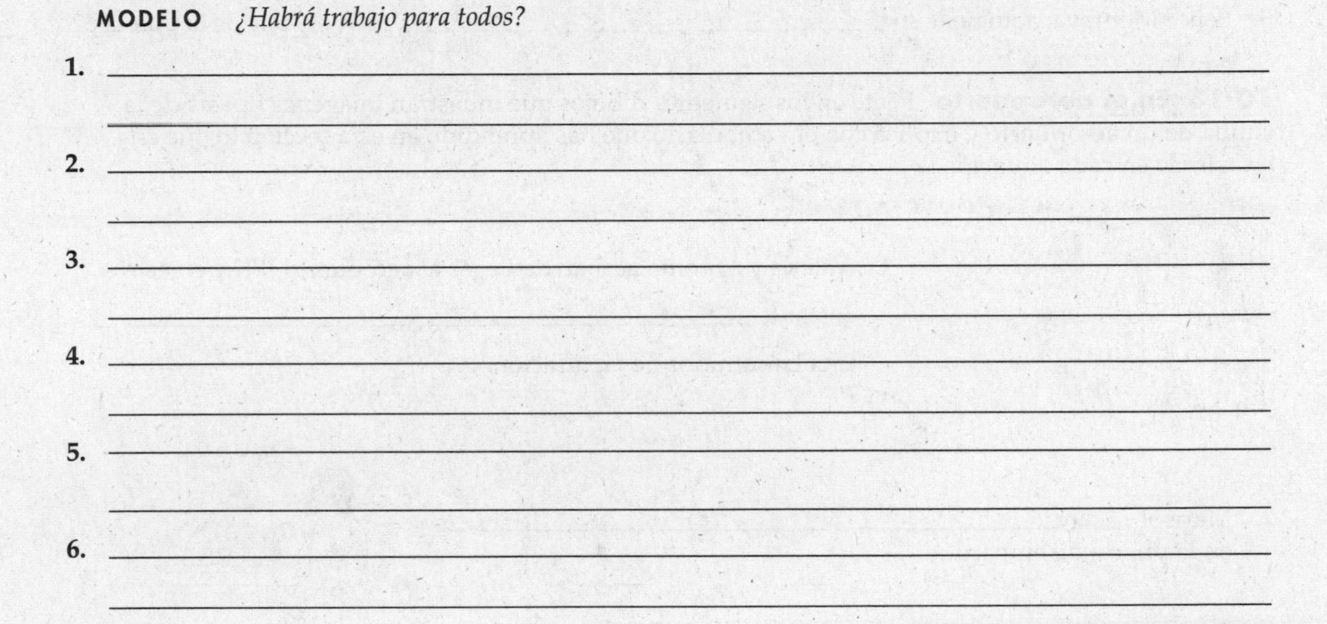

1. ______________________________

2. ______________________________

3. ______________________________

4. ______________________________

5. ______________________________

6. ______________________________

Nombre ______________________________ Fecha ____________________

SEGUNDA ETAPA

Para empezar En el aeropuerto

10-12 ¡Señores pasajeros! Lee con atención los siguientes mensajes y completa las oraciones con el vocabulario del cuadro más adecuado en cada contexto.

internacionales	**tarjeta de embarque**	**pasar por la aduana**
terminal	**facturar**	**la sala de recogida de equipaje**

1. ¡El vuelo de Quique ya ha llegado! Seguro que está recogiendo sus maletas en ____________ ____________.
2. Señorita, ¿a qué ____________ va? ¿A la de vuelos domésticos o la de ____________?
3. ¡Hola, Tere! Sí, el avión acaba de llegar. Dentro de unos minutos voy a ____________ ____________, en una hora aproximadamente espero estar en casa.
4. ¡Buenos días, señor! ¿Su pasaporte, por favor? Gracias. ¿Va a ____________ el equipaje?
5. Señor Montoya, aquí tiene su ____________. El vuelo sale de la puerta 62.

10-13 En el aeropuerto Fíjate en los siguientes dibujos que muestran imágenes típicas de la rutina de un aeropuerto y explica con el vocabulario que has aprendido en esta sección lo que *está ocurriendo* en cada situación.

1. Valeria y Antonio acaban de llegar al aeropuerto JFK y en este instante ____________ en el mostrador de facturación.

2. Marisol ____________ en la puerta de embarque.

3. Esther y Gonzalo acaban de llegar al aeropuerto y ahora ____________.

4. El Sr. Nadal ____________ de la cinta después va a tomar un taxi para ir a su hotel.

5. Javier ______________________________
en la consigna.

10-14 Para su información Lee con atención los siguientes mensajes de distintos auxiliares de vuelo *(flight attendants)* y personal de tierra y complétalos con el vocabulario más adecuado en cada contexto.

Mensaje 1

—Perdone, señora, pero esa maleta es demasiado grande para llevar como
______________________ en la cabina.

Mensaje 2

—Lo siento señorita, pero ese vuelo no sale de esta ______________; aquí están los vuelos domésticos, no internacionales.

Mensaje 3

—Sí, señor, tendrá Ud. que pasar por el control de ______________________ antes de recoger su equipaje.

Mensaje 4

—Aquí tiene su tarjeta de embarque, señorita Quesada. La salida del vuelo es a las tres cuarenta y cinco de la tarde. Después de pasar por el control de seguridad, puede Ud. esperar en la
______________________. ¡Buen viaje!

Mensaje 5

—Señoras y señores, pueden facturar su equipaje o en el ______________ o con la máquina de facturación.

Enfoque léxico *Hablar del transporte*

10-15 Asociaciones ¿Con qué medio de transporte se asocian las palabras a continuación? Colócalas en la tabla bajo la columna apropiada.

el puerto **la cabina** **la conexión** **el andén**
la autopista **la vía** **la travesía** **el peaje**

El avión	El tren y el metro	Los coches y los camiones	El ferry

Nombre ______________________________ Fecha ____________________

10-16 Recomendaciones Sofía le está dando a Javier algunas recomendaciones para viajar en tren, coche, autobús y avión en España. Completa las siguientes oraciones con el vocabulario más apropiado del cuadro que aparece a continuación.

retrasados	carreteras	el coche-cama	andén	aerolíneas	ventana	peajes

Si quieres viajar en tren...

- Siempre es más divertido tener un asiento de (1) ________________ porque puedes ver el paisaje.
- Si prefieres viajar de noche y dormir en el tren, es mejor que reserves una plaza en el (2) ______________________________.
- Cuando llegues a la estación, debes prestar mucha atención al (3) ________________ de donde sale el tren.
- Normalmente los trenes no vienen (4) ________________, pero siempre puede ocurrir algún incidente.

Si quieres viajar en carretera...

- Si quieres, puedes alquilar un coche en el aeropuerto de Barajas. No te olvides de pedir un mapa de las (5) ________________ para no perderte.
- Aunque es muy cómodo viajar en coche, es más barato ir en autobús porque así evitas pagar la gasolina y los (6) ________________ de las autopistas.

Si quieres viajar en avión...

- Dentro de España, viajar en avión no es la opción más económica, pero si es la más rápida para trayectos de muchos kilómetros. Las tres (7) ________________ españolas son Iberia, Spanair y Air Europa.

10-17 ¿A qué hora llegaremos? Lee con atención los siguientes mini-diálogos y escribe las horas a las que las siguientes personas esperan llegar a sus destinos, siguiendo el mismo formato de hora con que se indica la salida. También identifica qué medio de transporte usaron los viajeros.

Minidiálogo 1

—En ________________ de Madrid a Barcelona tarda una hora y diez minutos.

—Si salimos a tiempo, a las doce y cincuenta, llegaremos a Barcelona a las ________________ ______________________________.

Minidiálogo 2

—¿A qué hora llega Merche a Valencia?

—Pues, salía de Madrid a las quince y treinta y el viaje dura seis horas. Si ________________ no va retrasado, me imagino que llegará a Valencia a las ______________________________.

Minidiálogo 3

—¿A qué hora llegaron tus padres anoche?

—¡Vaya viaje que tuvieron los pobres! Salieron de Cádiz a las ocho quince y el viaje duraba nueve horas, pero hubo un atasco *(traffic jam)* y por eso ______ llegó con dos horas de retraso, así que llegaron aquí a las ______.

Minidiálogo 4

—¿Cuánto tiempo nos queda de viaje?

—Nos quedan treinta minutos para llegar a Salamanca. Parece que vamos a llegar a tiempo. Hubo algunas retenciones *(back-ups)* en la autopista A-6 así que dos horas y cuarto en ______ no está nada mal. Salimos de Madrid a las dieciséis cuarenta llegaremos a Salamanca a las ______, muy buena hora para comer unas tapas.

Enfoque estructural *Las preposiciones de lugar*

10-18 Una estudiante muy ocupada Antes de ir a Puerto Rico, Sofía llevaba una vida bastante ocupada. Durante el día estudiaba filología española en la Universidad Complutense de Madrid y por las tardes trabajaba en una agencia de viajes de la capital. Completa la descripción que nos hace de cómo era un día normal en su vida con la preposición que resulte más adecuada en cada caso.

Normalmente iba a la universidad (1) ______ (a / en) metro. Es la forma más rápida, porque no hay atascos. El campus de la Complutense no está muy (2) ______ (lejos / más allá) del centro, aproximadamente a media hora de mi casa. Mi familia vive en el barrio de Salamanca, (3) ______ (entre / más allá de) la plaza de Colón. Todas las mañanas salía (4) ______ (para / en) la universidad alrededor de las siete y media, y (5) ______ (en / de) la universidad iba a la agencia, donde trabajaba, (6) ______ (hasta / hacia) las ocho de la noche. Cuando llegaba (7) ______ (en / a) casa por la noche, era casi la hora de cenar y entonces pasaba un poco de tiempo con mi familia.

10-19 ¡Qué buena experiencia! Sofía siempre lo pasaba bien trabajando en la agencia. Le encantaba el trato con los clientes. Fíjate en una conversación que tuvo Sofía con una pareja que quería hacer un viaje por el sur de España y completa el diálogo con la preposición más adecuada del cuadro siguiente.

hasta	entre	de	en	a	cerca

SOFÍA: ¡Buenas tardes, señores! ¿En qué puedo ayudarles?

CLIENTE: Quisiéramos hacer un viaje (1) ______ la región sur de España.

SOFÍA: Muy bien. ¿Saben cuántos días quieren pasar allí?

CLIENTE: Diez días.

SOFÍA: Prefieren un hotel (2) ______ el centro, ¿verdad?

CLIENTE: Sí, claro, porque no tendremos coche.

SOFÍA: Bien, tenemos varias opciones: pueden viajar (3) ____________ Sevilla en tren o pueden ir en avión. ¿Qué prefieren?

CLIENTE: Preferimos el tren.

SOFÍA: Muy bien. (4) ____________ Sevilla y Córdoba también pueden tomar un tren. Las dos ciudades están bastante (5) ____________.

CLIENTE: Nos parece muy bien el itinerario. Sólo una cosa: preferimos salir (6) ____________ la estación de Atocha. Está muy cerca de nuestra casa.

SOFÍA: Ningún problema. Vamos a concretar fechas entonces.

10-20 Un recorrido por España Sara y Abel, dos estudiantes chilenos, nos hablan de los planes que tienen de viajar por España y de las ciudades que van a conocer. Fíjate en su itinerario y complétalo con las preposiciones que estudiaste en esta sección y que resulten más apropiadas en el contexto.

La semana próxima salimos de viaje (1) ____________ España. ¡Estamos tan ilusionados de poder viajar (2) ____________ este país! Tomaremos el avión (3) ____________ Santiago de Chile (4) ____________ Madrid, y después viajaremos (5) ____________ tren por toda España. Estaremos una semana (6) ____________ Madrid. Nuestro hotel está (7) ____________ la plaza de la Ópera y el Palacio Real, muy céntrico. De Madrid, iremos (8) ____________ el norte, y pasaremos tres días (9) ____________ San Sebastián, (10) ____________ de la playa. Después saldremos (11) ____________ Barcelona, donde nos quedaremos una semana. ¡Qué maravilla!

Enfoque estructural *Las preposiciones **por** y **para***

10-21 Un agente de confianza Elisa, una estudiante de la escuela de turismo de Valencia, le está haciendo una entrevista al director de Viajes Barceló, una conocida cadena española de agencias de viajes. Lee con atención su conversación y utiliza las preposiciones **por** o **para** según convenga.

ELISA: Y ¿cómo es su trabajo? ¿Viaja mucho?

DIRECTOR: Sí, viajo mucho (1) ____________ razones de trabajo. El ser director de una agencia de viajes me obliga a viajar (2) ____________ todas partes. Muchas personas eligen esta profesión (3) ____________ poder conocer lugares diferentes.

ELISA: (4) ____________ lo menos, tiene esa ventaja.

DIRECTOR: Sí, en realidad, tiene muchas ventajas, además de viajar. Cuando preparo itinerarios (5) ____________ los clientes, siento que soy una parte importante en su vida.

ELISA: Sí, claro, (6) ____________ los viajeros es muy importante tener una agencia de viajes de confianza.

DIRECTOR: Ése es nuestro objetivo: trabajar (7) ____________ satisfacer a nuestros clientes.

ELISA: ¡Qué gusto charlar con usted! Muchas gracias (8) ____________ su tiempo.

DIRECTOR: De nada, ha sido un placer.

Nombre ______________________________ Fecha ____________________

10-22 Por favor Además de los usos generales que tiene la preposición **por** en español, también forma parte de expresiones invariables, que tienen un significado concreto, independiente de los valores de **por.** Lee con atención las siguientes oraciones y utiliza una de las siguientes expresiones para completar el sentido del mensaje.

por todas partes	**por lo menos**	**por ejemplo**	**por ciento**	**por fin**	**por última vez**

1. ¡______________________ les pido que presten atención! ¿Qué les pasa hoy que están tan nerviosos?
2. Podemos viajar a una isla, ________________, a Menorca. ¿Qué te parece?
3. ¡________________ hemos llegado! No me gusta nada volar con esa aerolínea; los vuelos siempre salen retrasados.
4. Si viajas en coche por España, encontrarás hoteles ______________________; no tendrás problemas de alojamiento *(lodging)*.
5. Cuando haces la reserva a través de una agencia de viajes, la agencia se queda con un cinco ________________ del precio que tú pagas. ¿No lo sabías?
6. Yo prefiero viajar en tren, pero si vamos en coche ______________________ podremos parar cuando queramos. Nuestro viaje será más flexible.

10-23 ¡Qué lío de preposiciones! Justin está estudiando español este verano en Granada y está disfrutando mucho de las clases, pero tiene una gran dificultad con las preposiciones españolas, especialmente con **por** y **para.** Fíjate en su composición y corrige los errores que aparezcan, explicando el por qué de los errores.

Mi fin de semana

El viernes salí *por* Sevilla a las nueve en la mañana. Fui *para* visitar a una amiga de Chicago, Melanie, que está estudiando en la Universidad de Sevilla. En la estación compré flores *por* ella y desayuné. Estuve en el tren *para* dos horas y llegué a Sevilla a las once, Melanie me llevó *por* toda la ciudad. Estaba muy contento *para* ver a Melanie. Somos buenos amigos.

	Corrección del error	**Explicación**
1.		
2.		
3.		
4.		

Nombre ________________________________ Fecha ____________________

TERCERA ETAPA

Para empezar En el hotel

10-24 Mi fin de semana en Barcelona Ramón nos habla de su experiencia en España, cuando pasó un fin de semana en Barcelona. Completa la narración que hace Ramón sobre el hotel donde se quedó, con la palabra o expresión más adecuada del cuadro. Cada palabra o expresión se usa una sola vez.

llave	**botones**	**conexión Wi-fi**	**estancia**
desayuno buffet	**aire acondicionado**	**sencilla**	**recepción**

El verano pasado viajaba por Europa en tren y pasé un fin de semana inolvidable en Barcelona. Me quedé en el Hotel Hesperia del Port. El hotel estaba ubicado en el centro de la ciudad, al pie de la montaña Montjuïc, así que durante mi (1) ________________ de tres días en la ciudad pude ir caminando a muchas de las atracciones de la ciudad como el puerto, el barrio gótico, la Plaza de Catalunya y el Paseig de Gràcia. Como viajaba solo, había reservado una habitación (2) ________________. Cuando llegué a la (3) ________________ los empleados me dieron la bienvenida, un buen mapa de la ciudad y la (4) ________________ magnética para la habitación. Luego el (5) ________________ me subió mi mochila gigantesca a la habitación y me explicó cómo funcionaba el (6) ________________________________. ¡Qué gloria! Hacía 30 grados fuera pero dentro de la habitación se estaba muy fresquito. Por las mañanas había un (7) ________________________________ con todo tipo de comida, zumos variados y riquísimo café. El hotel también ofrecía una (8) ________________________________ gratis. ¡Qué lástima *(What a shame)* que no tuviera *(I didn't have)* mi ordenador portátil conmigo!

10-25 El Hotel Vincci Soho Completa la siguiente ficha del Hotel Vincci Soho con las palabras más adecuadas.

Hotel Vincci Soho ****

País: ESPAÑA

Provincia: MADRID

Dirección: Prado, 18 Madrid 28014

Teléfono: + 34 91 141 41 00

Correo electrónico: vinccisoho@vinccihoteles.com

Idiomas hablados: ESPAÑOL

Descripción: Localizado en el corazón del centro histórico de Madrid. Ofrece 169 (**1**) ______________ *(rooms)* diseñadas y equipadas con (**2**) ______________ *(air conditioning)* y calefacción regulable, teléfono directo, televisión vía satélite, minibar, (**3**) ______________ *(room service)*, (**4**) ______________ *(hairdryer)*, conexión a Internet y un completo set de detalles de bienvenida.

Tarifas por habitación	Alta	Media	Baja
Cena	**26,75 €**	**26,75 €**	**26,75 €**
Suplemento individual	**90,95 €**	**74,90 €**	**49,49 €**
AD/persona	**107,00 €**	**89,61 €**	**63,54 €**
Los precios incluyen el 7% de IVA			

Enfoque léxico *Para reservar una habitación*

10-26 Yo quisiera una habitación Antonio y Valeria han elegido quedarse en el Hotel AC Palacio del Retiro mientras están en Madrid. A continuación, te presentamos la conversación que Antonio tiene con el recepcionista del hotel. Lee el diálogo con atención y trata de ordenar las oraciones de forma lógica.

_____ **a.** —Muy bien, señor. Ahora sólo necesito su número de tarjeta de crédito para completar la reserva.

_____ **b.** —Para seis noches. Del 10 al 16 de julio.

_____ **c.** —Sí, señor. Tenemos un garaje para nuestros huéspedes. Bueno, su reserva está hecha. Muchas gracias y buenas tardes.

_____ **d.** —Para dos personas.

_____ **e.** —¿Una habitación doble o dos habitaciones sencillas?

_____ **f.** —Seis noches, muy bien. Y ¿para cuántas personas?

_____ **g.** —Una habitación doble, por favor.

_____ **h.** —Hotel AC Palacio del Retiro, buenas tardes. ¿En qué puedo servirle?

_____ **i.** —Sí, un momento… Mi número de tarjeta es 9560 8894 789. ¡Ah! Otra cosa: el hotel tiene aparcamiento, ¿verdad? Tendremos un coche de alquiler.

_____ **j.** —¡Buenas tardes! Quisiera hacer una reserva.

_____ **k.** —Sí, señor. ¿Para cuántas noches?

_____ **l.** —Gracias a usted.

10-27 Unas reservas Iñaki y Andoni están planeando viajar desde San Sebastián, en el norte de España, a distintos lugares del país. Además, su amiga Marta, que está estudiando en Valencia va a reunirse con ellos en Madrid y sus amigos Mark y Sara van a reunirse con ellos en Sevilla. Andoni llama a los hoteles que han elegido para hacer las reservas. Usa la información a continuación para crear las conversaciones que tuvieron lugar entre Andoni y los empleados de los distintos hoteles. **Ojo:** Iñaki y Andoni siempre van a querer compartir una habitación para poder ahorrar dinero. Marta va a querer su propia habitación con una cama individual. Mark y Sara, recién casados, van a querer una habitación doble con cama matrimonial.

MODELO Iñaki y Andoni / el Hotel Abba Sants (Barcelona) / 5–7 de agosto

EMPLEADO: *Hotel Abba Sants, buenos días.*

ANDONI: *Buenos días, quisiera hacer una reserva.*

EMPLEADO: *Sí, señor ¿Para cuántas noches?*

ANDONI: *Para dos noches, del 5 al 7 de agosto.*

EMPLEADO: *Muy bien. Y, ¿para cuántas personas?*

ANDONI: *Para dos personas.*

EMPLEADO: *¿Una habitación doble o dos habitaciones sencillas?*

ANDONI: *Una habitación doble con camas individuales, por favor.*

1. Iñaki, Andoni y Marta / el Hotel Vincci Soho (Madrid) / 7–11 de agosto

EMPLEADO: ______________________.

ANDONI: ______________________.

EMPLEADO: ______________________.

ANDONI: ______________________.

EMPLEADO: ______________________.

ANDONI: ______________________.

EMPLEADO: ______________________.

ANDONI: ______________________.

2. Iñaki y Andoni / el Hotel Hesperia Parque Central (Valencia) / 11–14 de agosto

EMPLEADO: ______________________.

ANDONI: ______________________.

EMPLEADO: ______________________.

ANDONI: ______________________.

EMPLEADO: ______________________.

ANDONI: ______________________.

EMPLEADO: ______________________.

ANDONI: ______________________.

3. Iñaki, Andoni, Mark y Sara / el Hotel Alcázar Sercotel (Sevilla) / 14–18 de agosto

EMPLEADO: ______________________________.

ANDONI: ______________________________.

EMPLEADO: ______________________________.

ANDONI: ______________________________.

EMPLEADO: ______________________________.

ANDONI: ______________________________.

EMPLEADO: ______________________________.

ANDONI: ______________________________.

10-28 En el Gran Hotel Domine Bilbao El señor y la señora Harding están de vacaciones en España y van a pasar el fin de semana en Bilbao. Como les encanta el arte moderno, van a quedarse en el Gran Hotel Domine, un hotel contemporáneo de cinco estrellas situado frente al Museo Guggenheim. Completa con las palabras más adecuadas según la conversación que tiene el señor Harding con la empleada del hotel a su llegada.

EMPLEADA: ¡Bienvenidos al Gran Hotel Domine! ¿En qué puedo ayudarles?

SR. HARDING: Buenas tardes. Tenemos (1) ______________ *(reservation)* a nombre de Jeff Harding.

EMPLEADA: Un momento, por favor. Efectivamente, (2) ______________ *(For two nights)*, con salida el día 6 de julio, domingo, ¿es así?

SR. HARDING: Sí, es correcto. Y (3) ______________ *(we need)* una habitación (4) ______________ *(double)* con (5) ______________ *(double bed)*.

EMPLEADA: Muy bien, me permiten sus pasaportes y (6) ______________ *(a credit card)*.

SR. HARDING: Sí, aquí tiene.

EMPLEADA: Muchas gracias… bien, su habitación es la 218, en la segunda planta. Aquí tienen sus llaves para acceder a la habitación. Les deseo una feliz estancia.

SR. Y SRA. HARDING: Gracias.

Enfoque estructural *Usos especiales del futuro*

10-29 ¿Barcelona? Olga y Bernardo piensan ir de vacaciones unos días a Barcelona y su amiga Marieta les hace muchas preguntas sobre el viaje. Ellos no saben muchos de los detalles en los que su amiga está interesada, así que le responden con una conjetura *(conjecture)*. Completa su conversación con el verbo que aparece entre paréntesis usando el tiempo futuro.

MARIETA: ¿Cómo es el clima en Barcelona en octubre?

BERNARDO: No estoy seguro. Pero siendo otoño, imagino que (1) ______________ (hacer) fresco.

MARIETA: ¿Van a quedarse los cinco días en la ciudad?

BERNARDO: No lo sé. Pero, (2) ______________ (nosotros, hacer) la reserva para las cinco noches, por si acaso *(just in case)*. Vamos a quedarnos en el Hotel Abba Sants.

MARIETA: ¿Piensan asistir a un concierto en el Liceo?

OLGA: Nos encantaría *(We would love it)*, pero me pregunto si (3) ______________ (haber) algún espectáculo los días de nuestra visita.

MARIETA: ¿Es cara la vida en Barcelona?

BERNARDO: La verdad es que no lo sé, pero, siendo una ciudad tan importante, imagino que la vida no (4) ______________ (ser) barata.

MARIETA: ¿Saben si van a ir en tren o en avión?

BERNARDO: No lo sabemos aún. Si es posible, (5) ______________ (nosotros, tomar) el tren; nos gusta disfrutar del paisaje.

10-30 Una viajera impaciente Wendy hará un viaje por el norte de España y está tan ansiosa con su viaje que va a la agencia a primera hora de la mañana. Mientras espera a que se abra la agencia, está pensando en todos estos detalles de su viaje. Convierte sus reflexiones en preguntas que expresen conjetura usando el tiempo futuro.

MODELO No sé a qué hora abre la agencia.
¿A qué hora abrirá la agencia?

1. No sé por qué la agencia de viajes no está abierta todavía.
____
2. Me pregunto si es mejor viajar en tren o en autobús.
____
3. No sé si muchos estudiantes viajan en tren.
____
4. No sé cuánto cuesta el billete de tren.
____
5. Me pregunto si puedo obtener un descuento especial de estudiante.
____
6. No sé si hay paquetes *(vacation packages)* de viaje más alojamiento.
____

10-31 Iremos a Sevilla si... Juan y Maricarmen van a hacer un viaje en tren a Sevilla y Juan le está explicando las posibles circunstancias que se pueden presentar. Completa las siguientes oraciones con la condición que creas más adecuada en el contexto.

1. Haré la reserva para el viaje si ______________________________.
2. Iremos a Sevilla en el AVE si ______________________________.
3. Llegaremos a Sevilla al mediodía si ______________________________.
4. Viajaremos en el coche-cama si ______________________________.
5. Ernesto nos llevará a la estación si ______________________________.

10-32 Si viajas al extranjero... Estás conversando con tu profesor/a de español sobre los viajes al extranjero y él/ella te está dando algunos consejos sobre lo que debes hacer si piensas hacer un viaje. Completa las siguientes oraciones usando la forma adecuada del futuro.

1. Si estudias español, ______________________.
2. Si viajas a otro país, ______________________.
3. Si reservas los hoteles con tiempo, ______________________.
4. Si planeas tu viaje con cuidado, ______________________.
5. Si viajas en tren, ______________________.

Enfoque estructural *El artículo **lo** + adjetivos*

10-33 Casas rurales Imagina que estás pensando en visitar España y una amiga te ha hablado sobre la posibilidad de quedarte en una casa rural. Te ha enviado por correo electrónico la siguiente información sobre un hotel rural en Soria que cortó y pegó de la página de Web **www.dormirencasarurales.com**. Lee la información y contesta las preguntas que siguen.

¡Bienvenido a nuestro sistema de reservas de casas rurales! Nuestra web dispone del sistema de reservas de casas y hoteles rurales y hoteles con encanto, más económico y fácil de utilizar de toda la red en turismo rural. Actualmente disponemos de una gran variedad de casas rurales y hoteles con encanto en toda España.

Hotel rural Los Cerezos de Yanguas

Yanguas (Soria)

Descripción: Disfrute descansando, conversando, leyendo frente al fuego *(fire)* después de perderse por pueblos abandonados, de recoger setas *(mushrooms)*, de escuchar al amanecer la berrea *(bellowing)* de los ciervos *(deer)*, de pasear por un tapiz compuesto por hayedos *(beech groves)* milenarios, pinares *(pine groves)* y robledales *(oak groves)*.

Servicios: Cafetería, calefacción, chimenea *(fireplace)*, cocina completa, restaurante, sábanas *(sheets)* y toallas *(towels)*, servicio de limpieza, teléfono y TV.

Indica qué es para ti...

1. lo más interesante de este hotel rural

____

2. lo más curioso

____

3. lo más inesperado

____

4. lo menos interesante

____

10-34 Combinaciones Construye oraciones usando los elementos de las tres columnas de acuerdo con el contexto de los mensajes.

Lo	importante romántico fácil aburrido agotador *(tiring)*	es el jet lag que sientes después de un vuelo internacional es escoger un hotel. ¡Siempre hay muchas opciones! de los viajes es tener que esperar mucho tiempo en las salas de embarque del aeropuerto cuando vas al extranjero es llegar al aeropuerto por lo menos tres horas antes del vuelo es una luna de miel en un hotel rural con encanto

1. ______________________________

2. ______________________________

3. ______________________________

4. ______________________________

5. ______________________________

10-35 En tu opinión Basándote en tus experiencias personales como huésped de un hotel, indica tus opiniones sobre lo siguiente:

- lo importante a la hora de elegir un hotel en donde quedarte

  ____

- lo más difícil a la hora de elegir un hotel en donde quedarte

  ____

- lo mejor de quedarte en un hotel

  ____

- lo peor de quedarte en un hotel

  ____

Nombre ______________________ Fecha ______________________

Vamos a leer

¿Sabías que?

Antes de leer

10-36 ¿Qué sabes de los aeropuertos? Abajo hay una lista de los primeros 15 aeropuertos en número de pasajeros según un ránking mundial hecho en 2005. Escribe los nombres de los siguientes aeropuertos junto con sus códigos en los puestos vacíos *(empty)* según como tú crees que salieron en el ránking: **Madrid (MAD), Atlanta (ATL), Phoenix (PHX), Londres (LHR), Chicago (ORD).**

Puesto	Aeropuerto (Código)	Pasajeros (millones)
1		85,8
2		76,7
3		67,9
4	Tokio (HND)	63,2
5	Los Ángeles (LAX)	61,4
6	Dallas (DFW)	59
7	París (CDG)	53,7
8	Fráncfort (FRA)	52,2
9	Las Vegas (LAS)	44,2
10	Amsterdam (AMS)	44,1
11	Denver (DEN)	43,3
12		41,9
13		41,2
14	Pekín (PEK)	40,9
15	Nueva York (JFK)	40,5

Anticipating from context and format
Approaching a text with some expectations can make your reading experience a bit easier. The context and the layout of the text can help you understand what you are reading.

10-37 ¿De qué se trata? Antes de iniciar la lectura que te presentamos en esta sección, fíjate en las varias secciones que aparecen en el artículo. ¿Qué podemos anticipar sobre su contenido?

____

____

____

¿Sabías qué...

... TODOS LOS VUELOS DE IBERIA Y DEL RESTO DE LAS COMPAÑÍAS DE LA ALIANZA ONEWORLD OPERAN DESDE EL 5 DE FEBRERO EN LA NUEVA TERMINAL, T4, DE MADRID-BARAJAS?

El 5 de febrero se inauguró la Nueva Área Terminal del aeropuerto de Barajas. Tras 72 años operando en las terminales 1, 2 y 3, Iberia concentró todos sus vuelos en una única terminal, lo que le permite ofrecer mejores servicios a sus clientes y facilita las conexiones entre los distintos vuelos.

La nueva terminal ofrece un aspecto futurista, amplio y luminoso. Con una superficie total de casi 760.000 metros cuadrados distribuidos en dos edificios, la Terminal (T4) y el Satélite (T4S), tiene capacidad para dar servicio a 35 millones de pasajeros al año.

Toda la terminal cuenta con clara señalización que guía a los clientes durante todo el recorrido: desde la zona de facturación, pasando por el control de seguridad y la zona comercial, hasta la zona de embarque.

¿Cómo es la nueva terminal?

La T4 está ubicada en el extremo norte del actual aeropuerto de Madrid-Barajas. Está formado por:

- **Dos edificios terminales independientes**, unidos entre sí por un tren automático que circula permanentemente. El tiempo de viaje entre ambos edificios es de poco más de 4 minutos.
  - Edificio Terminal (T4) para los vuelos nacionales y europeos Schengen*.
  - Edificio Satélite (T4S) para todos los vuelos internacionales no Schengen*. Adicionalmente, desde este edificio también saldrán y llegarán algunos (pocos) vuelos nacionales y Schengen*.
- **Un edificio para el aparcamiento de vehículos.**

(*) El espacio Schengen lo forman los siguientes países europeos: Alemania, Austria, Bélgica, Dinamarca, España, Finlandia, Francia, Grecia, Holanda, Italia, Islandia, Luxemburgo, Noruega, Portugal y Suecia.

¿Qué aerolíneas operan en la nueva terminal T4?

- Iberia
- Iberia Regional/Air Nostrum
- Resto de compañías de Oneworld. En la actualidad, las que vuelan a Madrid son:
  - Aer Lingus
  - American Airlines
  - British Airways
  - Finnair
  - LAN
- Otras compañías con las que Iberia tiene acuerdos de código compartido:
  - Avianca
  - CSA Czech Airlines
  - El Al
  - Royal Air Maroc
  - Royal Jordanian
  - SN Brusels
  - Sterling (Maersk Air)
  - Tarom
  - Ukraine International
- Otras aerolíneas (Consultar en AENA: teléfonos 902.35.35.70, 91.305.83.43 ó 91.305.83.45)

Cómo llegar en coche:

Sin peaje:

- Desde la M-40: salida 10 > M-14 salida 3 > T1, T2 y T3; continuación por la M-14 hasta M-13 > T4.
- Desde la A-2 Zaragoza: salida 12 > M-14 salida 3 > T1, T2 y T3; continuación por la M-14 hasta M-13 > T4.
- Desde la M-40 norte: salida 2B > M-11 > Glorieta la Ermita > Avda. Logroño > T4; continuación por la M-11 hasta el final > M-14 > T1, T2 y T3.

Con peaje:

- Desde la M-40 sur: salida 8 > M-12 (peaje) > T4.
- Desde la M-40 norte: salida 2A > R-2 (peaje) salida 5 > M-12 (peaje ya pagado) > T4; o bien salida 2B > M-11 salida 7 > M-12 (peaje) >T4.
- Desde la R-2 Madrid-Guadalajara (peaje): salida T4 > M-12 (peaje ya pagado) > T4.
- Desde la A-1 Burgos: salida 17 > M-12 (peaje) > T4.

Cómo llegar en autobús:

- Línea 204 Avda. América-Aeropuerto. Parada: T4 llegadas.
- Servicio especial Avenida de Logroño-Aeropuerto. Parada: T4 llegadas.

Cómo llegar en metro:

- Línea 8 Nuevos Ministerios-Barajas. Paradas: Aeropuerto (desde allí a la T4 en autobuses-lanzadera gratuitos de AENA, que unen las cuatro terminales) y Barajas (Pueblo) y de allí en autobuses de la EMT.

Está previsto que a lo largo de 2007 concluya la ampliación de la línea 8 hasta la nueva terminal.

La facturación:

- La nueva terminal T4 consta de dos edificios, uno Terminal (T4) y otro Satélite (T4S). Todos los vuelos facturan en la T4, en el nivel 2. Todos los mostradores son universales, es decir, que puede hacerse uso de cualquiera de ellos, independientemente del destino, a excepción de los vuelos del Puente Aéreo que cuentan con mostradores exclusivos. Los mostradores centrales son los destinados a Iberia (700–999). La salida y llegada de los vuelos es lo que se reparte entre uno y otro edificio, dependiendo de los destinos.
- La nueva terminal cuenta con 48 máquinas de auto check-in, todas ellas situadas enfrente de la entrada principal.
  - 20 para los clientes que viajen con equipaje (junto a los mostradores de facturación 810–829)
  - 28 para los clientes que viajen sin equipaje (junto a los mostradores 810–889)

Nombre ______________________ Fecha ______________

Después de leer

10-38 La terminal T4 Lee con atención el artículo que te presentamos (en las páginas 244 y 245) te y responde después a las preguntas de comprensión que siguen.

1. ¿A qué se refieren los siguientes números que aparecen en el artículo?

   a. 72 ______________________

   b. 760.000 ______________________

   c. 35 millones ______________________

   d. 4 ______________________

   e. 48 ______________________

2. Ordena las siguientes zonas por las cuales pasarán los pasajeros (1 = primero, 4 = último)

   ____ **a.** la zona de embarque

   ____ **b.** el control de seguridad

   ____ **c.** la zona de facturación

   ____ **d.** la zona comercial

3. Además de Iberia, ¿cuántas aerolíneas de la alianza Oneworld volarán a la nueva terminal T4?

   ____

4. ¿Qué modos de transporte para llegar al aeropuerto se mencionan en el artículo?

   ____

5. ¿Dónde facturan el equipaje los pasajeros cuyos vuelos salen de la nueva terminal T4? ¿Dónde están las máquinas de auto check-in?

   ____

Nombre ______________________ Fecha ______________________

Vamos a escribir

Un viaje por España

Imagínate que el mes que viene tus amigos y tú harán un viaje de dos semanas por España. Un viaje así necesita ser planeado con cuidado y detalles. Busca información en Internet y asegúrate de incluir en la descripción de su viaje la siguiente información:

- las ciudades que visitarán (elijan por lo menos *tres* ciudades)
- el itinerario que seguirán
- los medios de transporte que usarán a lo largo del trayecto elegido y por qué los eligieron
- los hoteles donde se quedarán en las distintas ciudades y por qué los eligieron

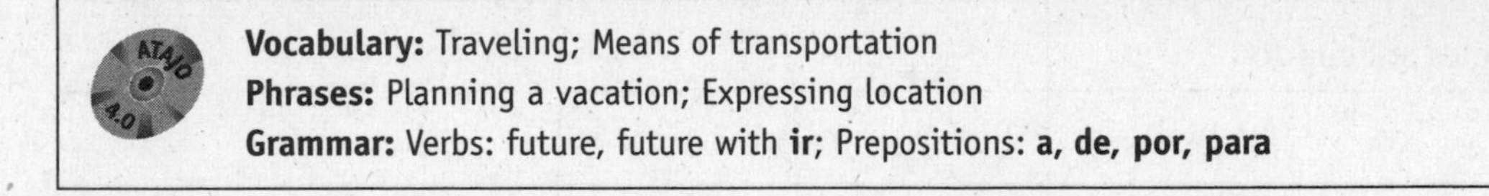

Vocabulary: Traveling; Means of transportation
Phrases: Planning a vacation; Expressing location
Grammar: Verbs: future, future with **ir**; Prepositions: **a, de, por, para**

A empezar

10-39 Organización de las ideas Piensa en qué ciudades españolas tus amigos y tú querrán visitar. Después haz una lista con los preparativos que debes realizar antes de hacer el viaje y busca información en Internet sobre qué podrán hacer y ver en cada ciudad, los medios de transporte y los hoteles.

A escribir

10-40 Preparación del borrador Utiliza la información que preparaste en la sección **A empezar** y escribe el primer borrador de tu descripción del viaje por España. Empieza explicando el itinerario que tus amigos y tú seguirán. A continuación, describe los medios de transporte que usarán y por qué los eligieron. Finalmente, indica qué harán y verán en cada ciudad y describe en qué hoteles se quedarán y por qué los eligieron.

10-41 Revisión del borrador Revisa tu borrador, teniendo en cuenta las siguientes consideraciones.

1. ¿Aparece toda la información necesaria sobre los preparativos para el viaje? ¿Está el itinerario del viaje bien detallado?
2. ¿Están claras las ideas que expones? ¿Está el itinerario organizado según el recorrido que tus amigos y tú van a hacer cada día?
3. ¿Incluiste el vocabulario que aprendiste en este capítulo para hablar de los itinerarios, el transporte y los hoteles? ¿Utilizaste las estructuras gramaticales apropiadas para hablar de planes de viaje en el futuro?

10-42 El producto final Haz los cambios necesarios de acuerdo con la revisión de tu borrador e incluye las ideas nuevas que se te hayan ocurrido. Antes de entregarle la descripción de tus planes de viaje a tu profesor, léela una vez más y asegúrate de que no haya errores ortográficos y de que todos los cambios se hayan incluido.

COMPRENSIÓN AUDITIVA

CD2, Track 25

10-43 En la ventanilla Mientras esperas tu turno en la estación, escucha las siguientes conversaciones que algunos viajeros tienen con el vendedor de billetes. Antes de iniciar la audición, examina el cuadro que aparece a continuación y, mientras escuchas, trata de localizar la información requerida.

	Conversación 1	Conversación 2
destino del viajero(s)		
número de billetes solicitado		
fecha de salida		
hora de salida		
fecha de regreso		
hora de regreso		
¿con descuento?		

CD2, Track 26

10-44 La llegada a Madrid Sandra nos cuenta cómo fue su llegada a Madrid el verano pasado cuando visitó a su amiga española Adriana, que vive en la capital. Escucha con atención su relato y completa las siguientes oraciones con la respuesta más adecuada para la información que oigas.

1. Sandra llegó al aeropuerto a…
   a. las siete y media de la mañana.
   b. las tres de la tarde.
   c. las ocho y media de la mañana.
   d. las ocho y media de la tarde.
2. Cuando Sandra llegó a Madrid…
   a. fue directamente a la sala de recogida de equipaje.
   b. fue directamente a la aduana.
   c. pasó el control de pasaportes.
   d. fue a la cafetería a desayunar.
3. En la aduana,…
   a. Sandra recogió sus maletas.
   b. Sandra explicó los motivos de su viaje a España.
   c. Sandra tuvo problemas con los guardias.
   d. Sandra no tuvo que mostrar su visa.
4. Después de pasar la aduana,…
   a. Sandra tomó un taxi para ir a casa de su amiga Adriana.
   b. Sandra se encontró con Adriana en el aeropuerto.
   c. Sandra tomó un autobús al centro.
   d. Sandra manejó un coche de alquiler a casa de Adriana.

CD2, Track 26

10-45 Para llegar al apartamento Escucha de nuevo el relato de Sandra y completa la siguiente información relacionada con su llegada a Madrid.

1. Adriana no pudo recoger a Sandra en el aeropuerto por ______________________.
2. Sandra fue a Madrid para ______________________.
3. Sandra tomó el autobús del ______________ a ______________________ y después fue al apartamento de Adriana en ______________________.
4. Adriana había dejado una llave de su apartamento para ______________________ en ______________.
5. El bar de Carlos estaba cerca ______________.
6. Sandra pudo descansar en el apartamento de Adriana después de su largo viaje entre ______________ y ______________.

CD2, Track 27

10-46 Cuando me gradúe... Rosa nos cuenta los planes que tiene después de graduarse. Escucha con atención su narración y trata de responder a las preguntas de comprensión que aparecen a continuación.

1. ¿Qué quiere hacer Rosa cuando se gradúe?

   ____

   ____

2. ¿Qué tipo de profesión va a buscar?

   ____

   ____

3. ¿Por qué no quiere trabajar como maestra o profesora?

   ____

   ____

4. ¿Dónde piensa vivir después de su viaje al extranjero?

   ____

   ____

Nombre ______________________ Fecha ______________

10-47 Hablando del futuro Lee los siguientes comentarios que Rosa hace durante su narración y cambia la expresión que aparece subrayada *(underlined)* a la forma verbal correspondiente del tiempo futuro.

1. El año que viene voy a graduarme y pienso viajar durante seis meses antes de empezar a trabajar.

____

2. Cuando empiece a trabajar, no voy a tener mucho tiempo libre para viajar.

____

3. Después de mi viaje, voy a buscar una profesión relacionada con las lenguas.

____

4. Pienso quedarme aquí en Nueva York a vivir y voy a compartir apartamento con algunos de mis compañeros de la universidad.

____

____

5. Estoy emocionada con los cambios que el futuro va a traer a mi vida.

____

Pronunciación

Las consonantes: *l, r, rr*

CD2, Track 28

10-48 La consonante *l* The Spanish consonant **l** is pronounced liked the *l* in the English word *leak.* Escucha y repite las siguientes palabras.

lata lavado chiles frijoles limón aliño melón solomillo luna molusco

CD2, Track 29

10-49 Las consonantes *r, rr* The Spanish single **r** between vowels is pronounced similarly to the *dd* in the English word *ladder,* that is, with a single tap of the tip of the tongue against the gum ridge behind the upper front teeth.

Escucha y repite las siguientes palabras.

dorar cuchara querer fumadores marisco aperitivo pero mesero

When the consonant **r** is the first letter of a word, it has the same sound as the double **rr** between vowels.The sound is pronounced with a flapping or a trilling of the tongue against the gum ridge behind the upper front teeth.

Escucha y repite las siguientes palabras.

rama cerrado receta terreno rico burritos arroz ruido arrullo

Nombre ______________________ Fecha ______________

Vamos a ver

10-50 Planes, planes y más planes Contesta las siguientes preguntas sobre los planes de los compañeros.

Javier

1. ¿Qué países piensa visitar? ______________________
2. ¿Cuál será el medio de transporte que usará Javier para…

   …viajar a Centroamérica? ______________________

   …ver la costa del Pacífico? ______________________

   …llegar a Machu Picchu? ______________________

Sofía y Alejandra

3. ¿Sobre cuáles de los siguientes aspectos de la cultura taína, o sea puertorriqueña, escribirá Sofía en su libro?

   ❑ el arte ❑ la historia
   ❑ la arquitectura ❑ la vida cotidiana *(everyday life)*
   ❑ la comida ❑ el idioma

4. ¿Qué montará Alejandra en Colombia? ¿Dónde?

   ____

Antonio y Valeria

5. Antonio le pregunta a Valeria si le gustaría *(would like)* conocer un lugar específico. ¿Cuál es?

   ____

10-51 A planear viajes Al empezar a planear sus viajes, Javier tiene muchas preguntas. Tú no tienes todas las respuestas pero vas a intentar ayudarle. Usa el **futuro de conjetura** en tus respuestas.

1. ¿Cuánto cuesta un boleto de avión de San Juan a Belice o a Tegucigalpa?

____

____

2. ¿Dónde compro los boletos?

____

____

3. En Costa Rica, ¿qué es mejor, viajar por carretera o por avión?

____

____

4. ¿Cuánto cuesta alquilar un carro?

____

____

5. ¿Cuál es el medio de transporte más conveniente para unir los países de Centroamérica?

____

____

Nombre ______________________ Fecha ______________________

Los estudios en el extranjero 11

PRIMERA ETAPA

Para empezar Los estudios en el extranjero

11-1 Estudiar en el extranjero Cuando pensamos participar en un programa de estudios en el extranjero, es necesario escoger un programa y hacer todos los trámites requeridos. Relaciona los elementos de la primera columna con los de la segunda columna.

estadías	académico
prácticas	de investigación
calendario	de viaje
expediente	escolar
seguro	profesionales en el extranjero

1. ______________________
2. ______________________
3. ______________________
4. ______________________
5. ______________________

11-2 ¡Hola, Arturo! Víctor acaba de enterarse *(to find out)* que ha sido admitido para estudiar en un programa en el extranjero, en Costa Rica, y quiere contarle las buenas noticias a su amigo Arturo. Completa el correo electrónico de Víctor con el vocabulario más adecuado en cada caso.

DE: vicparra@gmail.com
PARA: arturo2007@yahoo.com

¡Hola, Arturo! Te escribo para contarte que el próximo semestre voy a estudiar en el extranjero. Es fantástico, ¿no? Sí, voy a pasar un semestre en Costa Rica. Estoy muy contento, pero también estoy muy ocupado. Hay muchas cosas que hacer antes del viaje. Primero, tengo que pedir una cita con el (**1**) ______________ *(advisor)* de la (**2**) ______________________ *(academic advisement office)*. Además, necesito pedirles una carta de presentación a mis profesores y examinar con atención la descripción de las clases que ofrece la universidad y averiguar si la universidad ofrece (**3**) ______________ *(scholarships)* para ayudar con el costo de la (**4**) ______________ *(tuition)*. Además, necesito solicitar una copia de mi (**5**) ______________________ *(transcript)* y enviarlo a la universidad de Costa Rica.

Esta semana también tengo que contratar un (**6**) ______________________ *(medical insurance)* para mi (**7**) ______________________ *(semester stay)*. Espero completartodos los trámites antes del mes próximo para poder concentrarme *(to focus)* en mis clases de este semestre. Y es que estoy tan emocionado que no puedo dejar de pensar lo mucho que voy a aprender con esta experiencia.

¡Hasta pronto!

Víctor

Enfoque léxico *Cómo tramitar una estadía en el extranjero*

11-3 Asociaciones Empareja cada palabra del cuadro con su definición correspondiente.

el curso	el formulario	matricularse	el consulado	el plazo

1. momento o fecha en que termina el tiempo señalado para hacer algo: ____________________
2. documento que contiene preguntas y espacios en blanco para rellenar: ____________________
3. conjunto de lecciones o clases sobre una materia que está estructurada y sigue un programa, especialmente dentro de un plan de estudios: ____________________
4. grupo de personas que trabajan en una ciudad de un estado extranjero para representar y proteger los intereses de su nación: ____________________
5. inscribirse en un programa educativo: ____________________

11-4 Aún no lo sé Sergio está pensando en estudiar un año académico en Latinoamérica, pero todavía no sabe adónde va a ir, a Costa Rica o a Nicaragua. Completa la conversación que tiene Sergio con la consejera de la Oficina de Relaciones Internacionales con el vocabulario del cuadro.

consulado	matrícula	requisitos	plazo	llenar
visa	presentar	cursos		

CONSEJERA: ¿Elegiste ya un programa de estudios en el extranjero?

SERGIO: No. Aún no. Estoy dudando entre dos programas de idiomas, uno en Costa Rica y otro en Nicaragua.

CONSEJERA: Bueno, primero debes fijarte en los **(1)** ____________________ ofrecidos y también los **(2)** ____________________ de ingreso.

SERGIO: De acuerdo. Pero una vez elegido el programa, ¿qué tengo que hacer?

CONSEJERA: Eso depende del programa, pero en general vas a tener que **(3)** ____________________ varios formularios y **(4)** ____________________ la solicitud.

SERGIO: ¿Y cuándo es necesario pagar la **(5)** ____________________?

CONSEJERA: Antes de irte. El programa te va a informar del **(6)** ____________________ para pagarla.

SERGIO: Bien. También tengo que obtener una **(7)** ____________________, ¿verdad?

CONSEJERA: Sí, en el **(8)** ____________________ del país adonde vas a estudiar.

Nombre ______________________________ Fecha ______________________

11-5 En respuesta a sus preguntas... Maribel quiere estudiar en el extranjero el año que viene y hace unos días les escribió un correo electrónico a International Student Exchange Program (ISEP) indicando su interés en su programa en Nicaragua. Completa con las palabras más adecuadas el correo electrónico que acaba de recibir del programa.

Enviar | Guardar | Archivos

DE: info@isep.org

PARA: maribelv@gmail.com

RE: Información Sobre ISEP en Nicaragua

Estimada Maribel:

Gracias por su interés en ISEP. En respuesta a sus preguntas, le informamos que somos un sistema recíproco de intercambio académico. Todos nuestros programas incluyen alojamiento y alimentación durante el intercambio. El (**1**) ______________________ *(application period)* para iniciar estudios en agosto del 2007 finaliza el 30 de enero de 2007. Tendrá que (**2**) ______________________ *(turn in)* los siguientes documentos por correo:

- ❑ Solicitud de Intercambio Académico-Solicitud de ISEP
- ❑ (**3**) ______________________ *(transcript)**
- ❑ Autobiografía (500 palabras)*
- ❑ Carta de intención (150 palabras, en la cual explica las metas profesionales que pretende lograr al participar en el intercambio)*
- ❑ Tres cartas de recomendación de profesores*

*(con traducción al idioma del país de intercambio)

Se deberá entregar original y dos juegos de copias por cada opción de universidad. Si su (**4**) ______________ *(application)* se aprueba, recibirá un paquete de información sobre nuestros servicios, un catálogo de cursos e información sobre cómo (**5**) ______________ *(register)* en nuestro programa en Nicaragua.

Reciba un cordial saludo.

Atentamente,

International Student Exchange Program
1616 P Street, NW, Suite 150
Washington, D.C. 20036

Nombre ______________________________ Fecha ______________________

Enfoque estructural *Un repaso de los verbos como* ***gustar***

11-6 En la Oficina de Relaciones Internacionales Mientras estás en la Oficina de Relaciones Internacionales para recoger unos folletos sobre programas en el extranjero, escuchas la siguiente conversación entre el consejero y su secretaria. Construye preguntas y respuestas de acuerdo con el modelo.

MODELO falta / matricularse en el programa de idiomas en Costa Rica (Carmen)
—¿A quién le falta matricularse en el programa de idiomas en Costa Rica?
—A Carmen le falta matricularse.

1. interesar / participar en el programa de voluntariado (Mercedes)
____
____
2. tocar / las becas para la estadía de investigación en Puerto Rico este año (Elena y Pablo)
____
____
3. parecer demasiado caros / los costos académicos del programa de intercambio en Panamá (Justo y Adelina)
____
____
4. encantar / las prácticas profesionales en San José el año pasado (Lourdes)
____
____
5. hacer falta / seguro médico (Paco, Jorge y Ana)
____
____

11-7 Un verano en el extranjero Rosa y Martín están hablando sobre la posibilidad de estudiar en el extranjero este verano. Lee con atención su conversación y completa su diálogo con el verbo más apropiado en el contexto comunicativo.

apetecer	hacer falta	interesar	gustar	parecer	importar

ROSA: ¡Sí! Me **(1)** ______________ una idea excelente pasar el verano en un país extranjero.

MARTÍN: ¿Leíste los folletos que nos dieron en la Oficina de Relaciones Internacionales? ¿Qué tipo de programa de estudios en el extranjero te **(2)** ______________ más?

ROSA: Los de voluntariado.

MARTÍN: ¿Ah sí? ¿Por qué?

ROSA: Porque hace unos años mi hermano mayor y yo participamos en un programa de voluntariado en mi barrio llamado "De calle a calle". Fue una experiencia genial y me **(3)** ______________ hacer algo parecido en otro país.

MARTÍN: ¿En qué país? ¿Tienes una preferencia?

ROSA: No. Realmente no me (4) ______________ dónde, sólo que sea bueno el programa y que ayude a gente.

MARTÍN: Pues a mí no me (5) ______________ los programas de voluntariado. Prefiero las prácticas profesionales.

ROSA: Bueno, hay mucha opciones en cuanto a las prácticas, sólo te (6) ______________ decidir qué tipo de trabajo quieres hacer y dónde.

MARTÍN: ¡Qué emocionante! Seguro que este verano va a ser el mejor de nuestras vidas.

ROSA: No lo dudo.

11-8 ¿Qué decir? ¿Cuál es la expresión más apropiada en las siguientes situaciones? Lee con atención los contextos comunicativos que aparecen a continuación y construye un mensaje coherente con lo que quieres comunicar utilizando las estructuras verbales similares a **gustar** que aparecieron en esta **etapa.**

1. Necesitas una beca para poder estudiar en el extranjero el año que viene.

   ____

2. Crees que los costos académicos para los programas de intercambios son muy caros.

   ____

3. Te gustan muchísimo los cursos ofrecidos por un programa de idiomas en Puntarenas.

   ____

4. Después de hacer una estadía de investigación en Panamá quieres viajar unos meses por Sudamérica.

   ____

5. No recuerdas cuándo tienes tu cita en el consulado de Nicaragua para obtener una visa.

   ____

11-9 ¿Qué falta? *(What's missing?)* Un amigo tuyo que está en su tercer año de la universidad te está dando consejos sobre los programas de intercambios. Completa las siguientes oraciones con el pronombre relativo más adecuado en cada caso para saber lo que te dice.

1. Raquel, la estudiante de intercambio a ______________ te presenté anoche, está estudiando lingüística aquí pero es de Costa Rica. Puede contestar las preguntas que tienes sobre el país.
2. Todos los formularios ______________ tienes que llenar están en esta carpeta.
3. Me han dicho que el consejero con ______________ tienes una cita es muy simpático.
4. Desafortunadamente, los cursos ______________ ofrece esa universidad no te van a interesar.
5. Los dos estudiantes de intercambio con ______________ comparto el apartamento son de Nicaragua. Ellos te pueden ayudar a escoger un programa en Nicaragua si decides ir allí.

Nombre ______________________ Fecha ______________

Enfoque estructural *Los pronombres relativos*

11-10 Combinaciones Combina los elementos que aparecen en las cuatro columnas para saber los chismes de la universidad. No olvides que en algunos casos, tendrás que incluir una preposición delante del pronombre relativo.

la beca	que	hablé ayer	son los de literatura hispana
el consejero	quien	más me gustan	cubrió la mitad de la matrícula
el visado	quienes	te hablé	tiene una validez de 90 días
los estudiantes		recibió Jorge	estuvieron estudiando en Costa Rica un semestre
los cursos ofrecidos		me dieron en el consulado	lleva diez años trabajando en la Oficina de Asesoramiento Académico

1. ______________________
2. ______________________
3. ______________________
4. ______________________
5. ______________________

11-11 Mi experiencia Después de regresar del año académico en Panamá tu profesora de español te ha pedido que le cuentes *(you tell)* a la clase cómo fue tu experiencia. Completa las siguientes oraciones que te pueden ayudar a ordenar tu narración. ¡Sé creativo/a!

1. El programa de estudios que ______________________.
2. Los profesores que ______________________.
3. Las clases que ______________________.
4. Los estudiantes con quienes ______________________.
5. La familia con quien ______________________.

Nombre ______________________ Fecha ______________________

SEGUNDA ETAPA

Para empezar ¿Buscas apartamento?

11-12 Ya encontré apartamento... Encontrar un buen apartamento no siempre es fácil. Tino está muy contento porque, después de mucho buscar, encontró un apartamento que le gusta mucho. Ahora le está contando a su amigo Marcos cómo es el apartamento que va a alquilar. Completa la conversación de los dos amigos con las palabras más adecuadas del cuadro.

contrato	estacionamiento	portero	amueblado	fianza	terraza

TINO: ¡Marcos! Por fin, encontré apartamento.

MARCOS: ¿De verdad? ¡Enhorabuena! Pero, cuéntame, ¿cómo es?

TINO: Bueno, pues, es un apartamento (1) ______________, con dos dormitorios y también tiene (2) ______________.

MARCOS: ¡Estupendo! Así podremos hacer nuestras barbacoas allí los fines de semana.

TINO: Claro que sí. A ver, ¿qué más? Ah, sí, también tiene teléfono, televisión por cable y lavadora.

MARCOS: ¿En qué zona está?

TINO: Está por el centro. Es un barrio seguro. Además el edificio tiene (3) ______________. Oye, ahora iba a firmar el (4) ______________ y pagar la (5) ______________. ¿Por qué no vienes conmigo y así lo ves?

MARCOS: Sí, claro. ¿Manejamos hasta allí?

TINO: Sí. Podemos aparcar en el garaje del edificio.

MARCOS: ¿También tienes (6) ______________? Chico, ¡qué suerte!

11-13 En la agencia inmobiliaria Graciela y dos compañeras de la universidad están buscando apartamento. Después de mirar los anuncios del periódico, deciden visitar personalmente a un agente y explicarle cómo debe ser el apartamento que buscan. Completa su conversación con las palabras más apropiadas del vocabulario relacionado con el alquiler de un apartamento.

AGENTE: ¡Buenas tardes! ¿En qué puedo ayudarlas?

GRACIELA: ¡Buenas tardes! Estamos buscando apartamento.

AGENTE: ¿Qué tipo de apartamento quieren?

GRACIELA: Bueno, somos tres compañeras, así que necesitamos un apartamento con tres habitaciones por la zona de la universidad.

AGENTE: Vamos a ver qué tengo. ¿Necesitan (1) ______________ también?

GRACIELA: No, no tenemos carro.

AGENTE: Bien. ¿Lo quieren amueblado o (2) ______________?

GRACIELA: Mejor, amueblado.

AGENTE: Aquí tengo una buena opción para ustedes. No es un apartamento; es una casa pequeña de dos plantas *(two-story)*, pero tiene tres dormitorios, como ustedes querían y está cerca de la universidad. Además, saliendo de uno de los dormitorios hay un (3) ________________ con vistas a la parte de atrás *(back)* de la casa donde hay un (4) ________________ muy bonito con plantas y flores.

GRACIELA: No sé, una casa...

AGENTE: El precio del (5) ________________ no es mucho más alto y el (6) ________________ es muy flexible. Pueden alquilarla por seis meses y si no están contentas, cambiarse a un apartamento.

GRACIELA: Bien, vamos a pensarlo. ¡Gracias!

AGENTE: ¡Gracias a ustedes!

11-14 Alquilo apartamento Tu amigo Chris se va un año a Panamá para estudiar y quiere realquilar *(sublet)* su apartamento. Cree que sería una buena idea poner el anuncio también en español y te pide ayuda con la traducción. Lee con atención la descripción del apartamento que Chris preparó en inglés e intenta escribir el anuncio en español.

APARTMENT FOR RENT

One-year lease. Two-bedroom apartment with backyard near university. Furnished. Parking available. Security deposit required. E-mail: chrisv@yahoo.com Phone: 440–5716 (Chris).

Alquilo apartamento

____

____

____

____

____

____

Enfoque léxico *Otros aspectos del alquiler*

11-15 Definiciones Empareja las siguientes palabras relacionadas con el alquiler de un apartamento con sus definiciones.

_____ **1.** vecino/a
_____ **2.** seguridad
_____ **3.** infraestructura
_____ **4.** ubicación
_____ **5.** zona comercial

a. área donde se localizan tiendas, negocios y locales de ocio
b. conjunto de servicos e instalaciones ofrecidos a los residentes de una zona
c. ausencia de peligro o riesgo
d. situación o lugar en el que se encuentra una cosa
e. persona que vive en el mismo edificio que otra persona pero en viviendas diferentes

11-16 Mis preferencias Imagínate que el verano que viene vas a realizar prácticas profesionales en el extranjero y el programa que elegiste te ha enviado el siguiente formulario para llenar sobre el alojamiento.

> Durante su estadía, se alojará en un apartamento de alquiler. Para que nosotros podamos ofrecerle el apartamento que más se ajuste a sus deseos, háganos el favor de ordenar los siguientes factores según sus preferencias. (5 = más importante, 1 = menos importante)
>
> _____ barrio céntrico
>
> _____ transporte público cercano *(nearby)*
>
> _____ buenas vistas
>
> _____ infraestructura de la zona (hospitales, escuelas, tiendas, etc.)
>
> _____ todos los servicios públicos incluidos

11-17 Mi apartamento Ahora imagínate que tus prácticas profesionales en el extranjero ya han empezado y estás viviendo en el apartamento por el cual llenaste el formulario (**11-16**). Escribe una descripción de dónde vives usando el vocabulario del **Enfoque léxico.**

____

____

____

____

____

____

Enfoque estructural *Los mandatos con **usted** y **ustedes***

11-18 Un verano en Colón Algunos compañeros de clase y tú están preparándose para pasar el verano en un programa de idiomas en Colón, Panamá. Durante su estadía, van a vivir con familias panameñas. La consejera de la Oficina de Asesoramiento Académico les está dando unos consejos antes de que vayan *(before you go)*. Completa su narración con las formas correctas de los **mandatos** con **usted** y **ustedes** según el contexto.

¡Buenos días a todos! (**1**) ________________ (Escuchar) con atención, por favor. Este viaje es una experiencia nueva para ustedes y una oportunidad única. No (**2**) ________________ (olvidar) *(to forget)* mis consejos; pueden ser útiles. (**3**) ________________ (Tener) sus pasaportes en regla *(in order)* antes del viaje y (**4**) ________________ (pedir) algunas balboas en el banco para tener un poco de dinero suelto *(some cash)*. (**5**) ________________ (Llevar) un regalo para su familia. Es un gesto de cortesía. (**6**) ________________ (Pasar) tiempo con ellos y (**7**) ________________ (aceptar) sus invitaciones para salir a comer a un restaurante o ir de excursión. Es una buena forma de crear relaciones estrechas *(close relationships)* con su familia. (**8**) ________________ (Ser) considerados en casa y (**9**) ________________ (respetar) los hábitos familiares. (**10**) ________________ (Practicar) español en la clase, en la casa y con sus amigos. **(11)** ______________ (Ir) a todas sus clases y a las visitas culturales que el programa ofrece. **(12)** ______________ (Escribir) un diario con sus experiencias en Panamá y a su vuelta **(13)** ______________ (hablar) con sus otros compañeros de la universidad sobre este viaje. Y eso es todo, chicos. ¡**(14)** ______________ (Disfrutar) del verano!

11-19 ¡Bienvenida! La asistente nativa del Departamento de Español acaba de llegar a tu universidad y tú estás enseñándole el campus y dándole consejos para que disfrute de su estadía. Escribe 10 consejos, 5 afirmativos y 5 negativos usando **mandatos** con **usted** y **ustedes**.

MODELO *Vaya al cine de la universidad.*
No se pierda el partido de fútbol el sábado. El equipo universitario es muy bueno.

1. ______________________________
2. ______________________________
3. ______________________________
4. ______________________________
5. ______________________________

1. ______________________________
2. ______________________________
3. ______________________________
4. ______________________________
5. ______________________________

11-20 Consejos útiles Tu hermano y hermana menor van a participar en un programa de intercambio este año y quieres darles algunos consejos útiles sobre lo que *no* deben hacer para poder tener éxito. Sigue el modelo.

MODELO No / presentar sus proyectos tarde
No presenten sus proyectos tarde.

1. No / llegar tarde a sus clases
____
2. No / hablar durante la explicación del profesor
____
3. No / ser desorganizados con sus tareas
____
4. No / ir de fiesta todas las noches
____
5. No / estudiar sólo el día antes del examen
____

Enfoque estructural *Los mandatos afirmativos y negativos con **tú***

11-21 Muchas preguntas El año pasado Rogelio participó en un programa académico en San José. El consejero de la Oficina de Relaciones Internacionales le pidió que hablara con *(asked him to speak with)* Marina, una estudiante que quiere participar en el mismo programa y tiene muchas preguntas sobre cómo será la experiencia. Completa las respuestas de Rogelio con **mandatos informales.**

MARINA: ¿Recibiste una beca para estudiar en San José?

ROGELIO: No, pero conocí a varios estudiantes que las recibieron. El programa te enviará un paquete de información sobre becas y financiación. **(1)** ______________ (Leer) la información detalladamente, **(2)** ______________ (llenar) todos los formularios y **(3)** ______________ (prestar) mucha atención a los plazos. A mí se me pasó el plazo para solicitar una beca. ¡Qué despiste *(slip-up)*!

MARINA: Voy a tener que buscarme un apartamento, ¿verdad?

ROGELIO: Sí, antes de irte recibirás una lista de apartamentos disponibles y una vez que estés en San José tendrás que ponerte en contacto con los propietarios *(landlords)*. **(4)** ______________ (Hacer) una cita para ver los apartamentos que más te interesan. No **(5)** ______________ (olvidarse) de intentar negociar el precio del alquiler. Yo regateé y al final pagué 200 colones al mes en vez de los 250 que pedían.

MARINA: ¿Cómo son los apartamentos en San José?

ROGELIO: Hay de todo. **(6)** ______________ (Buscar) uno amueblado y lo más cerca del centro que puedas.

11-22 Consejos prácticos Marisa estudió en el extranjero el verano pasado y ahora le está dando unos consejos a Mike, un amigo suyo quien planea participar en un programa de idiomas en Nicaragua. Construye oraciones con la información que aparece a continuación utilizando **mandatos informales.**

1. estudiar mucho y ser disciplinado durante el programa

   ____

   ____

2. ir a una inmobiliaria para buscar un apartamento

   ____

   ____

3. viajar tanto como puedas *(as much as you can)* los fines de semana

   ____

   ____

4. no hablar en inglés; hablar en español lo más posible

   ____

   ____

Nombre ______________________ Fecha ______________

5. intentar conocer a muchos nicaragüenses

____

____

6. entre semana no salir muy tarde por las noches

____

____

7. respetar las tradiciones y costumbres nicaragüenses

____

____

8. acostumbrarse al horario local

____

____

11-23 Mejorar tu español Has decidido hablar con la Profesora Caldarera sobre qué puedes hacer para seguir mejorando tu nivel de español. Ahora ella te está dando consejos. Completa la conversación con **mandatos informales.**

PROFESORA: La práctica es muy importante para conseguir la fluidez en una lengua extranjera. **(1)** ______________ (Ser) constante y **(2)** ______________ (practicar) mucho.

TÚ: ¿Y cómo puedo ampliar mi vocabulario?

PROFESORA: **(3)** ______________ (Leer) periódicos y revistas en español. Así también vas a estar informado/a sobre la actualidad hispánica.

TÚ: ¿Y para practicar la escritura?

PROFESORA: **(4)** ______________ (Buscar) un *pen pal* nativo. Es una práctica divertida. O también, **(5)** ______________ (escribir) un diario en español.

TÚ: También me interesa conocer el español menos formal. ¿Qué puedo hacer?

PROFESORA: **(6)** ______________ (Ir) a conciertos de música latina, **(7)** ______________ (salir) con compañeros hispanos y no **(8)** ______________ (hablar) en inglés con ellos, sólo en español.

TÚ: ¿Y si quiero aprender más sobre la cultura y las tradiciones hispanas?

PROFESORA: **(9)** ______________ (Viajar) a un país de habla hispana y **(10)** ______________ (vivir) con una familia.

Nombre ______________________ Fecha ______________

TERCERA ETAPA

Para empezar En el banco

11-24 Hágase cliente Recibiste el siguiente folleto publicitario de CrediBank. Completa los espacios en blanco con el vocabulario del cuadro.

débito	clave	préstamos	transacciones	corrientes	invierta

Hágase cliente de CrediBank, un banco que le ofrece todos los servicios de un banco tradicional pero a través de Internet.

- Disfrute de (**1**) ______________ bancarias gratuitas al contratar alguna de nuestras cuentas (**2**) ______________ o de ahorro.
- Financie sus sueños con nuestros (**3**) ______________ personales a medida.
- (**4**) ______________ en la bolsa a través de nuestro broker en línea.
- Retire dinero en cajeros automáticos gratuitamente usando su tarjeta de (**5**) ______________, introduciendo su (**6**) ______________ secreta.

Y recuerde que nuestro banco está abierto para Ud. las 24 horas del día, 7 días a la semana.

11-25 Lo más apropiado para Ud. es... Las siguientes personas han llamado a CrediBank para solicitar una serie de servicios bancarios. Lee las descripciones y haz el papel del empleado del banco y diles a cada uno qué tipo de servicio es el que necesitan.

1. RAMÓN: Voy a viajar al extranjero y voy a necesitar un medio de pago seguro.
   EMPLEADO: Lo más apropiado para ti es ______________________.
2. EL SR. RAMÍREZ: Quiero empezar a planificar el futuro de mi hijo.
   EMPLEADO: Lo más apropiado para Ud. es ______________________.
3. EL SR. Y LA SRA. VEGA: Nos gustaría cambiar de coche pero no queremos quedarnos sin ahorros.
   EMPLEADO: Lo más apropiado para Uds. es ______________________.

4. LA SRA. RICO: Mi hijo se va a ir a estudiar en el extranjero y necesitará disponer de dinero en efectivo. No quiero tener que enviarle transferencias.

EMPLEADO: Lo más apropiado para su hijo es _______________.

5. SUSANA: He recibido dinero de una herencia y no lo voy a necesitar hasta dentro de tres años.

EMPLEADO: Lo más apropiado para ti es _______________ el dinero en productos financieros.

Enfoque léxico *Transacciones bancarias en el extranjero*

11-26 Relaciones léxicas Relaciona cada una de las siguientes palabras con la definición que le corresponda.

_____ 1. la sucursal

_____ 2. el cargo

_____ 3. la transferencia

_____ 4. la casa de cambio

_____ 5. los fondos

a. operación por la que se transfiere una cantidad de dinero de una cuenta bancaria a otra

b. lugar donde va la gente para cambiar su moneda nacional por moneda local

c. pago que se hace o debe hacerse con dinero de una cuenta

d. la cantidad de dinero disponible de una persona en su cuenta bancaria

e. establecimiento que depende de otro principal y desempeña las mismas funciones que éste pero en otro lugar

11-27 ¿Qué debe hacer? Lee las siguientes situaciones y di lo que debe hacer cada persona, usando las expresiones del cuadro.

cambiar los cheques de viajero por efectivo	**enviarle dinero**
reemplazar sus tarjetas de crédito robadas	**sacar dinero de un cajero automático**

1. El Sr. Vázquez está de vacaciones en la República Dominicana y desafortunadamente fue víctima de un robo. El ladrón se llevó su cartera con sus tarjetas de crédito, su dinero en efectivo y sus cheques de viajero. Ha notificado a su banco del suceso. ¿Qué debe hacer el banco? _______________

____

2. La Sra. Molina acaba de recibir una llamada telefónica de su hija Mónica que está participando en un programa de idiomas en el extranjero. Parece ser que Mónica ya ha gastado todo el dinero que le dio y todavía le queda un mes allí. ¿Qué debe hacer la Sra. Molina? _______________

____

3. Ricardo está en el cine y quiere pagar con tarjeta de crédito pero no las aceptan. Mira en su cartera y tampoco tiene dinero en efectivo. ¿Qué debe hacer Ricardo? _______________

____

4. Irina está de viaje en España y necesita moneda local. No encuentra un cajero automático pero ha localizado una casa de cambio. ¿Qué debe hacer Irina? _______________

____

11-28 Mis transacciones bancarias ¿Cuáles de las siguientes transacciones bancarias has hecho por lo menos una vez?

- ❑ sacar dinero de un cajero automático
- ❑ transferir fondos
- ❑ cambiar los cheques de viajero por efectivo
- ❑ pedir una tarjeta de crédito de reemplazo *(replacement)*
- ❑ ir a una casa de cambio

Ahora, basándote en tus respuestas, escribe una descripción de tus transacciones bancarias. ¿Con qué frecuencia las haces? ¿Cuándo? ¿Dónde?, etcétera.

____

____

____

____

____

Enfoque estructural *Los mandatos con pronombres de complemento directo e indirecto*

11-29 Respuestas lógicas Relaciona las respuestas de la segunda columna con las preguntas correspondientes de la primera columna.

____ 1. ¿Transfiero el dinero a tu cuenta corriente o lo quieres ahora en efectivo?

____ 2. ¿Quiere cambiar sus cheques de viajero?

____ 3. ¿Les gustaría recibir información sobre nuestros préstamos personales?

____ 4. Señora, ¿quiere invertir su herencia?

____ 5. ¿Uds. van a pagar en efectivo?

____ 6. Señor, esta operación conlleva un cargo por servicios de 20 euros.

a. Sí, inviértamela en fondos.

b. No, cárguenoslo en esta tarjeta de crédito.

c. Sí, envíanosla por correo.

d. Pónmelo en mi cuenta.

e. De acuerdo, retíremelo de mi cuenta corriente.

f. Sí, cámbiemelos todos, por favor.

11-30 ¿Qué deben hacer? Lee con atención las siguientes situaciones y responde con mandatos con pronombres de complemento directo e indirecto, empleando los elementos entre paréntesis.

MODELO —Quiero comprarme un coche nuevo pero no tengo dinero suficiente.
(pedir prestado, tú / al banco)
—*Pídeselo prestado al banco.*

1. Mi hija está estudiando en México y necesita dinero para comprar libros pero no puede usar su tarjeta de crédito porque ya está al límite. (enviar, tú / por Western Union) ______________
____

2. La aerolínea perdió el equipaje de nuestros clientes y desafortunadamente tenían sus tarjetas de crédito en sus maletas facturadas. (reemplazar, Ud. / lo antes posible) ______________
____

3. Me encanta este vestido pero no tengo fondos suficientes en mi cuenta corriente para comprármelo ahora mismo. (cargar, tú / a tu tarjeta de crédito / así no tendrás que pagarlo hasta final del mes)
____

4. Para poder usar esa tarjeta de débito, necesita teclear la clave secreta. (enviar, Uds. por correo de nuevo porque no la recuerdo) ______________________________

5. Creo que lo mejor es abrir una cuenta de ahorros para mi hijo. (abrir, Ud. / ahora mismo si quiere)
____

11-31 No, gracias Recientemente los compañeros de la Hacienda Vista Alegre han estado recibiendo muchas llamadas telefónicas de bancos locales intentando venderles sus servicios. Puesto que solamente van a estar en el país durante un mes, siempre dicen que no cortésmente. Escribe sus respuestas a las preguntas que aparecen a continuación.

MODELO —Vendedor: ¿Le envío el contrato para abrir la cuenta corriente?
—Valeria: *No, no me lo envíe, gracias.*

1. —VENDEDORA: ¿Le doy la dirección de nuestra sucursal en el Viejo San Juan?
—JAVIER: ______________________________.

2. —VENDEDORA: ¿Les mando información sobre nuestras cuentas corrientes?
—SOFÍA: ______________________________.

3. —VENDEDOR: ¿Le explico cómo funcionan nuestros préstamos personales?
—ANTONIO: ______________________________.

4. —VENDEDOR: ¿Les envío los formularios para solicitar tarjetas de crédito a sus compañeros de casa?
—VALERIA: ______________________________.

5. —VENDEDOR: ¿Le cambiamos su moneda extranjera?
—ALEJANDRA: ______________________________.

Enfoque estructural *Resumen de los mandatos formales e informales*

11-32 Como usar un cajero automático Imagina que les estás enseñado a tus abuelos a usar un cajero automático. Como tus abuelos nunca han sacado dinero de esa manera, les tienes que explicar absolutamente todo lo necesario. Utiliza los siguientes verbos y expresiones para darles instrucciones.

1. introducir la tarjeta ______________________________
2. teclear la clave secreta ______________________________
3. seguir las instrucciones de la pantalla, ya que habrá varias opciones ______________________________
____
4. elegir la opción "sacar dinero" ______________________________
5. poner la cantidad de dinero deseada ______________________________
6. tener cuidado de no equivocarse con la cantidad ______________________________
7. confirmar la cantidad que aparezca en pantalla ______________________________
8. retirar el dinero del cajero automático ______________________________
9. no olvidarse de recoger el recibo *(receipt)* de la operación realizada ______________________________
____

Nombre ______________________________ Fecha ______________________

11-33 Consejos Las siguientes personas están teniendo algunos problemas de dinero. Intenta ayudarles, buscando un consejo apropiado de la segunda columna.

Problemas	Consejos
1. _____ El cajero automático me tragó mi tarjeta de débito.	**a.** Ciérrala y cambia de banco.
2. _____ Necesito comprarme un coche nuevo pero no tengo ahorros.	**b.** Págalo a plazos.
3. _____ Pensaba que iba a poder usar mi tarjeta de crédito en este restaurante pero me acaban de decir que no la aceptan.	**c.** La próxima vez, no teclees la clave secreta errónea más de dos veces.
4. _____ Me estoy quedando sin dinero en mi cuenta corriente.	**d.** Saca dinero de un cajero.
5. _____ Mi banco ha subido las comisiones de mantenimiento de mi cuenta.	**e.** Transfiere dinero desde tu cuenta de ahorros.

11-34 ¿Qué me aconsejas? Imagínate que tus amigos te están pidiendo tus consejos sobre sus finanzas personales. Haz una lista de tres mandatos afirmativos y tres negativos que indiquen qué deben o no deben hacer. Usa los siguientes verbos: **ahorrar, invertir, pedir prestado, cargar, cambiar, sacar, transferir, pagar a plazos.**

MODELO *Lisa, invierte tu dinero en la bolsa. Se puede ganar mucho dinero.*
Doug, no pidas prestado tanto dinero. ¡Vas a pagar muchos intereses!

1. ______________________________
2. ______________________________
3. ______________________________
4. ______________________________
5. ______________________________
6. ______________________________

Nombre ______________________ Fecha ______________________

Vamos a leer

Interlengua, nuevos horizontes culturales

Antes de leer

Anticipating content
Reflecting on the topic of the reading can help you to reach a better understanding of the text itself. In preparation for this reading, you will be asked to think about general aspects related to the study-abroad experience.

11-35 Una experiencia inolvidable Antes de iniciar la lectura sobre Interlengua, un programa de español en Costa Rica, reflexiona sobre las siguientes preguntas.

1. ¿Ofrece tu universidad programas de estudios en el extranjero? ¿En dónde?

____

____

2. ¿En qué países hispanohablantes suelen los estudiantes preferir hacer un programa de estudios o ir de vacaciones?

____

____

3. ¿Por qué es importante estudiar en el extranjero?

____

____

INTERLENGUA, nuevos horizontes culturales

¿Alguna vez has pensado en combinar el estudio del español con tareas de voluntariado? Interlengua te ofrece la posibilidad de ampliar tus horizontes lingüísticos y culturales y al mismo tiempo prestarle servicios a la comunidad. El componente lingüístico del programa consiste en una oferta muy variada de clases de lengua, desde niveles para principiantes hasta niveles avanzados, en la línea de la metodología comunicativa; también se ofrecen cursos más especializados de literatura, lingüística u otros más específicos orientados a los negocios, la medicina... Entre las actividades extracurriculares que forman parte del programa se encuentran las famosas clases de baile al son de ritmos latinos, excursiones para explorar la belleza de las tierras costarricenses, intercambios conversacionales con jóvenes ticos que desean practicar inglés y relacionarse con estudiantes internacionales, así como también tareas muy diversas de voluntariado.

¿Tienes un talento especial con los niños? ¿Por qué no convertirte en maestro de inglés o en entrenador deportivo en orfanatos? Si lo que te gusta es la naturaleza, disfruta patrullando por las playas o por los parques e incluso participando en los equipos de mantenimiento en las áreas de protección de tortugas. ¿Amante de los animales? Cuida de aquéllos que no tienen dueño y ofréceles tu atención en los refugios locales.

Si estás más interesado en el campo de la medicina, también hay trabajo para ti: la Cruz Roja necesita personal para primeros auxilios, paramédicos e incluso para tareas administrativas.

Haz de tus estudios en el extranjero una experiencia inolvidable. Con Interlengua llegarás más lejos.

Después de leer

11-36 ¡Estudia en Heredia! Te presentamos en esta sección un folleto informativo sobre un programa de estudios de español en Heredia, Costa Rica. Piensa en las características del programa y responde a las preguntas de comprensión que aparecen a continuación.

1. Según el folleto, si no tienes conocimientos de español, ¿puedes participar en el programa Interlengua?

____

____

2. ¿Qué tipo de recursos *(resources)* crees que utiliza el método comunicativo en la enseñanza de lenguas extranjeras?

____

____

3. ¿Cuáles son los cursos especializados que ofrece el programa Interlengua?

____

____

4. ¿Qué actividades extracurriculares se mencionan en el artículo? ¿En cuál de ellas estarías más interesado/a?

____

____

5. ¿Qué áreas cubren los servicios comunitarios que ofrece Interlengua?

____

____

6. ¿Qué opinas de esta alternativa a los estudios en el extranjero tradicionales?

____

____

Nombre ______________________ Fecha ______________

Vamos a escribir

> ATAJO 4.0
> **Vocabulary:** School: studies, university; Traveling
> **Phrases:** Writing an essay
> **Grammar:** Verbs: present, use of **gustar**

Estudiar en el extranjero

Tu profesor/a de español te ha pedido que escribas una composición expresando tu opinión sobre la idea de estudiar en el extranjero ya que la Oficina de Relaciones Internacionales de tu universidad está haciendo un sondeo *(survey)* sobre los lugares y el tipo de programas preferidos por los estudiantes para pasar un semestre o un año en el extranjero. Tu opinión es muy importante. Asegúrate de incluir en tu composición la siguiente información:

- el lugar o lugares que más te atraen para estudiar en el extranjero y por qué
- las características necesarias de un buen programa de estudios en el extranjero
- las expectativas *(expectations)* de tu experiencia en el extranjero

A empezar

11-37 Organización de las ideas Piensa en el destino o destinos que más te interesan para pasar un semestre o un verano estudiando en el extranjero. Después, haz una lista de las características necesarias que un buen programa de estudios en el extranjero debe tener con relación a los aspectos académicos, culturales y de ocio.

A escribir

11-38 Preparación del borrador Indica el destino o destinos que te interesan para estudiar en el extranjero y explica por qué te atraen esos lugares en particular. A continuación, utiliza la lista que preparaste en la sección **A empezar** con las características necesarias de un buen programa de estudios en el extranjero y prepara el primer borrador de tu composición. Concluye tu borrador con un párrafo expresando qué esperas de tu experiencia en el extranjero.

11-39 Revisión del borrador Revisa tu borrador teniendo en cuenta las siguientes consideraciones.

1. ¿Incluye tu composición la información esencial sobre tu programa ideal para estudiar en el extranjero? ¿Has olvidado algún detalle?
2. ¿Está bien organizada la descripción que hiciste del programa y de tus expectativas sobre la experiencia de estudiar en el extranjero? ¿Hay alguna idea poco clara?
3. ¿Incorporaste el vocabulario de este capítulo relacionado con los programas de estudio en el extranjero? ¿Utilizaste las estructuras gramaticales apropiadas para expresar necesidad y otro tipo de emociones?

11-40 El producto final Haz los cambios necesarios de acuerdo con la revisión de tu borrador e incluye las ideas nuevas que se te hayan ocurrido. Antes de entregarle la composición a tu profesor/a, léela una vez más y asegúrate que no haya errores ortográficos y que todos los cambios hayan sido incorporados.

Nombre ______________________ Fecha ______________________

COMPRENSIÓN AUDITIVA

CD3, Track 2

11-41 ¡Bienvenida a los Estados Unidos! Eliana López, una estudiante costarricense, acaba de llegar a los Estados Unidos para asistir a una universidad estadounidense. No habla inglés muy bien, así que tú vas a ayudarla a completar un formulario con su información personal. Escucha lo que dice Eliana y completa el siguiente impreso.

Biographical Data Form

Photo

Last name ______________________

First name ______________________

Address ______________________

Telephone ______________________

Birthdate ______________________

Father's first name ______________________

Mother's first name ______________________

Number of brothers ________ Sisters ________

Languages studied ______________________

____

Reasons for coming to the United States

1. ______________________
2. ______________________

Additional information ______________________

____

____

____

CD3, Track 3

11-42 Semestre de otoño en San José Escucha con atención las reflexiones de Paul, un estudiante estadounidense, después de pasar un semestre estudiando en la Universidad de San José, Costa Rica. Indica si las siguientes afirmaciones son **ciertas (C)** o **falsas (F)**.

_____ 1. Paul hablaba muy bien español, pero quería tomar clases avanzadas de literatura en la Universidad de San José; por eso fue a Costa Rica.

_____ 2. Paul cree que es una lástima que algunos estudiantes quieran vivir en un apartamento en lugar de vivir con una familia del país adonde van a estudiar.

_____ 3. En la Universidad de San José es necesario que los estudiantes extranjeros tomen cinco horas de clases de gramática española a la semana.

_____ 4. Paul se matriculó en cursos adicionales de economía y arte que ofrecía la Universidad de San José.

_____ 5. Paul espera volver a Costa Rica después de licenciarse y obtener su especialidad de español en la Universidad de San José.

CD3, Track 3

Escucha de nuevo el testimonio de Paul y trata de responder a las preguntas que aparecen a continuación.

6. ¿Cuáles eran las expectativas de Paul cuando fue a Costa Rica?

____

____

7. ¿Cómo fue la experiencia de Paul con su familia costarricense?

____

____

8. ¿En qué cursos adicionales se matriculó Paul en la Universidad de San José? ¿Qué nos dice de las clases que tomó allá?

____

____

9. ¿Cómo le afectó a Paul la experiencia en Costa Rica?

____

____

CD3, Track 4

11-43 Agencia Cabanillas Escucha con atención el siguiente anuncio radiofónico sobre una agencia inmobiliaria especializada en el alquiler de apartamentos para estudiantes universitarios y trata de completar el anuncio con la información que escuches.

¿Están cansados de vivir en el campus? ¿Buscan más independencia? Vengan a vernos a la agencia Cabanillas. Tenemos lo que necesitan: (1) ____________________ con dos, tres y cuatro dormitorios; amueblados y (2) ____________________. Con cocina, (3) ______________ y refrigerador. Todos en muy buenas condiciones y muy cerca del campus universitario.

¿Prefieren manejar a sus clases? Nuestros apartamentos tienen (4) ______________ reservado, sin coste adicional.

No necesitan pagar (5) ______________, y (6) ______________ están incluidos en el precio del alquiler.

Nuestros (7) ______________ esperan sus llamadas. Visiten nuestra agencia hoy mismo y firmen (8) ______________ mañana.

Agencia Cabanillas, líderes en alquiler de apartamentos.

Nombre ______________________ Fecha ______________

Pronunciación

Las consonantes: *m, n, ñ*

CD3, Track 5

11-44 Las consonantes *m, n* When the Spanish consonants **m** and **n** are the first letters of a word or a syllable, they are pronounced like *m* and *n* in English.

Escucha con atención y repite las palabras que oigas.

matrícula nacionalidad documento necesario admisión abanico molesta noche amueblar anuncio

CD3, Track 6

11-45 La consonante *ñ* The Spanish consonant **ñ** is pronounced similarly to the *ni* combination in the English word *onion*.

Escucha con atención y repite las palabras que oigas.

mañana compañero extraña baño enseñe tamaño

Nombre ______________________ Fecha ______________

Vamos a ver

11-46 Vocabulario Mientras ves el episodio, marca el vocabulario relacionado con los apartamentos que escuchas en el episodio.

____ un apartamento
____ un piso
____ una sala
____ un baño
____ un cuarto
____ una habitación
____ un dormitorio
____ un cuarto de estudio
____ una cocina
____ un comedor
____ una piscina
____ una oficina
____ un jardín

11-47 Comprensión Contesta las siguientes preguntas basándote en lo que ves en el episodio.

1. Al comienzo del episodio, Sofía le mintió a Javier sobre lo que leía en el periódico. ¿Qué le dijo y qué hacía en realidad?

____

____

2. ¿Cuándo se le ocurrió a Sofía la idea de quedarse en Puerto Rico?

____

____

3. ¿Qué pensaba hacer Sofía para poder pagar el alquiler y qué tipo de trabajo consigue al final?

____

____

4. ¿Cómo reaccionaron Antonio, Alejandra y Valeria al enterarse del plan de Sofía?

____

____

Nombre ______________________ Fecha ______________

Las relaciones interpersonales 12

PRIMERA ETAPA

Para empezar Relaciones con amigos

12-1 Sinónimos Empareja las palabras de la primera columna con sus sinónimos de la segunda columna.

____	**1.** comprensivo	**a.** vanidoso
____	**2.** falso	**b.** franco
____	**3.** presumido	**c.** honrado
____	**4.** leal	**d.** mentiroso
____	**5.** sincero	**e.** tolerante

12-2 Mis compañeros de casa Valeria está describiendo cómo son sus compañeros de casa a su madre. Completa su descripción con el vocabulario más adecuado en cada caso.

A principio pensaba que mis compañeros de casa eran aburridos, pero ahora que los conozco mejor me he dado cuenta de que cada uno tiene cualidades especiales. (1) ______________ *(I get along well)* con Alejandra. ¡Ella y yo (2) ______________ *(share)* la pasión por ir de compras! Sofía es una persona muy (3) ______________ *(sincere)* y trabajadora. Admiro su dedicación por el sueño de escribir un libro. Y los chicos son fabulosos. Javier siempre (4) ______________ *(is willing to)* escucharme y (5) ______________ *(gives me advice)*. Y Antonio, pues, Antonio es lo mejor. Es tan (6) ______________ *(attentive)* y (7) ______________ *(understanding)*. Antonio me (8) ______________ *(accepts)* incondicionalmente.

Enfoque léxico *A conocer gente y hacer amigos*

12-3 ¿Qué se puede hacer? A continuación, aparecen una serie de actividades que uno puede hacer para conocer a gente y hacer amigos. Relaciona los verbos de la primera columna con los elementos de la segunda columna. Escribe las respuestas en la próxima página.

realizar	como voluntario/a en una ONG
hacerse	un chat en Internet
practicar	un curso de actuación
entrar en	miembro de un club social
alistarse	servicio comunitario
apuntarse a	un deporte

1. ______________________________
2. ______________________________
3. ______________________________
4. ______________________________
5. ______________________________
6. ______________________________

12-4 Intégrate, hija Pilar acaba de empezar la universidad y se encuenta un poco triste y sola porque no conoce a nadie y está lejos de casa. Su madre está dándole unas sugerencias para intentar ayudarla. Completa lo que dice su madre con las formas correctas de los verbos del cuadro, según convenga.

inscribirse	**participar**	**ser**	**asistir**	**ir**

Hija mía, tienes que integrarte poco a poco. No sólo puedes ir a clase y quedarte en tu habitación en la residencia. Estás allí para aprender, pero la experiencia de ir a la universidad no sólo es estudiar. Sé que no eres muy aficionada al fútbol americano, pero intenta (1) ______________ a otros eventos deportivos que te gusten como el básquetbol o la natación. Aparte de deportes, seguramente hay organizaciones estudiantiles muy interesantes. Entérate de las que hay y (2) ______________ miembro de una de ellas. Te encanta leer, así que debes (3) ______________ a tertulias literarias donde conocerás a gente con tu misma pasión literaria. Y también puedes hacer actividades sociales relacionadas con tus estudios. (4) ______________ en una conferencia o (5) ______________ en una asociación profesional. ¡Aprovecha de tus años en la universidad!

12-5 Consejos Piensa en tus amigos universitarios. Dales consejos a cinco de tus amigos sobre cómo integrarse mejor en la universidad usando el vocabulario del **Enfoque léxico.** Sigue el modelo.

MODELO *Eric, hay más cosas en la vida que la ingeniería, apúntate a un curso de arte.*

1. ______________________________
2. ______________________________
3. ______________________________
4. ______________________________
5. ______________________________

Nombre ______________________ Fecha ______________

Enfoque estructural *El subjuntivo de verbos regulares con expresiones de voluntad*

12-6 La fiesta del club de español Imagínate que eres el presidente del club de español de tu universidad y que estás planeando una fiesta para celebrar **el Día de la Hispanidad.** Otros miembros del club han ofrecido ayudarte y estás dándoles instrucciones sobre qué quieres que ellos hagan. Sigue el modelo.

MODELO Marina / reservar el local para la fiesta
Marina, quiero que reserves el local para la fiesta.

1. Toni / invitar a los profesores del departamento de español

 ____

2. Luis y Jorge / anunciar la fiesta en sus clases de español

 ____

3. Sara / dibujar el cartel para la fiesta

 ____

4. Loli y Macarena / llamar a la banda de músicos

 ____

5. Esteban / comprar refrescos y cosas para picar

 ____

12-7 ¡Planes y planes! Todas las personas a continuación tienen planes para el fin de semana, ¡pero otras personas tienen planes distintos para ellos! Sigue el modelo y crea oraciones que expresen esos deseos.

MODELO Pablo piensa asistir al concierto el sábado.
(sus padres querer que / ayudar en casa)
Sus padres quieren que Pablo ayude en casa.

1. Margarita piensa salir con sus amigos. (su madre desear que / visitar a los abuelos)

 ____

2. Nos gustaría *(We would like)* acampar en las montañas este fin de semana. (el Sr. Arias necesitar que / trabajar el sábado)

 ____

3. Felipe y Antonio piensan caminar por la playa. (el médico sugerir que / descansar en casa)

 ____

4. Nosotros queremos nadar el sábado. (nuestro entrenador preferir que / correr cuatro millas)

 ____

5. A Sara le gusta mucho mirar la televisión. (su profesor esperar que / estudiar para el examen del lunes)

 ____

12-8 Por una vida más sana La mejor amiga de Pachi es médica y ella le ha dado unas sugerencias sobre sus hábitos dietéticos. A continación tienes sus sugerencias. Crea oraciones conjugando los verbos en los tiempos y los modos apropiados.

1. la doctora Lozano / querer que / Pachi / llevar una dieta equilibrada

   ____

2. es aconsejable que / Pachi / comer más frutas y verduras / y consumir menos grasas

   ____

3. la doctora / aconsejar que / Pachi / no tomar tanto café / y beber más infusiones

   ____

4. es preferible que / Pachi / comprar en el mercado al aire libre / a que usar productos congelados

   ____

5. la doctora / pedirle a Pachi que / correr unas millas todos los días / y que dejar de fumar

   ____

Enfoque estructural *El subjuntivo de verbos irregulares con expresiones de voluntad*

12-9 El Nuevo Sol Mónica quiere invitar a su buen amigo Paco a cenar pero no sabe adónde ir. Su amiga Merche le recomienda Nuevo Sol, el restaurante chileno donde ella trabaja. Completa su conversación conjugando los verbos entre paréntesis en el presente del subjuntivo.

MÓNICA: Quiero que Paco y yo (1) ________________ (salir) esta noche a cenar, pero no sé adónde ir.

MERCHE: Les aconsejo que (2) ________________ (venir) aquí al restaurante chileno donde trabajo.

MÓNICA: Pero necesito que el restaurante (3) ________________ (ser) un lugar acogedor.

MERCHE: El Nuevo Sol es perfecto. Pero es preciso que (4) ________________ (hacer, tú) una reserva. Los sábados por la noche se llena. También es preferible que (5) ________________ (venir, ustedes) antes de las nueve, porque a partir de las diez y media de la noche sólo es bar y ya no sirven cena.

MÓNICA: Y de la carta, ¿qué me recomiendas?

MERCHE: Les recomiendo que (6) ________________ (pedir) una carne a la parrilla; es la especialidad. Viene acompañada de verduras frescas. Es deliciosa.

MÓNICA: Estupendo. Voy a llamar al restaurante ahora mismo a decirles que (7) ________________ (tener, ellos) una mesa lista para las ocho de la noche.

MERCHE: Espero que les guste el sitio y que (8) ________________ (volver) otra vez.

12-10 Los tradicionales mercados al aire libre Ana, una chica chilena, habla con sus amigos estadounidenses sobre los tradicionales mercados al aire libre en Chile. Ayúdale a completar su narración conjugando los verbos entre paréntesis en el presente del subjuntivo.

Si viajan a un país hispano, les recomiendo que (1) ______________ (ir) a un mercado al aire libre. Los mercados al aire libre existen tanto en las ciudades como en los pueblos. Eso sí, es necesario que (2) ______________ (saber) cuándo es día de feria, porque muchos mercados sólo abren ese día. Es preferible que (3) ______________ (llegar) temprano al mercado, porque así pueden ver todos los puestos de productos frescos, tejidos y artesanía local, sin prisa *(unrushed)*. Les sugiero que no (4) ______________ (ser) tímidos con los vendedores de los puestos, que les (5) ______________ (decir) de dónde son y que (6) ______________ (poner) interés en lo que dicen sobre sus productos. Les aconsejo que (7) ______________ (hacer) sus compras en estos mercados, aunque *(although)* es preciso que (8) ______________ (tener) dinero en efectivo, porque en estos mercados no admiten tarjetas de crédito.

12-11 Expectativas ¿Qué esperas de tus amigos? Explícales a ellos tus expectativas. Emplea la información que aparece a continuación para describir lo que esperas de tus amigos. Sigue el **modelo.**

MODELO poner atención a mis quejas
Espero que ustedes pongan atención a mis quejas.

1. tener una buena actitud
____
2. venir a las fiestas que hago
____
3. no llegar tarde cuando tenemos planes
____
4. hacer los favores que les pida
____
5. ser comprensivos
____
6. ir conmigo a ver mi grupo musical favorito
____

SEGUNDA ETAPA

Para empezar Relaciones de pareja

12-12 Las etapas de una relación A continuación tienes una descripción de las etapas por las cuales pasó una pareja. Ordénalas cronológicamente. (1 = primero, 7 = último)

La historia de amor y desamor de Antonio y Lourdes empezó cuando...

_____ **1.** Después de varios meses, quedaron en encontrarse en un café para su primera cita no virtual.

_____ **2.** Rompieron y empezaron su búsqueda de amor de nuevo, pero esta vez no por Internet.

_____ **3.** Se conocieron en un chat en Internet.

_____ **4.** Empezaron a salir a cenar e ir al cine con frecuencia y se enamoraron.

_____ **5.** Con el paso del tiempo se dieron cuenta de que no tenían tanto en común como habían pensado y se desenamoraron.

_____ **6.** Dos meses después decidieron vivir juntos.

_____ **7.** Tuvieron un noviazgo poco convencional; se escribieron correos electrónicos y chatearon en Internet antes de conocerse en persona.

12-13 Opuestos Empareja las palabras de la primera columna con sus opuestos de la segunda columna.

_____ **1.** enamorarse

_____ **2.** casarse

_____ **3.** ruptura

_____ **4.** separarse

_____ **5.** noviazgo

a. salir juntos

b. reconciliación

c. ruptura

d. divorciarse

e. desenamorarse

Nombre ______________________________ Fecha ______________________

Enfoque léxico *Las bodas*

12-14 Falta vocabulario Martín se va a casar la primavera que viene y está explicándoles a sus amigos los preparativos de la boda pero a veces le falta el vocabulario adecuado. Ayúdale a expresarse mejor reemplazando las frases o palabras subrayadas con el vocabulario de bodas que has aprendido.

MODELO Ana todavía no ha escogido a las mujeres que van a acompañarla el día de la boda. *las damas de honor*

1. Esta tarde vamos a ir a la pastelería para decidir qué tipo de postre queremos para el banquete.
____
2. Hemos decidido tener una boda civil, así que tenemos que encontrar a alguien para oficiarla.
____
3. Estamos dudando entre Italia y Grecia para nuestro viaje.
____
4. Como es costumbre, mi futuro suegro va a ser mi acompañante durante la ceremonia.
____
5. Ana va a comprar un vestido de novia y yo voy a alquilar un traje.
____

12-15 Una boda real española A continuación Sofía describe la boda real de los Príncipes de Asturias. Completa su narración con las palabras del cuadro que creas más adecuadas en el contexto.

hicieron un brindis	**recién casados**	**ramo**	**sacerdote**
banquete	**boda religiosa**	**se abrazaron**	

El 22 de mayo de 2004 Felipe de Borbón, Príncipe de Asturias y heredero de la corona española, y Doña Letizia Ortiz se casaron. La **(1)** ______________ fue oficiada por el **(2)** ______________ Antonio María Rouco Varela. La ceremonia comenzó sobre las 11.10 horas en la Catedral de Santa María la Real de la Almudena de Madrid. Al salir de la Catedral, los **(3)** ______________ se subieron a un Rolls Royce y después de una parada en el Palacio Real, recorrieron las calles de Madrid saludando a la gente como yo que había congregada allí para felicitarles. Tras pasar por el "Bosque de los Ausentes", homenaje a las víctimas del 11-M, la pareja llegó a la Basílica de Atocha. Allí Doña Letizia entregó su **(4)** ______________ de lirios, rosas y azahar a la Virgen de Atocha antes de volver de nuevo al Palacio Real para celebrar el **(5)** ______________. Ya pasados los nervios de la ceremonia, los Príncipes de Asturias **(6)** ______________ e **(7)** ______________ con cava por su futuro.

Nombre ______________________________ Fecha ______________________

12-16 ¿Te vas a casar algún día? Piensa en cómo sería *(would be)* tu boda si decidieras casarte *(you decided to get married)*. Descríbela usando el vocabulario de bodas que has aprendido en esta etapa.

____

____

____

____

____

____

Enfoque estructural *El subjuntivo con expresiones de emoción*

12-17 Más reacciones Para cada una de las siguientes situaciones, piensa en cómo reaccionarían *(would react)* las personas a las noticias que reciben. Completa las oraciones con el verbo más apropiado del cuadro y conjuga el verbo entre paréntesis en el **presente del subjuntivo**. Cada verbo del cuadro se usa una sola vez. Sigue el **modelo.**

extrañar	**sentir**	**gustar**	**alegrarse**

MODELO —No puedo ir a la boda este sábado. Mi padre está en el hospital.
—¡Qué lástima! *Siento* mucho que tu padre *esté* enfermo.

1. —Javi, Ana y yo acabamos de saber que vamos a tener un niño.
   —¿De veras? ________________ de que ________________ (ir) a ser padres.
2. —Acabo de enterarme *(find out)* que David y María van a divorciarse.
   —¿En serio? ¡________________ que su relación ________________ (haber) terminado!
3. —¡Elena! ¿Sabes que Antón y Paz se casan?
   —No, no lo sabía. Me ________________ que Paz no me ________________ (contar) nada de su relación con Antón. Somos amigas desde hace mucho tiempo.
4. —¿No crees que las islas Maldivas es una buena opción para nuestra luna de miel?
   —Sí, me ________________ que ________________ (ser) un destino exótico y poco común para celebrar nuestro matrimonio.

12-18 Reacciones ¿Cómo expresas tus sentimientos sobre la salud de un ser querido *(loved one)*? Lee los comentarios que han hecho las siguientes personas y completa las oraciones conjugando los verbos entre paréntesis en el **presente del subjuntivo**.

1. María José ya está curada de sus alergias y fue a la oficina esta mañana.
   Me alegro de que ________________ (poder) trabajar otra vez.
2. Gloria y Esteban tienen gripe y no pueden ir este sábado con nosotros a esquiar.
   Siento que no ________________ (ir); son una pareja muy simpática.
3. Alberto parece un poco cansado y está pálido *(pale)*.
   Sí, es verdad. Temo que ________________ (estar) enfermándose.

4. Paula está cada día más delgada. Esta chica no sé qué come.

   Sí, y me sorprende que todavía ________________ (tener) tanta energía.

5. Vi a mamá hoy y parecía un poco enferma.

   ¡Qué mujer! Me molesta que no ________________ (cuidarse) nada.

12-19 ¡Qué noticia! Después de hacer unas prácticas profesionales en Chile, estás de vuelta en la universidad y tus amigos están poniéndote al día *(bringing you up to date)*. Reacciona a la información que comparten contigo. Sigue el **modelo.**

MODELO Mis clases de este semestre son muy difíciles. (sentir)
Siento que tus clases de este semestre sean muy difíciles.

1. Tengo un trabajo de verano en la universidad. (alegrarse de)

   ____

2. No tenemos un cuarto tan bueno como el del año pasado. (molestar)

   ____

3. Ahora voy a clases de yoga todas las semanas. (sorprender)

   ____

4. Sandra y Amadeo ya no salen juntos. (sentir)

   ____

5. Nuestro equipo de fútbol juega las semifinales este año. (gustar)

   ____

Enfoque estructural *El subjuntivo con expresiones de emoción impersonales*

12-20 Preguntas frecuentes Ana y Martín están hablando con su organizadora de bodas y tienen muchas preguntas. Completa las indicaciones que la organizadora les da a Ana y Martín con la forma correspondiente del **presente del subjuntivo** de los verbos entre paréntesis.

1. —¿Para cuándo tenemos que decidir el lugar del banquete?

   —Es necesario que ________________ (seleccionar) el lugar antes de final de mes.

2. —¿Es mejor enviar invitaciones o llamar a la gente directamente?

   —Es mejor que ________________ (enviar) invitaciones.

3. —¿Qué pasa si algunos invitados llegan tarde? No queremos ninguna interrupción durante la ceremonia.

   —Es necesario que ________________ (haber) alguien en la entrada del ayuntamiento para asegurar que nadie entre una vez empezada la ceremonia.

4. —¿Cuándo debemos escoger los anillos de boda?

   —Es bueno que lo ________________ (hacer) por lo menos dos meses antes de la ceremonia.

5. —Aún no sabemos si vamos a ir a Italia o Grecia para nuestra luna de miel, ¿eso es un problema?

   —No, pero es mejor que lo ________________ (decidir) con tiempo porque así pueden conseguir mejor precio.

12-21 Reacciona Lee con atención las noticias que reciben las siguientes personas y después decide qué expresión de emoción de las que aparecen en el cuadro resulta más adecuada en cada contexto. No olvides conjugar en la forma adecuada el verbo que aparece entre paréntesis.

Qué extraño	Qué bueno	Qué malo	Qué pena

—No puedo ir contigo a la boda de tu hermano porque mi padre está enfermo y no quiero dejarlo solo.

—¡(1) ______________ que no (2) ______________ (poder) venir!

—Conozco a varios jueces que les pueden casar.

—¡(3) ______________ que (4) ______________ (conocer) a tantos jueces porque nosotros no conocemos a ninguno!

—Me llamó Pedro y me dijo que no venía a la despedida de soltero el próximo viernes.

—¡(5) ______________ que no (6) ______________ (venir)! Él nunca falta a una buena fiesta de despedida.

—Mi padrino de bodas no se acordó de recoger el esmoquin que yo había alquilado y la tienda ya lo dio a otra persona.

—¡(7) ______________ que la tienda no (8) ______________ (avisar) a sus clientes con antelación si van a dárselo a otra persona.

12-22 ¿Qué opinas? ¿Cuál es tu opinión sobre las siguientes cosas relacionadas con las bodas? Reacciona ante las siguientes afirmaciones usando una expresión de la lista.

MODELO los novios / no intercambiar anillos durante la ceremonia
Es extraño que los novios no intercambien anillos durante la ceremonia.

Es mejor que...	**Es necesario que...**	**¡Qué bueno que... !**
Es una lástima que...	**Es extraño que...**	**¡Qué pena que... !**
Es urgente que...	**Es increíble que...**	

1. el padrino de bodas / hacer un brindis
____
2. yo / comprar un regalo para los novios antes de la ceremonia
____
3. la madrina / estar enferma y no poder asistir a la ceremonia
____
4. tú / saber qué tipo de anillo prefiere la novia antes de comprarle uno
____
5. los recién casados / ir directamente al aeropuerto después del banquete si no quieren perder su vuelo a Tailandia
____

Nombre ______________________ Fecha ______________

TERCERA ETAPA

Para empezar Relaciones laborales

12-23 Profesiones y trabajos Mira los dibujos que aparecen a continuación y di qué tipo de trabajo o profesión ejerce cada persona.

1. ______________________

2. ______________________

3. ______________________

4. ______________________

5. ______________________

6. ______________________

12-24 ¿Qué hace? Empareja las siguientes descripciones de trabajos de la segunda columna con el nombre de la persona que los hace de la primera columna.

_____ **1.** piloto

_____ **2.** recepcionista

_____ **3.** cirujano/a

_____ **4.** soldado

_____ **5.** auxiliar de vuelo

_____ **6.** técnico/a

a. persona que forma parte de un ejército, especialmente la que pertenece a la tropa

b. persona que dirige un avión

c. persona que posee conocimientos o habilidades especializadas en relación con una ciencia o una actividad determinada

d. persona que practica la parte de la medicina que tiene por objeto curar las enfermedades por medio de una operación

e. persona que tiene por oficio atender a los pasajeros de los aviones prestándoles servicios para su comodidad y seguridad

f. persona encargada de atender al público en una oficina

Enfoque léxico *Hablar del trabajo*

12-25 Búsqueda de trabajo Cuando Sofía decidió quedarse en Puerto Rico tuvo que buscar trabajo. Ordena las siguientes acciones que hizo Sofía. (1 = primero, 6 = último)

_____ **1.** Solicitó varios puestos al enviar su currículum a las direcciones de contacto.

_____ **2.** Recibió una oferta para trabajar como mesera en un restaurante en el Viejo San Juan.

_____ **3.** Firmó el contrato laboral un viernes y empezó a trabajar al día siguiente por la noche.

_____ **4.** Tuvo varias entrevistas.

_____ **5.** Leyó la bolsa de trabajo en el periódico local.

_____ **6.** Negoció el sueldo y el horario, porque sólo le interesaba trabajar a tiempo parcial, con el dueño del restaurante.

12-26 ¡Qué desastre! Sofía está contándole a Alejandra cómo es Pedro, su compañero de trabajo en el restaurante. Completa su conversación con el vocabulario del cuadro siguiente.

delegar	promover	incompetente	puntual	cumplidor

ALEJANDRA: Sofí, ¿cómo va todo con este compañero de trabajo tuyo? ¿Cómo se llamaba?

SOFÍA: Pedro. Pues, la verdad es que bastante mal. Él es un encanto de persona, ¡pero como trabajador es un desastre!

ALEJANDRA: ¿Por qué? ¿Es tan (1) ______________ como mesero?

SOFÍA: No, como mesero es muy bueno. Los clientes siempre están satisfechos con él pero yo casi nunca lo estoy.

ALEJANDRA: ¿Pero tú eres su compañera o jefa? Estoy confundida.

SOFÍA: Soy su compañera pero cuando nuestro jefe no está, a él le gusta (2)______________ en mí. Anoche, por ejemplo, tuve que ejercer de jefa.

ALEJANDRA: ¿Ah sí? ¿Y qué pasó?

SOFÍA: Pedro llegó tarde, como suele hacer. Ese tío casi nunca es (3) ______________.

ALEJANDRA: Ya veo, es un trabajador poco (4) ______________, ¿no?

SOFÍA: Sí y es muy difícil (5) ______________ un ambiente positivo de trabajo cuando estoy riñéndole a él sobre su falta de puntualidad.

12-27 Un/a buen/a líder ¿Qué características posee un/a buen/a líder? ¿Y cuáles no posee? Escribe un mínimo de cinco oraciones.

Un/a buen/a líder…

____

____

____

____

____

Enfoque estructural *El subjuntivo: Un repaso*

12-28 Cómo conseguir y mantener un trabajo La presidenta de una agencia de empleo está dándoles a sus clientes instrucciones que deben seguir para poder conseguir y mantener un trabajo. Completa las oraciones con el verbo que aparece entre paréntesis en la forma adecuada del **presente del subjuntivo**.

1. ¡Señores y señoras! Insisto en que ______________ (llegar) con antelación a sus entrevistas de trabajo. No hay nada peor que la falta de puntualidad.
2. Es necesario que ______________ (firmar) un contrato laboral, y es aconsejable que lo ______________ (leer) cuidadosamente antes de firmarlo.
3. Les sugiero que ______________ (negociar) el sueldo pero antes de hacerlo es preciso que ______________ (saber) la banda salarial en que se mueve esa oferta.

4. Les ruego que una vez contratados me ______ (informar) sobre el ambiente laboral en esa empresa. ¡Ojalá que ______ (estar) contentos!, pero si no lo están quiero saberlo.
5. Espero que todos ______ (encontrar) los trabajos de sus sueños y que ______ (trabajar) duro para mantenerlos.

12-29 La temible entrevista Ágata tiene un miedo terrible a la hora de hacer entrevistas de trabajo y está asistiendo a unas sesiones con una psicóloga laboral para superar esa fobia. A continuación aparecen algunos de los consejos que la psicóloga le da para ayudarla con su problema. Completa sus consejos con la forma correspondiente del presente del subjuntivo del verbo que aparece entre paréntesis.

Es aconsejable que (1) ______ (venir) preparada a la entrevista. Te sugiero que (2) ______ (investigar) un poco el sector laboral y dónde se ubica la empresa entrevistadora. También, te recomiendo que (3) ______ (revisar) esta lista de preguntas frecuentes que se hacen en entrevistas. Es preferible que no (4) ______ (memorizar) respuestas porque eso podría *(could)* resultar poco natural. Finalmente, es necesario que (5) ______ (reflexionar) sobre tus miedos y que (6) ______ (hacer) todo lo posible por superarlos.

12-30 Tu próximo puesto ¿Por qué no nos cuentas qué esperas de tu próximo puesto? ¿Cómo quieres que sea? Escribe un mínimo de cinco oraciones contándonos lo que esperas y lo que deseas. Puedes usar expresiones como **ojalá que, es necesario que,** etc.

Mi próximo puesto

______

______

______

______

______

______

Enfoque estructural *Más repaso del subjuntivo: Expresiones de emoción y los verbos reflexivos*

12-31 ¿Qué sienten? En las siguientes oraciones varias personas expresan sus sentimientos sobre una circunstancia determinada. Complétalas con el verbo entre paréntesis en la forma adecuada del presente del subjuntivo.

1. ¡Qué raro que el jefe ______ (llegar) con retraso!
2. Me alegro de que ______ (haber) muchas ofertas de trabajo esta semana.
3. Es una pena que los salarios en este sector ______ (ser) tan bajos.
4. Temo que ______ (perder, ustedes) la entrevista si no se dan prisa.
5. Siento que ______ (seguir, tú) teniendo miedo a la hora de las entrevistas.
6. Nos gusta que la dirección *(management)* de esa empresa ______ (respetar) a los empleados.

Nombre ______________________________ Fecha ____________________

12-32 ¿Qué te parece? Expresa tu reacción ante las siguientes situaciones. Utiliza la estructura del cuadro que creas más apropiada y usa el verbo en el presente del subjuntivo.

me sorprende que	**qué fenomenal que**	**es una lástima que**	**qué malo que**
es increíble que	**me alegra que**	**es bueno que**	

MODELO Nos acostamos muy temprano la noche antes de tener una entrevista de trabajo.
Es bueno que se acuesten muy temprano la noche antes de tener una entrevista de trabajo.

1. Beatriz no es una buena líder porque no es segura de sí misma.
____
2. Nunca me canso de hojear la bolsa de trabajo en el periódico.
____
3. Esa agencia de empleo se interesa mucho por sus clientes.
____
4. Paco se pone muy nervioso cada vez que tiene que delegar trabajo en otra persona.
____
5. Mi jefa promueve un ambiente positivo.
____
6. Resulta ser que Jorge no es ni cumplidor ni trabajador.
____

12-33 ¡Es increíble! Estás en la sala de espera de una empresa con otros varios candidatos que están entrevistándose para el mismo puesto. De repente, el entrevistador entra en la sala e informa a todos que pueden marcharse. Las personas empiezan a hacer comentarios, expresando sus sentimientos sobre la situación. Escribe seis comentarios de varias personas que están a tu alrededor, utilizando las estructuras que conoces para expresar emociones y las formas apropiadas del presente del subjuntivo.

MODELO *¡Qué extraño que nos despida sin ninguna explicación!*

1. ______________________________
2. ______________________________
3. ______________________________
4. ______________________________
5. ______________________________
6. ______________________________

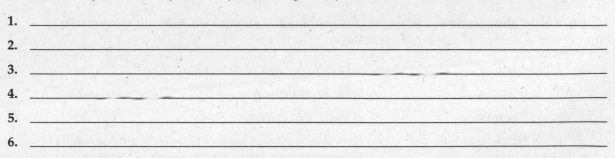

Nombre ______________________ Fecha ______________

Vamos a leer

Las profesiones del futuro

Antes de leer

Anticipating content and making predictions: The title
When you read a text in a foreign language, the more previous knowledge you have about its content, the easier it will be for you to understand unfamiliar words and structures. Very often the title of a text (or an article in this case) can help you anticipate the information you will read in it. Take a minute to read the title in the article and keep in mind the theme of technology and work. Then, do the activities.

12-34 Pasado, presente y futuro laboral En esta sección vas a leer un artículo que habla de las profesiones que existirán en el futuro. Antes de pasar a su lectura, reflexiona sobre las siguientes preguntas relacionadas con el tema.

1. ¿Qué profesiones actuales crees que serán las más populares en el futuro? ¿Por qué?

____

2. ¿Qué profesiones crees que desaparecerán? ¿Por qué?

____

3. ¿Qué tipo de profesiones nuevas se crearán? ¿Por qué?

____

12-35 El título Según el título de esta lectura, ¿qué palabras esperas encontrar en el texto? ¿Qué estructuras gramaticales? Escanea el texto y cita algunos ejemplos de las estructuras gramaticales que has mencionado.

____

____

____

____

12-36 Relaciones léxicas Relaciona cada una de las siguientes palabras que aparecen en el artículo con la definición que le corresponda.

____ 1. el oficio
____ 2. la cibernética
____ 3. la informática
____ 4. el reciclaje
____ 5. la predicción
____ 6. gestionar
____ 7. lúdico
____ 8. obsoleto

a. el anuncio de que algo va a ocurrir
b. antiguo, anticuado
c. el trabajo, la profesión
d. ciencia que estudia los sistemas de comunicación de los seres vivos y los compara con sistemas electrónicos y mecánicos semejantes
e. relacionado con el juego
f. organizar un asunto *(business affair)*
g. conjunto de técnicas para el tratamiento de la información por medio de computadoras (ordenadores)
h. técnica que consiste en volver a usar materiales o sustancias ya procesadas

Las profesiones del futuro

Por Juan Fernando Merino

De acuerdo con estudios recientes, dentro de veinte años al menos una cuarta parte de la población mundial estará empleada en oficios que todavía no existen. Florecerán profesiones como la de acuicultor, ludicador, plasturgista, ingeniero mecatrónico y otros términos que casi nadie conoce y que ni siquiera han sido incorporados en los diccionarios.

Y según connotados futurólogos, la tendencia irá en aumento y al llegar a mediados de siglo, habrán desaparecido la mayoría de los 5.000 oficios y profesiones que existen hoy en día.

Pero no hay que alarmarse demasiado. Todavía no. Porque con la velocidad que avanza el mundo, en particular el mundo industrializado, 50 años es un futuro distante, muy distante.

En cuanto al futuro inmediato, es decir los próximos cinco, diez o veinte años, también hay predicciones sorprendentes. Todo parece indicar que de continuar las tendencias actuales, para sucesivos años cerca del 80% de las personas en los países industrializados trabajarán en las industrias de servicios y en la cibernética. Sólo un 20% en las llamadas industrias productivas: agricultura, textiles, industria pesada, etc.

Los expertos resaltan también que cada vez más, el dominio de idiomas, los conocimientos de informática y tecnología, así como la capacidad de coordinar y gestionar, serán claves para conseguir empleo en la nueva economía. Una nueva economía en la que predominará lo que podríamos llamar el sector del conocimiento: ingenieros, científicos, educadores, técnicos, programadores de computadoras, consultores...

Pero a medida que avance el siglo, la automatización y la «robotización» impondrán cambios importantes. Dentro de 15 ó 20 años, por ejemplo, prácticamente desaparecerán los operadores telefónicos, los electricistas, los carpinteros y los empleados de bancos, pues todas las operaciones se efectuarán automáticamente. También resultarán obsoletos los expertos en programación de computadoras, pues éstas se programarán a sí mismas.

Por esas mismas fechas estarán en pleno auge profesiones apenas nacientes en la actualidad: «Biogenética, masajista fisioterapeuta, ingeniero biomédico o experto en reciclaje de residuos sólidos urbanos», según un estudio de la Universidad de Alicante en España. Y empezarán a florecer las profesiones nuevas que mencionábamos antes: los acuicultores (granjeros del mar), ludicadores (inventores de programas de juego), ingenieros mecatrónicos (mezcla de electrónica, mecánica e hidráulica).

Sin embargo, algunos «antiguos oficios humanos» no perderán su importancia e incluso con el avance del tiempo tendrán mucho mayor auge del que gozan actualmente: los médicos, paramédicos, enfermeros, los chefs de cocina, los expertos en marketing turístico y en especial los educadores: en un mercado laboral altamente especializado y competitivo, resultará imprescindible seguir capacitándose permanentemente.

Según las predicciones de la futuróloga Rocío Sofer, a medida que los robots se ocupen de más labores, en los países industrializados quedará mucho más tiempo para el ocio y, como en la antigua Grecia, volverán a prosperar la filosofía y la espiritualidad. Los niños que nacen hoy en el mundo rico harán la prosperidad de filósofos, sicólogos y asesores espirituales pues tendrán una vida holgada y con mucho tiempo libre, quizás por ello les será más difícil resolver de dónde vienen, quiénes son, qué quieren... el asunto de la identidad.

¿Plasturgista, ingeniero mecatrónico o asesor lúdico? Elija usted...

Source: www.parlo.com

Nombre ______________________ Fecha ______________

Después de leer

12-37 Las profesiones del futuro Después de leer con atención el artículo que te presentamos, responde a las preguntas de comprensión y ampliación de la lectura.

1. Indica los errores que aparecen en las siguientes afirmaciones relacionadas con el contenido del artículo y luego justifica tus correcciones.
   a. Con la robotización tendremos menos tiempo libre.
   ____
   b. Los educadores perderán su importancia en el mercado laboral del futuro.
   ____
   c. Los empleados de banco seguirán teniendo un papel muy importante dentro de quince o veinte años. ______________________________
   d. A las generaciones futuras no les preocupará el asunto de la identidad.
   ____
2. ¿Qué consecuencias traerá la "robotización", según el artículo? ¿Qué otros efectos de este fenómeno puedes señalar?
   ____
   ____
   ____
3. Según las predicciones, ¿qué profesiones sobrevivirán al avance del tiempo? ¿Por qué crees que estos oficios no perderán su importancia?
   ____
   ____
   ____
4. Cita algunas de las nuevas profesiones que se mencionan en el artículo.
   ____
5. ¿Cuáles crees que pueden ser las actividades que realizará un "ludicador"?
   ____
6. ¿Qué opinas de los avances tecnológicos? Enumera las consecuencias positivas y negativas de estos cambios en nuestra sociedad usando la tabla que aparece a continuación.

LOS AVANCES TECNOLÓGICOS	
Consecuencias positivas	1. ____ 2. ____ 3 ____ 4. ____
Consecuencias negativas	1. ____ 2. ____ 3. ____ 4. ____

Nombre ______________________ Fecha ______________________

Vamos a escribir

Vocabulary: Clothing; Food; House; Leisure; Means of transportation; Media; Office; Sports; School: university; Working conditions
Phrases: Writing an essay
Grammar: Verbs: future, future with **ir**, subjunctive with **que**

Mirando hacia el futuro: un nuevo estilo de vida

Acabas de leer un artículo sobre las predicciones sobre el futuro laboral y los cambios que la tecnología traerá en el campo del trabajo. Escribe ahora una reflexión sobre cómo será la vida diaria de las personas dentro de unos treinta años. Asegúrate de incluir en tu composición la siguiente información:

- las distintas áreas de la vida que sufrirán cambios
- las predicciones de cambio positivas
- las predicciones de cambio negativas
- tus sentimientos sobre los cambios

A empezar

12-38 Organización de las ideas Piensa en cómo cambiarán las áreas del trabajo, la educación, el deporte, la medicina, las compras, la vivienda y las comunicaciones, y haz una lista de los cambios que se te ocurran organizándolos por categorías.

A escribir

12-39 Preparación del borrador Utiliza tus apuntes de la sección **A empezar** y escribe el primer borrador de tu composición, explicando las predicciones de cambio, tanto positivas como negativas en las distintas áreas de la vida mencionadas anteriormente, y qué opinas del mundo del futuro.

12-40 Revisión del borrador Revisa tu borrador teniendo en cuenta las siguientes consideraciones.

1. ¿Incluye tu composición los cambios positivos y negativos que, según tus predicciones, se producirán en las distintas áreas de la vida que se han mencionado? ¿Has olvidado hablar de alguna área en particular? ¿Has expresado tus sentimientos sobre los cambios del futuro?
2. ¿Has organizado la información de una manera lógica, por categorías? ¿Hay alguna idea que no esté clara?
3. ¿Incorporaste las estructuras gramaticales que sean adecuadas para hablar del futuro y expresar tus sentimientos?

12-41 El producto final Haz los cambios necesarios de acuerdo con la revisión de tu borrador e incluye las ideas nuevas que se te hayan ocurrido. Antes de entregarle el ensayo a tu profesor/a, léelo una vez más y asegúrate que no haya errores ortográficos y que todos los cambios hayan sido incorporados.

Nombre ______________________ Fecha ______________

COMPRENSIÓN AUDITIVA

CD3, Track 7

12-42 El día internacional del amigo El día internacional del amigo se festeja en Chile en el mes de octubre. Escucha el siguiente extracto de un programa de radio en el cual varias personas contestaron la siguiente pregunta: ¿Quién es su mejor amigo? Completa las siguientes oraciones de la forma más adecuada según la información que oigas.

1. Roberto y Alejandro se conocieron en...
a. el trabajo.
b. el colegio.
c. la universidad.
d. una conferencia.

2. Los otros amigos de Roberto y Alejandro eran...
a. envidiosos.
b. presumidos.
c. comprensivos.
d. leales.

3. Alejandro le daba consejos a Roberto sobre...
a. las chicas.
b. los viajes.
c. los estudios.
d. el dinero.

4. Ahora mismo, los amigos...
a. se ven con más frecuencia que antes.
b. están tan unidos como antes.
c. no comparten los mismos gustos como antes.
d. no se llevan tan bien como antes.

CD3, Track 7

12-43 ¿Cómo son estos amigos? Escucha de nuevo lo que dice Roberto e indica si las siguientes descripciones se relacionan con Roberto o Alejandro. Escribe **R** para Roberto, **A** para Alejandro, y **RA** para ambos.

_____ **1.** Siempre ha sido buen estudiante.

_____ **2.** En el colegio se hizo miembro del club de natación.

_____ **3.** A la hora de estudiar, no era muy paciente.

_____ **4.** Para su trabajo, tiene que realizar muchos viajes.

_____ **5.** Se preocupa por su mejor amigo.

_____ **6.** Es leal y comprensivo.

Nombre ______________________ Fecha ______________________

CD3, Track 8

12-44 Lazos Escucha el anuncio de radio de Lazos, una agencia de matrimonio y trata de responder a las preguntas de comprensión que aparecen a continuación.

1. Según el anuncio, ¿con cuánta antelación se debe planear una boda? ______________________
2. ¿De qué se siente orgullosa la agencia Lazos? ______________________
3. ¿Cuál de las siguientes áreas relacionadas con la organización de una boda *no* se menciona en el anuncio?
   - ❑ las despedidas de soltero y soltera
   - ❑ la ropa para la ceremonia
   - ❑ el encargo de las flores para la ceremonia
   - ❑ las lunas de miel
   - ❑ los banquetes de boda
4. ¿Cómo se puede poner uno en contacto con la agencia? ______________________
5. ¿Cuánto cuesta la primera consulta? ______________________

CD3, Track 9

12-45 Habla la jefa Susana, la presidenta de una empresa de publicidad está hablando con su equipo de marketing. Escucha su discurso y señala si las oraciones son **ciertas (C)** o **falsas (F)**. Antes de escuchar, lee con atención las siguientes oraciones.

_____ 1. Susana esperó hasta que llegó Martín antes de comenzar la reunión.

_____ 2. Susana está muy contenta sobre los resultados de la campaña de publicidad para ***Contrata.***

_____ 3. Susana le informa al equipo que van a empezar una nueva campaña para un nuevo carro.

_____ 4. Susana le pide a Ricardo que sea el líder de la nueva campaña.

_____ 5. El nuevo responsable comercial viene de España.

_____ 6. Según los compañeros de Susana, Federico Rico no es buen líder porque le falta visión y toma demasiados riesgos.

CD3, Track 9

12-46 ¿Qué dijo? Escucha de nuevo lo que le dijo Susana a su equipo de marketing y completa los comentarios que hace con las palabras que oigas.

1. Me extraña que todavía no ______________________ Martín; normalmente es muy puntual.
2. ...es urgente que ________________ a preparar su campaña publicitaria de inmediato.
3. Necesito que tú, Manuel, ________________ la campaña y que ________________ a tres personas más del equipo para ayudarte.
4. Me entristece mucho que ________________, pero es una muy buena oportunidad para él y le deseo mucha suerte.
5. Ruego que le ________________ una calurosa bienvendida.
6. Así que esperamos que él nos ________________ a realizar más campañas de éxito aquí en Chile.

Nombre ______________________ Fecha ______________

Vamos a ver

12-47 ¡Tantas emociones! En este episodio Valeria y Antonio revelan más facetas de sus personalidades y sus emociones respecto a varios sucesos presentes y pasados. Contesta las siguientes preguntas según lo que ves en el video.

1. ¿Cómo se sentía Valeria mientras hablaba por teléfono con César?
____
____
2. ¿Por qué se enfadó Valeria con Antonio?
____
____
3. ¿Cuáles son los dos adjetivos que Valeria usa para describir a César?
____
4. ¿Qué hizo Antonio que le resultó increíble a Valeria?
____
____

12-48 ¿Y qué piensas tú? Termina las siguientes oraciones, basándote en lo que viste en el episodio y usando el presente del subjuntivo para expresar tu voluntad y emociones.

1. Respecto a César, le aconsejo a Valeria que ______________________________
______________________________.
2. Dudo que Valeria y César ______________________________.
3. ¡Qué malo que ______________________________
______________________________!
4. Es bueno que Antonio ______________________________
______________________________.
5. Espero que Valeria y Antonio ______________________________.

Nombre ______________________ Fecha ______________________

Las artes en el mundo hispano 13

PRIMERA ETAPA

Para empezar Las artes plásticas

13-1 De la misma familia Las siguientes palabras se utilizan en español cuando queremos hablar de las artes plásticas. Escribe otros términos que pertenezcan a la misma familia de palabras.

1. pintar: ______________________
2. esculpir: ______________________
3. el mural: ______________________
4. dibujar: ______________________
5. el retrato: ______________________

13-2 Herramientas y materiales Clasifica las siguientes herramientas y materiales según el tipo de arte plástica con que se asocian. ¡OJO! Algunas se pueden clasificar en más de una categoría.

el aceite **el barro** **los lápices de colores**
el lienzo **el muro** **la piedra**
el caballete **la paleta** **el bronce**

El dibujo	La escultura	La pintura	El muralismo

13-3 Un artista mexicano: Diego Rivera Te presentamos a continuación algunos datos sobre la faceta artística de Diego Rivera, uno de los pintores mexicanos más populares en Estados Unidos. Completa el párrafo con las palabras del cuadro que creas más adecuadas en el contexto.

tema	murales	realista	exponer	muralista	pintura

El **(1)** ______________ Diego Rivera, con su estilo **(2)** ______________ y de contenido social, es uno de los artistas más conocidos del arte mexicano. Fundó con Alfaro Siqueiros y Clemente Orozco un movimiento artístico conocido como la escuela mexicana de **(3)** ______________ y con la expansión de su fama llegó a **(4)** ______________ algunas obras en Nueva York. También recibió el encargo de pintar grandes **(5)** ______________ en el Instituto de Arte de Detroit y en el Rockefeller Center. El **(6)** ______________ principal de la obra de Rivera era la lucha de las clases populares indígenas.

Enfoque estructural *El subjuntivo con expresiones de duda y de incertidumbre*

13-4 ¡Imposible! Fíjate cómo reaccionan las siguientes personas ante ciertas noticias que reciben. Completa las respuestas utilizando las expresiones del cuadro que resulten más apropiadas en el contexto.

dudo que	es imposible que	es increíble que	no creo que	no pienso que

1. —¿Sabes que Julián tiene uno de los autorretratos de Frida Kahlo en su apartamento?

   —¿Original? ______________________ tenga uno de los autorretratos originales de Frida Kahlo en su apartamento. Las obras de arte de Kahlo cuestan una fortuna.

2. —Natalia asegura que conoce muy bien la obra de Frida Kahlo.

   —______________________ conozca muy bien la obra de Frida Kahlo. Pregúntale sobre alguna de sus obras a ver qué te contesta.

3. —Dice Andrés que, si queremos ir a la exposición sobre arte hispano, él puede conseguirnos entradas.

   —______________________ pueda conseguirnos entradas. Mi madre me dijo que estaban todas vendidas.

4. —¿Sabes que hay murales del artista mexicano Orozco en Dartmouth?

   —No, ______________________ haya murales del artista mexicano Orozco en Dartmouth.

5. —Me dijo Ramón que está haciendo un trabajo de investigación sobre Siqueiros.

   —¿Estás segura? ______________________ esté haciendo un trabajo de investigación sobre Siqueiros. Me dijo que iba a investigar sobre Rivera.

13-5 No es cierto que... A Ramón le interesan mucho las artes plásticas. Ayer escuchó un programa de radio sobre el arte hispano en los Estados Unidos y ahora está contándole a su amiga Amalia, licenciada en historia de arte, lo que aprendió. Desafortunadamente Ramón suele confundir los hechos *(facts)*. Completa las reacciones de Amalia con las formas apropiadas de los verbos entre paréntesis.

RAMÓN: Primero hablaron de un museo que se llama el Museo del Barrio en Miami que promueve el arte y las tradiciones caribeñas y latinoamericanas.

AMALIA: No es cierto que **(1)** ______________ (estar) en Miami. El Museo del Barrio se encuentra en la cuidad de Nueva York, en el este de Harlem. Fue fundado en 1969 por un grupo de educadores, artistas y activistas comunitarios puertorriqueños.

RAMÓN: Sí, claro en Nueva York. Y luego hablaron del MoLAA, o sea el Museum of Latin American Art en Long Beach, California y el Tucson Museum of Art. ¿Sabías que MoLAA mantiene una colección permanente que incluye arte precolombino?

AMALIA: Dudo que el MoLAA **(2)** ______________ (tener) una colección permanente de arte precolombino. No pienso que en ese museo ellos **(3)** ______________ (exponer) arte precolombino porque es un museo de arte latinoamericano contemporáneo.

RAMÓN: Ah, entonces es el Tucson Museum of Art el que tiene el arte precolombino. Vaya, ¡me he confundido!

AMALIA: No pasa nada. Es increíble que (4) ______________ (haber) tantos museos excelentes de arte hispano, ¿no crees?

RAMÓN: Pues sí, el último museo del cual hablaron en el programa de radio fue el de la Hispanic Society of America. Tengo ganas de visitarlo la próxima vez que esté en Nueva York. Los museos en Nueva York suelen ser caros, pero creo que dijeron que un viernes de cada mes la entrada es gratuita.

AMALIA: Sí, muchos museos neoyorquinos cobran entrada, pero es imposible que el museo de la Hispanic Society of America te (5) ______________ (cobrar). Es un museo gratuito y una biblioteca de investigación para el estudio de las artes y cultura de España, Latinoamérica y Portugal.

13-6 ¿Puede ser? Hacía tiempo que no visitabas a tu profesor de español de la escuela secundaria y el fin de semana pasado que estuviste en casa de tus padres le hiciste una visita. Durante su conversación te hizo las siguientes preguntas. Respóndele utilizando las estructuras para expresar incertidumbre que aparecen en el cuadro.

dudar que	puede ser que	no estar seguro/a de que	es probable que	no creer que

1. ¿Qué planes tienes para el verano?

____

____

2. ¿Qué cursos crees que vas a tomar el año que viene?

____

____

3. ¿Dónde vas a vivir el próximo semestre?

____

____

4. ¿Crees que vas a viajar a un país hispano en el futuro?

____

____

5. ¿Sabes qué vas a hacer después de graduarte?

____

____

Enfoque estructural *Expresiones de certidumbre*

13-7 ¿Es cierto que...? Alicia va a participar en un programa de la Facultad de Historia de Arte de su universidad para estudiar en México durante un semestre. Su hermana Julia quiere saber todos los detalles. Completa las respuestas que Alicia le da usando las expresiones de certidumbre del cuadro que resulten más apropiadas en el contexto.

creer que	**es verdad que**	**pensar que**

JULIA: ¿Vas a estudiar en México el próximo semestre?

ALICIA: Sí, (1) ________________ será muy interesante estudiar el arte y la historia mexicanos allí.

JULIA: ¿Vas a hacer una investigación como parte del programa?

ALICIA: Sí, (2) ________________ tendré que trabajar con un profesor de la Facultad de Historia de Arte de la Universidad Autónoma de México.

JULIA: ¿Sabes sobre qué tema vas a trabajar?

ALICIA: (3) ________________ trabajaré sobre el impacto del arte de los muralistas mexicanos en los Estados Unidos.

JULIA: ¡Qué interesante! Y ¿vas a viajar sola?

ALICIA: Sí, pero (4) ________________ en el futuro habrá más estudiantes interesados en participar en este programa.

JULIA: ¿Vas a tener libre acceso a todos los museos del país?

ALICIA: Sí, (5) ________________ podré entrar gratis en todos los museos y galerías de arte como investigadora.

JULIA: ¡Qué suerte!

13-8 Sí, pienso que... Fíjate cómo reaccionan las siguientes personas ante ciertas noticias que reciben. Completa las respuestas utilizando la forma verbal más adecuada en el contexto de comunicación.

1. —¿Crees que en su viaje a California ________________ (ir a ver, ellos) murales mexicanos en las calles?

   —Sí, creo que ________________ (ir a ver, ellos) murales mexicanos en algunas de las excursiones previstas.

2. —¿Piensas que el Museo de Bellas Artes de la ciudad ________________ (ir a organizar) pronto una exposición sobre el arte mexicano?

   —Sí, pienso que el Museo de Bellas Artes ________________ (ir a organizar) una exposición sobre el arte mexicano para conmemorar los cincuenta años de la muerte de Diego Rivera.

3. —¿Crees que el arte de Frida Kahlo ________________ (tener) muchos símbolos?

   —Sí, creo que especialmente los autorretratos ________________ (tener) muchos símbolos relacionados con las tradiciones indígenas.

4. —¿Crees que el arte mural ________________ (ser) un arte de crítica social?

   —Sí, es cierto que el arte mural ________________ (ser) un arte de crítica social porque los muralistas creían que su arte podía animar a la gente a luchar contra la injusticia.

13-9 Hablar español, ¡qué ventaja! ¿Cómo crees que puedas aplicar tus conocimientos de español en el futuro? Piensa en varias posibilidades relacionadas con el trabajo, los estudios y los viajes, y escríbelas usando expresiones como **es verdad que, es cierto que, creo que, pienso que...**

Hablar español, ¡qué ventaja!

Nombre ______________________________ Fecha ______________

SEGUNDA ETAPA

Para empezar — Las artes interpretativas y la arquitectura

13-10 Recomendaciones Sara acaba de llegar a Barcelona para participar en un programa de idiomas. Verónica, su compañera de apartamento española le está dando algunas recomendaciones sobre la oferta cultural y arquitectónica en la ciudad Condal. Completa las siguientes oraciones con el vocabulario más adecuado del cuadro que aparece a continuación.

barroco	**castillo**	**ópera**	**metal**	**funciones**	**bailarín**	**torres**

Sin falta, tienes que ir a unas **(1)** ________________ en el Gran Teatro del Liceu. Esta temporada, recomiendo que veas *La clemenza di Tito* la **(2)** ________________ escrita por Wolfgang Amadeus Mozart el último año de su vida. También, te sugiero que asistas al espectáculo de ballet "Antonio Gades, 50 años de danza española" que rinde un homenaje al **(3)** ________________ Antonio Gades fallecido en 2004.

Además de estos dos espectáculos, tienes que conocer la riqueza arquitectónica de Barcelona. Empieza con la Sagrada Familia, la obra cumbre de Antonio Gaudí que aún sigue incompleta. Seguramente a primera vista te impresionarán las altas **(4)** ________________. ¿Sabes que al completarse la catedral tendrá 18, la más alta de 170 metros? También, fíjate en el estilo genéricamente **(5)** ________________, la combinación de los colores y la rica diversidad de los materiales utilizados: estuco, cerámica, **(6)** ________________ y muchas piedras. Después, visita el **(7)** ________________ de Montjuic. Esta fortaleza del reinado de Felipe IV fue prisión militar y actualmente aloja un museo.

13-11 ¿Cómo es y de qué está hecho? Piensa en algún monumento o edificio que te haya impactado, por ejemplo, un rascacielos como el Empire State, un puente como el de Brooklyn, un castillo como el de Windsor, etc. Escribe una descripción en la cual incluyas la siguiente información:

- Cómo se llama y dónde se encuentra
- Su estilo (gótico, barroco, colonial, moderno, etc.)
- De qué está hecho/a (cristal, ladrillo, metal, etc.)

____

____

____

____

____

____

Enfoque estructural *El subjuntivo con antecedentes no existentes*

13-12 Conversaciones Lee con atención los siguientes minidiálogos y completa las oraciones con la forma apropiada del indicativo o del subjuntivo del verbo entre paréntesis según convenga.

Minidiálogo 1

—Siempre que voy a San Francisco a visitar a mis padres me gusta ver unas de las óperas que ________________ (ofrecer) el War Memorial Opera House porque se ha establecido como una de las mejores óperas del mundo.

—¡Qué suerte! En mi ciudad no hay ningún teatro de ópera que ________________ (tener) representaciones.

Minidiálogo 2

—¿Has visto la colección de DVDs de danza contemporánea que ________________ (haber) en la biblioteca? ¡Tiene que haber más de 50 títulos!

—¡Qué impresionante! No conozco ninguna otra biblioteca que ________________ (tener) una colección tan amplia.

Minidiálogo 3

—A mis compañeras de apartamento les encantan ir al parque y ver a los mimos que ________________ (actuar) ahí.

—¿En serio? No hay nada que me ________________ (gustar) más que ver representaciones de mimos. ¡Siempre son tan divertidas! La próxima vez tengo que ir con ellas.

Minidiálogo 4

—No conozco a ningún artista que no ________________ (querer) ser una estrella.

—Bueno, creo que todos quieren ser estrellas pero la mayoría que ________________ (alcanzar) el estrellato acaba quejándose de los paparazzi y de la pérdida de la privacidad.

Minidiálogo 5

—Siempre que viaja, a Marlene le encanta visitar los monumentos y aprender sobre los estilos de arquitectura que ________________ (representar) cada uno.

—No hay nadie que ________________ (apreciar) más la arquitectura que Marlene.

13-13 ¡Qué familia de talentos! Gloria nos habla de la familia de su amiga René y del gran interés que todos tienen por las artes interpretativas y la arquitectura. Lee con atención la descripción que hace Gloria y complétala con el subjuntivo de los verbos que aparecen entre paréntesis.

No conozco a ninguna familia que (**1**) ________________ (tener) más interés en las artes interpretivas que la familia de René. Su madre es profesora de danza contemporánea y no hay ningún estudiante en la universidad que no (**2**) ________________ (disfrutar) de su clase. El padre de René es arquitecto. No hay nada que (**3**) ________________ (ser) tan hermoso como sus obras. No hay ningún año que algún proyecto suyo no (**4**) ________________ (aparecer) en una revista de diseño. ¡Qué hombre!

Nombre ______________________ Fecha ______________

A los hermanos de René les interesa mucho el ballet y no hay ningún año que (5) __________ (quedarse) en casa sin asistir a todas la funciones de ballet que hay en nuestra ciudad. Y mi amiga René es coreógrafa. No hay nadie que no (6) __________ (conocer) sus producciones. ¡Qué familia de talentos!

13-14 En mi familia no hay nadie que... Piensa ahora en los distintos miembros de tu familia e identifica tres características que tengan y tres características que no tengan. Alterna el uso del indicativo y del subjuntivo en tu descripción según el contexto.

MODELOS *En mi familia no hay nadie que hable francés.*
En mi familia hay dos personas que hablan español, mi hermana y yo.

Mi familia

1. ______________________
2. ______________________
3. ______________________
4. ______________________
5. ______________________
6. ______________________

Enfoque estructural *El subjuntivo con antecedentes desconocidos*

13-15 El boletín universitario Lee con atención las descripciones de los puestos que las distintas facultades de la universidad necesitan cubrir y completa las oraciones con la forma apropiada del subjuntivo del verbo que aparece entre paréntesis.

1. La Facultad de Antropología busca estudiantes que __________ (estar) interesados en hacer trabajo de campo *(field research)* y que __________ (poder) colaborar en los proyectos del departamento.
2. La Facultad de Lenguas Modernas necesita a una persona que __________ (encargarse) del laboratorio de idiomas y que __________ (saber) aplicar las nuevas tecnologías a la enseñanza de lenguas extranjeras.
3. La Facultad de Historia del Arte busca estudiantes que __________ (querer) colaborar en la nueva exposición sobre arte contemporáneo hispano y que __________ (hacer) los carteles para el evento.
4. La Facultad de Estudios Latinoamericanos busca un profesor visitante que __________ (enseñar) el seminario sobre el realismo mágico durante el semestre de primavera y que __________ (dirigir) proyectos de investigación en el área.

Nombre ______________________________ Fecha ______________________

13-16 El arte en la escuela Estás trabajando como voluntario en la organización de un festival de artes interpretativas donde los niños de varios colegios de la ciudad van a hacer representaciones. Hoy es el primer día y estás intentando organizarte un poco y organizar a los niños que te están ayudando. Completa las siguientes oraciones con el subjuntivo del verbo que aparece entre paréntesis.

1. Necesito cinco voluntarios que me ________________ (ayudar) a colocar estos carteles por el barrio.
2. ¡Niños, escuchen! ¿Hay alguien que ________________ (saber) dónde están todas las cajas con la ropa de ballet?
3. Necesito muchachos fuertes que ________________ (poner) las mesas en el patio, donde vamos a celebrar el festival.
4. Busco voluntarios que ________________(colocar) los diferentes escenarios.
5. ¿Hay alguna persona que ________________ (querer) escribir el precio de las entradas en estos pases?
6. Necesito tres personas que ________________ (escoger) las flores para adornar el patio.
7. Busco voluntarios que ________________ (dirigir) el tráfico de los coches que lleguen al aparcamiento.
8. Necesito estudiantes que ________________ (recibir) a los padres y al público en general cuando lleguen.

13-17 Expectativas ¿Cómo sería *(would be)* para ti una clase ideal? ¿Qué esperas de un curso? Piensa en seis características de este curso y construye oraciones utilizando el subjuntivo en las oraciones adjetivas. Sigue el modelo.

MODELO *Busco una clase que sea interesante.*

La clase ideal

1. ____
2. ____
3. ____
4. ____
5. ____
6. ____

TERCERA ETAPA

Para empezar El arte popular y la artesanía

13-18 Una feria de artesanía Teresa nos habla de la feria de artesanía que se celebra todos los veranos en su pueblo y de lo mucho que le gusta ir y comprar algún objeto hecho a mano. Completa su narración con las palabras del cuadro que resulten más apropiadas en el contexto.

cerámica	joyería	talla	artesanía	arte popular

Todos los veranos se celebra en mi pueblo una feria de (1) _______________. En ella participan artesanos de todas las regiones del país y se pueden comprar objetos muy bellos hechos a mano, como (2) _______________, joyería y alfarería. A la gente le gusta mucho el (3) _______________ y la feria tiene siempre mucho público. Recuerdo que el año pasado, mi madre compró (4) _______________ y aún se pone los pendientes de oro. Y yo compré una (5) _______________ en madera muy linda para regalársela a mi compañera de apartamento que, por cierto, le encantó.

13-19 Una exposición de arte popular hispano Virginia se encuentra con su amigo Tomás que va a ver una exposición de arte popular hispano. Lee con atención su conversación y complétala con el vocabulario relacionado con el arte popular y las artesanías que aprendiste en esta etapa.

VIRGINIA: Tomás, ¿qué vas a hacer esta tarde?

TOMÁS: Voy a ir a la exposición de arte popular hispano que hay en el museo de antropología.

VIRGINIA: ¿En serio? ¿Puedo acompañarte? Me encanta la (1) _______________.

TOMÁS: Claro, será divertido verla juntos.

VIRGINIA: No sabía que estuvieras interesado en el (2) _______________.

TOMÁS: Bueno, la verdad es que tengo que ver la exposición para mi clase de civilizaciones hispanas. Debo escribir un proyecto.

VIRGINIA: Ya veo. Pues no sé si sabías que me he matriculado este semestre en una clase de manualidades *(crafts)* y tenemos que hacer un artículo de (3) _______________ como un plato decorativo o un florero y una (4) _______________ en piedra. Y al final del curso, como proyecto final, tenemos que presentar un (5) _______________ que reproduzca una pintura.

TOMÁS: Parece muy difícil.

VIRGINIA: Bueno, un poco. Creo que ver la exposición me servirá de inspiración. ¡Vamos!

Nombre ______________________ Fecha ______________________

Enfoque estructural *Conjunciones con el subjuntivo y el infinitivo*

13-20 Consejos de primera mano Susana tiene un gran interés en el arte y mucho talento. Éste es su último año en la escuela secundaria y hoy asiste a una de las sesiones de orientación de la universidad en la que quiere estudiar. Uno de los estudiantes de último año, del programa de arte, la está llevando a visitar algunas clases y le está dando algunos consejos sobre los cursos del primer año. Completa las siguientes oraciones con las conjunciones del cuadro que resulten más apropiadas en el contexto. **¡OJO!** Algunas conjunciones pueden usarse más de una vez.

a menos que	con tal de que	antes de que	sin que	para que	en caso de que

Consejo 1

No tendrás ningún problema con el curso de arquitectura renacentista, ______________ participes en clase y entregues los trabajos a tiempo.

Consejo 2

La clase de dibujo es muy difícil. No la tomes ______________ tengas un talento especial para dibujar o que sea un requisito para tu especialidad. El profesor es muy exigente y no tiene mucha paciencia.

Consejo 3

Te gustará especialmente el seminario sobre el muralismo; es un curso muy popular. Intenta matricularte en él ______________ se llene, y ______________ no puedas tomarlo el semestre de otoño, tómalo en la primavera.

Consejo 4

La clase de artesanía está muy bien. Los profesores son verdaderos artistas y son muy flexibles con el curso. Puedes escoger tus proyectos ______________ el profesor se oponga y ______________ hagas un trabajo terrible, aprecian mucho el esfuerzo. Es una buena introducción al arte popular. Te la recomiendo.

Consejo 5

Cuando escojas una especialidad, debes hablar con el director académico, ______________ te asigne un consejero. Después, no conviene que tomes decisiones académicas ______________ él lo sepa. ¡Buena suerte con todo!

13-21 En mi experiencia Imagínate ahora que tienes que aconsejar a algunos estudiantes interesados en asistir a tu universidad sobre los cursos que has tomado o que estás tomando. Utiliza en tus consejos oraciones con **a menos que, antes de que, con tal de que, en caso de que, para que** y **sin que.**

1. ______________________________
2. ______________________________
3. ______________________________
4. ______________________________
5. ______________________________
6. ______________________________

13-22 De turismo Irma está comiendo con unos amigos suyos de Argentina que están haciendo un viaje por España. Completa su conversación con la conjunción del cuadro que consideres más adecuada en cada contexto.

para	**sin**	**antes de**

IRMA: ¿Y ya han estado en el museo de arte moderno? Miren que no se pueden ir de Madrid (1) ______________ ver el Museo Reina Sofía.

MARTA: Sí, mañana por la mañana iremos (2) ______________ viajar a Barcelona.

IRMA: ¿Cuánto tiempo van a pasar en Barcelona?

MARCO: Tres días, el tiempo justo (3) ______________ admirar las obras de Picasso y Miró, y asistir a una ópera en el Liceo.

IRMA: Y después, ¿adónde viajarán?

MARTA: A Valencia. Vamos a tomar la carretera de la costa (4) ______________ conducir a orillas del Mediterráneo y conocer algunos pueblos típicos. Después volveremos a Madrid, y allí pasaremos una noche (5) ______________ regresar a Buenos Aires. No nos iremos (6) ______________ llamarte primero.

13-23 ¡Qué bonito es soñar! Federico es un joven universitario muy emprendedor que sueña con viajar por todo el mundo. Lee con atención algunos de los sueños que comparte con nosotros y completa las oraciones con el infinitivo o el subjuntivo según convenga.

1. Algún día quiero ir a México para ______________ (ver / vea) las obras de los muralistas más famosos.
2. El año pasado no pude participar en el viaje a San Petersburgo que el doctor Peláez organiza todos los semestres para que la clase ______________ (poder / pueda) admirar algunas obras de Dalí. Pero el próximo otoño me voy a apuntar antes de que ______________ (acabarse / se acaben) las plazas *(available spaces)*.
3. Desde que pasé un año estudiando en España, sueño con volver para ______________ (quedarme / me quede).
4. Mi universidad tiene un programa de acción humanitaria en Centroamérica para que los estudiantes ______________ (servir / sirvan) a las comunidades más necesitadas. Quisiera participar en el programa antes de ______________ (terminar / termine) la carrera.
5. Antes de que mis compañeros y yo ______________ (graduarse / nos graduemos), espero organizar un viaje a Puerto Rico para todos como despedida de la universidad.

13-24 Y tú, ¿con qué sueñas? ¿Por qué no nos hablas de algunos de tus sueños para el futuro? ¿Sueñas con viajar a otros países? ¿Qué piensas hacer antes de graduarte? ¿Cuáles son tus deseos más inmediatos? Escribe un mínimo de seis oraciones con conjunciones tales como **para / para que, sin / sin que, antes de / antes de que,** etc.

Mis sueños

____

____

____

____

____

____

____

____

Enfoque estructural *El subjuntivo con expresiones adverbiales que implican tiempo futuro*

13-25 Combinaciones Fíjate en las estructurás que aparecen en las tres columnas y combínalas de forma lógica, conjugando los verbos de la tercera columna en la forma correspondiente del **presente del subjuntivo.**

Aún tengo que terminar el bordado	tan pronto como	finalizar el semestre
Dime qué piensas de los rascacielos	hasta que	estar en la librería de arte
Tendrán que esperar para comprar los pinceles y el lienzo	después de que	visitar Caracas
Compraré las entradas para ver el ballet	cuando	ir a la feria
Aprenderás mucho sobre la artesanía	antes de que	estar a la venta

1. ____

____

2. ____

____

3. ____

____

4. ____

____

5. ____

____

13-26 ¡Necesito unas vacaciones! Raúl ha estado trabajando muchísimo y necesita unas vacaciones. Está pensando ir a México y descansar en la playa, sin interrupciones. Por eso quiere alojarse en un hotel lejos del bullicio *(hubub)* de los turistas. Completa su narración con el **presente del subjuntivo** de los verbos que aparecen entre paréntesis.

En cuanto (1) ______________ (tener, yo) unos días de vacaciones, pienso ir a México y no regresaré hasta que (2) ______________ (sentirse) totalmente relajado. Cuando (3) ______________ (ir) a México, quiero alojarme en un hotel frente al mar; aunque (4) ______________ (ser) más caro, no me importa: unas vacaciones son unas vacaciones. Tengo que consultar una guía de hoteles antes de que el agente de viajes me (5) ______________ (hacer) la reserva; busco un hotel que esté un poco apartado del bullicio de los turistas. Esta vez voy para descansar y después de que (6) ______________ (volver) de México, me sentiré como nuevo. ¡Ah, cómo necesito unas vacaciones!

13-27 Lo que haremos este semestre Aitana acaba de empezar un curso de arte y la profesora del curso les está hablando a los estudiantes sobre lo que van a hacer a lo largo del semestre. Escribe las indicaciones que la profesora les da a los estudiantes utilizando los elementos que aparecen a continuación y utilizando el **presente del subjuntivo** con estas expresiones adverbiales para hablar del tiempo futuro.

MODELO después de que / terminar el módulo de artes plásticas / poder crear un autorretrato
Después de que terminen el módulo de artes plásticas, podrán crear un autorretrato.

1. cuando / ir al Museo Metropolitan en Nueva York / ya reconocer muchas de las obras expuestas
____
____
2. aunque / ser un curso de introducción al arte / ser muy completo / y Uds. tener que trabajar duro
____
____
3. después de que / Uds. estudiar sobre las artes interpretativas / ir (nosotros) al ballet
____
4. tan pronto como / Uds. terminar sus obras de artesanía / organizar (nosotros) una feria
____
5. no poder hacer el proyecto final / hasta que / aprobar todos los módulos
____

Nombre ______________________ Fecha ______________________

Vamos a leer

México y sus máscaras

Antes de leer

13-28 Una muestra de arte popular: las máscaras Las máscaras son un elemento importante de diferentes culturas y una muestra de la artesanía popular. Antes de leer el artículo que habla sobre el origen de las máscaras en México, responde a las preguntas de preparación que aparecen a continuación.

1. En tu opinión, ¿cuál es el origen de las máscaras?

____

2. ¿Para qué se usan las máscaras en las diferentes culturas?

____

Después de leer

13-29 Lo esencial Te presentamos en la página 314 una lectura sobre las máscaras mexicanas: su origen, su importancia y su simbolismo. Después de leer la lectura, responde a las siguientes preguntas.

1. ¿Cuál es el origen de las máscaras? ¿Qué simbolizan las máscaras según el texto?

____

____

2. Según el texto, ¿qué sabes de las máscaras en las celebraciones modernas?

____

____

3. Menciona los distintos materiales de los que se podían hacer las máscaras.

____

____

13-30 Celebraciones populares En el texto se mencionan algunas de las fiestas que el pueblo mexicano celebra. ¿Cuáles son? ¿Qué papel tienen las máscaras en estos festivales? ¿Cómo se pueden comparar estas celebraciones con las que tienen lugar en tu país?

____

____

____

____

México y sus máscaras

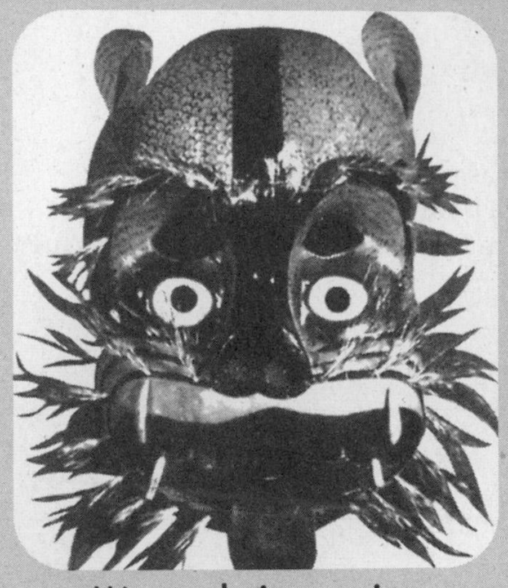
Máscara de tigre mexicana

A miles de años de que vinieran los europeos, en muchas partes del Nuevo Mundo se hacían máscaras. Todavía se hacen y se usan en México. Las máscaras, fascinantes de ver, son más que esculturas; son símbolos de dioses y hombres, del bien y del mal y del peligro y del bienestar. Nos dan una clave para entender la vida interior de un pueblo.

Antes de la conquista española, las máscaras eran una parte integral e íntima de la vida religiosa de la gente. Principalmente en las zonas rurales, esto sigue siendo verdad. Pero también se usan en los centros urbanos: en la época de carnaval, durante la celebración del Día de los Difuntos, en las peregrinaciones y celebraciones importantes. En las pinturas murales y las esculturas en los sitios arqueológicos se pueden ver los festivales religiosos de los indios precolombinos, y a veces los hombres llevaban máscaras. Las excavaciones arqueológicas también han revelado bellas máscaras de piedras que se usaban en las antiguas ceremonias.

Las fiestas modernas también reflejan el aspecto teatral de las fiestas antiguas. Antes de la conquista se creaban escenas suntuosas y complejas como fondo para actores que se disfrazaban de pájaros y animales y llevaban máscaras apropiadas e imitaban los movimientos de éstos en las danzas. Entre los mayas, los comediantes recorrían las aldeas divirtiéndose y recogiendo regalos. Los sacerdotes mayas se vestían de dioses, se ponían máscaras y andaban por las calles pidiendo regalos. Las fiestas actuales se componen de una variedad de elementos importantes: música, danza, comida, trajes especiales y ceremonias religiosas relacionadas con la iglesia católica de la aldea donde las máscaras tienen un sentido mágico.

La mayoría de estos festivales son regionales, particularmente la danza del tigre y el baile de moros y cristianos. El baile de moros y cristianos tiene su origen en España y se introdujo en México a principios de la Conquista. Siempre refleja una batalla en la que los cristianos combaten con un número mayor de moros y les ganan gracias a la intervención de seres sobrenaturales. En el baile puede haber embajadores, ángeles, santos, reyes, princesas y diablos, todos con su propia máscara.

Las máscaras mexicanas originales deben tener un lugar importante entre las máscaras famosas de las diferentes partes del mundo y, sin duda, las máscaras contemporáneas sobresalen por su variedad y cantidad.

Dondequiera que haya danzas, se halla un aldeano que hace máscaras. Muchos de los bailarines tallan sus propias máscaras, un arte que a menudo se pasa de padres a hijos.

Pero ya sean de metal, madera o papel, las máscaras mexicanas siempre son un producto original y espontáneo que brota de la ingeniosidad del artista popular mexicano.

Nombre ______________________________ Fecha ______________

Vamos a escribir

Vocabulary: Arts; Cultural periods and movements
Phrases: Describing objects
Grammar: Relatives: **que;** Verbs: subjunctive with **que,** infinitive

Hablemos de arte

La revista de Arte Hispano de tu universidad quiere publicar en su próximo número un artículo sobre las preferencias artísticas de los estudiantes, y tu profesor/a de español te ha pedido que escribas una composición en la que hables de tus gustos sobre el arte. Al preparar lo que vas escribir, no olvides incluir la siguiente información.

- el tipo de arte que más te gusta
- las características que buscas en una obra de arte
- tu artista favorito/a
- el movimiento artístico al que pertenece el/la artista, la técnica que usa, sus obras más famosas
- las razones por las cuales es tu artista favorito/a

A empezar

13-31 Organización de las ideas Piensa en los distintos movimientos artísticos que conoces e indica cuál de ellos te gusta más. Después haz una lista con las características que buscas en una obra de arte.

A escribir

13-32 Preparación del borrador Con las ideas generales que has desarrollado en la sección **A empezar,** prepara el párrafo introductorio de tu composición. A continuación, en un segundo párrafo, habla de tu artista favorito/a: su estilo, su técnica, sus obras más destacadas. Finalmente, escribe un tercer párrafo en el que expliques las razones por las cuales es tu artista favorito/a.

13-33 Revisión del borrador Revisa tu borrador teniendo en cuenta las siguientes consideraciones.

1. ¿Incluye tu escrito la información esencial sobre tus gustos artísticos y sobre tu artista favorito/a? ¿Has incluido las razones que justifican tus preferencias?
2. ¿Está la información organizada de acuerdo con el orden propuesto? ¿Resulta informativa para el lector?
3. ¿Utilizaste el vocabulario que has aprendido para hablar del arte? ¿Incluiste en tu composición el uso del subjuntivo en las distintas funciones que te presentamos en este capítulo?

13-34 El producto final Haz los cambios necesarios de acuerdo con la revisión de tu borrador e incluye las ideas nuevas que se te hayan ocurrido. Antes de entregarle la composición a tu profesor/a, léela una vez más y asegúrate de que no haya errores ortográficos y de que hayas incluido todos los cambios.

Nombre ______________________ Fecha ______________

COMPRENSIÓN AUDITIVA

CD3, Track 10

13-35 El Museo Dolores Olmedo Patiño Escucha con atención la información que se presenta sobre un importante museo mexicano, el Museo Dolores Olmedo Patiño, y responde a las preguntas de comprensión que aparecen a continuación. Antes de escuchar la narración, asegúrate de que tienes una idea clara de la información que buscas.

1. ¿Qué tipo de obras podemos admirar en el Museo Dolores Olmedo Patiño?

2. ¿Es el museo una institución privada?

3. ¿Dónde está situado el Museo Dolores Olmedo Patiño?

4. ¿Qué se puede destacar de su arquitectura?

CD3, Track 11

13-36 Arte en Buenos Aires Irene se encuentra con su amiga Ana, una apasionada del arte, que le cuenta sobre su última experiencia artística en la ciudad de Buenos Aires. Escucha con atención la conversación entre las dos amigas y responde a las preguntas de comprensión.

1. ¿De dónde viene Ana cuando se encuentra con Irene?

2. ¿Cuándo se inauguró el lugar? ¿En qué consiste la importancia del lugar?

3. ¿Qué impresión le ha causado su visita?

4. ¿Qué piezas incluye la colección que ha visitado?

5. ¿Qué día es el mejor para ir al museo, según Ana? ¿Por qué?

Nombre ______________________ Fecha ______________________

CD3, Track 12

13-37 La tragedia de Guernica El guía del museo le explica a un grupo de turistas la historia del *Guernica*, el famoso cuadro de Picasso. Escucha la explicación y señala si las oraciones son **ciertas (C)** o **falsas (F)**. Antes de escuchar, lee con atención las siguientes afirmaciones.

_____ **1.** Picasso pintó el *Guernica* para una exposición local.

_____ **2.** Guernica es una ciudad que está en el oriente de España.

_____ **3.** El bombardeo de Guernica ocurrió el 26 de abril de 1937.

_____ **4.** Tres grupos lucharon en la Guerra Civil española.

_____ **5.** Hitler y Mussolini ayudaron al grupo de los nacionales.

_____ **6.** Las personas que más sufrieron fueron los civiles.

_____ **7.** Solamente murieron los soldados en la batalla.

_____ **8.** El cuadro *Guernica* siempre ha estado en España.

CD3, Track 13

13-38 Más detalles del cuadro Escucha la explicación que da el guía ahora sobre los elementos del cuadro mientras observas la fotografía del *Guernica* que aparece a continuación. Indica con un círculo las partes del cuadro que describe el guía.

***Guernica* de Pablo Picasso**

Vamos a ver

13-39 ¿Quién lo dice? Mientras ves el episodio, indica quién dice las siguientes afirmaciones. Usa las siguientes abreviaturas: **Ale** = Alejandra; **An** = Antonio; **J** = Javier; **S** = Sofía; **V** = Valeria.

_____ **1.** "¡La última actividad juntos! Parece mentira todo el tiempo que pasó".

_____ **2.** "Cuando terminamos de leer la carta, pensé en lo que sería volver a casa y dejar a los amigos".

_____ **3.** "...Antes de que comencemos, necesitan saber que yo dibujo y pinto como una niña de tres años".

_____ **4.** "Ellos se fueron a comprar la pintura y el lienzo para el cuadro".

_____ **5.** "¡Chicas! ¡Llegamos!"

13-40 Un cuadro muy especial Durante el episodio viste cómo los compañeros trabajaron juntos para crear una representación visual de su convivencia en Puerto Rico. Describe en detalle el proceso de creación del cuadro. En tu descripción, debes incluir lo siguiente:

- cómo decidieron finalmente pintar un cuadro
- las herramientas y materiales que utilizaron
- las imágenes que incluyeron
- los colores que usaron
- el estilo del cuadro
- tu opinión personal sobre el cuadro
    - ¿Te gusta?
    - ¿Crees que es una buena representación visual de su convivencia? ¿Por qué sí o no?

Nombre ______________________ Fecha ______________________

El mundo de las letras

PRIMERA ETAPA

Para empezar — La novela y el cuento

14-1 Vocabulario literario Pablo está estudiando para una prueba de vocabulario de terminología para su clase de introducción a la literatura. Ha preparado las siguientes tarjetas con definiciones y sólo le falta escribir la palabra correspondiente al reverso de la tarjeta. Ayúdale a escribir las respuestas en las tarjetas.

1. *Un narrador especializado en el cuento o relato breve. De habla hispana, destacan en el siglo XX, el uruguayo Horacio Quiroga, el mexicano Juan Rulfo y los argentinos Julio Cortázar y Jorge Luis Borges.*

____

2. *Una narración oral o escrita de elementos imaginativos que se transmite habitualmente de generación en generación, casi siempre de forma oral.*

3. *La persona que cuenta o narra los acontecimientos en una obra literaria, es una entidad dentro de la historia, diferente del autor (persona física) que la crea.*

4. *Conjunto de hechos que se narran en una obra literaria a partir de los cuales se desarrolla el texto.*

5. *Personaje principal de una obra literaria, una película u otra creación narrativa.*

14-2 *La colmena* Patricia está leyendo *La colmena* de Camilo José Cela y está fascinada con el drama que sufren los personajes de la novela. Completa su opinión sobre la conocida obra de Cela con las palabras que aparecen en el cuadro a continuación.

los personajes	**novelista**	**el autor**	**una novela**	**ensayos**

Estoy leyendo *La colmena*, de Camilo José Cela, y no puedo dejarla ni un minuto. Es (**1**) ________________ fascinante. (**2**) ________________ retrata *(portrays)* la sociedad española después de la Guerra Civil; (**3**) ________________________________ llevan una vida fea y cruel. Verdaderamente, Cela es un gran (**4**) ________________, aunque también escribió (**5**) ________________ de gran calidad literaria. En reconocimiento a su contribución al mundo de las letras le concedieron el Premio Nobel en 1989.

Enfoque estructural *Repaso: El presente del subjuntivo*

14-3 Una tertulia literaria Juana está asistiendo a una tertulia literaria sobre obras hispanas. Como es la primera reunión, la coordinadora está explicando a los asistentes cómo funciona la tertulia. Completa su discurso con el verbo que aparece entre paréntesis en la forma adecuada del **presente del subjuntivo.**

¡Bienvenidos! Me alegro tanto de que nosotros (**1**) ________________ (compartir) el mismo interés por la literatura hispana. Les voy a explicar cómo funcionarán nuestras tertulias literarias. Este semestre, leeremos cinco obras. En la hoja que Rachel les está dando ahora mismo, encontrarán los títulos y el calendario de lectura. Es aconsejable que ustedes (**2**) ________________ (comprar) las obras en la librería universitaria puesto que ahí nos ofrecen un descuento de 15%. En cuanto a las tertulias, nos reuniremos cada miércoles a las 19:00 en el café del centro estudiantil. Es necesario que ustedes (**3**) ________________ (venir) a cada reunión preparados, o sea, con la obra leída y listos para compartir sus perspectivas y opiniones. Durante la tertulia, se prohíbe que (**4**) ________________ (estar) encendidos los teléfonos móviles. ¡No hay nada que (**5**) ________________ (interrumpir) más un buen intercambio de ideas que un teléfono sonando! A ver...¿qué más? Siempre nos interesa crecer, así que les sugiero que (**6**) ________________ (traer) a otras personas interesadas en la literatura hispana a las tertulias. Solamente les ruego que me (**7**) ________________ (avisar) con unos días de antelación porque si vienen muchos invitados a una reunión a lo mejor será necesario cambiar de lugar. El café del centro estudiantil es muy cómodo pero también un poco pequeño. Bueno, creo que eso es todo por ahora, espero que (**8**) ________________ (disfrutar) de las obras elegidas y nos vemos la semana que viene.

14-4 ¿Qué sienten? En las siguientes oraciones varias personas expresan sus sentimientos sobre los libros que están leyendo actualmente. Completa las oraciones con el verbo entre paréntesis en la forma adecuada del presente del subjuntivo.

1. ¡Qué extraño que los protagonistas ______________ (morir) en el primer capítulo! ¿Qué pasará?
2. Me alegro de que este autor ______________ (haber) prometido escribir otra novela.
3. Es una pena que la historia ______________ (ser) tan triste. Prefiero novelas menos trágicas.
4. Lamento que ______________ (revelarse) el punto culminante tan temprano en el cuento.
5. Siento que no te ______________ (gustar) este libro porque a mí me encanta.
6. Nos gusta que la novela ______________ (tener) personajes de diferentes capas sociales *(social classes)*.

14-5 ¿Qué te parece? Expresa tu reacción ante las siguientes situaciones. Utiliza la estructura del cuadro que creas más apropiada y usa el verbo en el presente del subjuntivo.

MODELO Nos encanta leer todo tipo de obras literarias.
Es bueno que les encante leer todo tipo de obras literarias.

es posible que	**qué malo que**	**no hay nadie que**
me alegro de que	**es bueno que**	**es curioso que**

1. La segunda novela de esa autora aún no ha salido a la venta.
____
____
2. Nunca me canso de leer ese cuento.
____
____
3. Nuestros profesores se interesan mucho por transmitirnos el placer de leer.
____
____
4. Paco nunca lee una novela entera. ¡Siempre se va directamente al desenlace!
____
____
5. ¿Crees que esta historia tendrá un final feliz?
____
____

Enfoque estructural *El imperfecto del subjuntivo*

14-6 La trayectoria de un escritor Manuel nos cuenta cómo comenzó su amor por la literatura y cómo ha sido su trayectoria de escritor. Combina de forma lógica las estructuras que aparecen en las dos columnas y conjuga los verbos de la segunda columna en el **imperfecto del subjuntivo**.

Nunca había pensado que	antes de que mis maestros **hablarnos** de los grandes genios de la literatura
Ya había desarrollado mi amor por la lectura	yo **estudiar** medicina
Desde niño había soñado con que	la gente **entender** el significado de mis cuentos
Mis padres siempre habían querido que	**hacer** un doctorado en crítica literaria
Mis profesores de la universidad habían insistido en que	mis obras **poder** tener tanto éxito

1. ____

2. ____

3. ____

4. ____

5. ____

14-7 ¿Qué les parece? Fíjate en cómo reaccionan las siguientes personas ante las noticias que otros les dan. Utilizando el **imperfecto del subjuntivo,** completa las reacciones, teniendo en cuenta cada contexto en particular.

1. —Al final no pude asistir a la conferencia sobre Borges. ¿Estuvo bien?

   —¡Qué lástima que no ______________________! Fue magnífica.

2. —Ayer por fin terminé con mi proyecto para la clase del Cuento Hispánico.

   —Me alegro de que ______________. Trabajaste muchísimo.

3. —El profesor no dijo nada sobre el examen de terminología mañana. ¿Crees que tendremos examen?

   —¡Qué raro que no ______________________! ¿Por qué no vamos a su oficina a preguntarle?

4. —¿Sabes que el comité le dio la beca de investigación para estudiar en la UNAM a Jaime Morales?

   —Me sorprende que el comité le ______________ la beca de investigación a Jaime Morales. Dolores Benítez era la candidata favorita.

5. —La profesora Menéndez me eligió como ayudante de investigación en su nuevo libro. ¿Qué te parece?

—¡Qué bien que ______________ como ayudante de investigación! Es una oportunidad excelente para ti.

6. —Anoche tuve que quedarme leyendo una leyenda para la clase de literatura del Siglo de Oro hasta muy tarde.

—Siento que ______________________ hasta muy tarde; debes estar agotado.

14-8 Nada mejor para aprender español que... Su profesora de español de la escuela secundaria siempre les hablaba de la importancia de hablar con fluidez una lengua extranjera, en este caso, el español. También les daba recomendaciones muy acertadas de lo que podían hacer para practicar y mejorar el español. Escribe estas recomendaciones, combinando de forma lógica los elementos de las dos columnas y conjugando los verbos de la primera columna en el **imperfecto del subjuntivo.**

MODELO Nuestra profesora de la escuela secundaria siempre nos recomendaba que *habláramos español en clase.*

buscar	con la comunidad hispana de la ciudad
colaborar	películas en español
escuchar	un ‹‹pen pal›› hispano
leer	periódicos y revistas en español
ver	con una familia hispana en un país hispano
vivir	los ritmos latinos de salsa, cumbia y merengue

1. Nuestra profesora de la escuela secundaria siempre nos aconsejaba que ______________________.
2. Nuestra profesora de la escuela secundaria siempre nos sugería que ______________________.
3. Nuestra profesora de la escuela secundaria siempre nos recomendaba que ______________________.
4. Nuestra profesora de la escuela secundaria siempre nos aconsejaba que ______________________.
5. Nuestra profesora de la escuela secundaria siempre nos sugería que ______________________.
6. Nuestra profesora de la escuela secundaria siempre nos recomendaba que ______________________.

SEGUNDA ETAPA

Para empezar La poesía

14-9 Tarea: la lectura de un poema El profesor Arenas les está dando la tarea de lectura a los estudiantes de su clase de español. Lee con atención las instrucciones que les da y completa las oraciones con el vocabulario del cuadro que resulte más apropiado en cada contexto.

personaje	poema	verso	protagonista	temas	poeta

Chicos, para mañana quiero que lean el (1) ______________ de Gabriela Mistral "Mientras baja la nieve". Fíjense en las exclamaciones de los (2) ______________ 4, 5, 8, 9, 13 y 19 y los adjetivos que usa la (3) ______________ para describir la nieve y piensen en las emociones que quiere expresar. "Mientras baja la nieve" trata los (4) ______________ de la naturaleza y de la religión con un lenguaje muy sencillo. La nieve es la (5) ______________ del poema y puede ser una divina criatura o una mujer vestida de seda. Gabriela Mistral quiere incluir también al lector en sus versos, quiere que el lector sienta que es un (6) ______________ del poema. "Mientras baja la nieve" es un magnífico ejemplo de la obra de esta ganadora del Premio Nobel.

14-10 Un análisis poético Marta tuvo que analizar el poema "Balada de los dos abuelos" para su clase de introducción a la poesía hispana. A continuación tienes el análisis que hizo. Completa los espacios en blanco con las palabras que aparecen en el cuadro a continuación.

lírica	poeta	ritmo	poema
rima asonante	poesía	versos	

"Balada de los dos abuelos", escrito por Nicolás Guillén (1902-989), refleja la preocupación social de su autor. A lo largo del (1) ______________ hay (2) ______________________ de las vocales *a* y *o* y se observan las características de la (3) ______________ afro-cubana con el (4) ______________ de tambores en la combinación de los (5) ______________. Empleando poesía (6) ______________, Guillén describe a América como el producto del mestizaje. El (7) ______________ intenta mostrar que la mezcla cultural es beneficiosa y emplea la palabra "abuelo" para reflejar una connotación de amor a la unión de culturas distintas.

Enfoque estructural *El condicional*

14-11 Me imagino que... Lee con atención las preguntas que te hacen las siguientes personas y responde, en forma de conjetura *(guess)*, con una de las estructuras que aparece en el cuadro.

estar en el congreso de literatura caribeña **ser Octavio Paz** **estudiar la poesía dramática, épica y lírica** **tomar cursos de literatura** **elegir a García Márquez**

MODELO ¿Qué obra leyeron los estudiantes en el curso sobre Alfonsina Storni Martignoni?
Leerían "Mascarilla y trébol".

1. ¿Sabes qué tipo de poesía estudiaron en Introducción a la Poesía?
____
2. ¿Quién fue el último poeta en recibir un Premio Nobel?
____
3. ¿Sabes qué cursos tomó Amelia cuando estudió en Oaxaca?
____
4. ¿Qué autor eligió Fernando para su proyecto de fin de curso?
____
5. ¿Sabes que el profesor Rivera canceló la clase ayer?
____

14-12 De viaje Cuando viajamos a otro país, nos encontramos con que las costumbres, la lengua y los horarios son diferentes. Por eso, debemos ir preparados para acomodarnos a las nuevas situaciones y también a los posibles imprevistos que nos puedan surgir. Imagínate que estás viajando por Chile y te encuentras en las siguientes situaciones.

¿Qué harías?

1. Quieres saber cuáles son los principales puntos de interés turístico del país.
____
2. Necesitas llamar por teléfono a tu familia en los Estados Unidos, pero no sabes qué prefijo *(area code)* debes marcar.
____
3. En una de tus excursiones a la Patagonia, pierdes el pasaporte.
____
4. Un turista está intentando comunicarse en inglés en una tienda, pero no lo entienden.
____
5. Quieres llevarles regalos a tus amigos y a tu familia, pero no sabes qué artículos son típicos del país.
____
6. Te gusta tanto el país que te gustaría quedarte una semana más.
____

14-13 ¡Qué considerado! Eres una persona muy considerada y siempre te diriges a la gente con cortesía. Imagínate qué dirías en las siguientes situaciones.

1. Quieres saber si tu profesor tiene tiempo para ayudarte con la preparación del examen.

____

____

2. Quieres saber si tu compañero puede dejarte su estéreo para la fiesta del club de español.

____

____

3. Necesitas decirle a tu amigo de intercambio guatemalteco que prefieres ir al cine otro día.

____

4. Le dices a tu amiga Joan que debe trabajar más en la preparación de la clase de Poesía Latinoamericana.

____

____

5. Quieres que tu profesora te explique más detalles sobre la obra de Federico García Lorca.

____

____

Enfoque estructural *El condicional para hablar de acciones futuras en el pasado*

14-14 ¡Qué exigente! Éste es tu último semestre en la universidad y estás trabajando de ayudante de uno de los profesores de la facultad de Lengua y Literatura Modernas, pero parece que estás teniendo algunas dificultades para cumplir todas sus exigencias. Lee con atención las palabras que te dice tu profesor y completa las oraciones con el **condicional** de los verbos que aparecen entre paréntesis.

MODELO El martes pasado me dijiste que *llamarías* (llamar) al editor de mi última antología de poesía. ¿Pudiste hablar con él?

1. Dijiste que me ______________ (entregar) tus comentarios sobre el artículo hoy. ¿Por qué no los has traído?
2. En tu correo electrónico decías que ______________ (venir) a mi oficina el lunes a las tres. Te estuve esperando. ¿Por qué no viniste?
3. ¿Preguntaste en la biblioteca si ______________ (poder, ellos) pedir los libros que necesitamos?
4. Me dijiste que ______________ (hacer) el índice del nuevo libro de texto para el curso de Poesía de la Generación del 98. ¿Puedo verlo?
5. El viernes pasado te pregunté si ______________ (tener) tiempo para corregir los exámenes de la clase de Introducción a la Literatura Española y me dijiste que sí. ¿Los tienes listos?

Nombre ______________________ Fecha ______________

14-15 ¡Qué mala suerte! Clara tiene una reunión de la facultad esta tarde pero Susana, la niñera *(baby-sitter)*, no puede quedarse hasta que termine la reunión. Clara llama a su colega Alex para decirle que no podrá asistir esta tarde a la reunión tal y como tenía previsto. Completa su conversación con el **condicional** del verbo del cuadro que consideres más adecuado.

deber	**haber**	**terminar**	**estar**	**poder**	**ir**

CLARA: ¿Alex? Hola, soy Clara.

ALEX: Clara, ¿qué tal?

CLARA: Pues un poco disgustada. Verás, te llamo porque no voy a poder asistir a la reunión esta tarde.

ALEX: Pero dijiste que (**1**) ______________. ¿Qué pasó?

CLARA: Le pregunté a Susana si (**2**) ______________ quedarse más tiempo con René y me dijo que no.

ALEX: Pero, ¿le dijiste que la reunión no (**3**) ______________ muy tarde?

CLARA: Sí, pero me dijo que ya tenía planes.

ALEX: Pues, la reunión de hoy es muy importante. Me dijo Ramón que todos (**4**) ______________ asistir porque vamos a decidir los cursos que enseñaremos el semestre que viene.

CLARA: ¡Qué mala suerte! ¿Le preguntaste si (**5**) ______________ otra reunión antes de las vacaciones?

ALEX: No, pero ¿no recuerdas que Ramón dijo que (**6**) ______________ de viaje desde mañana viernes hasta después de las vacaciones?

CLARA: O sea que tampoco podré verlo mañana. ¡Ay, no sé qué voy a hacer!

14-16 Promesas incumplidas Todo el mundo olvida hacer o no puede hacer siempre las cosas que promete. Piensa en seis cosas que dijiste que harías pero que al final no hiciste. Utiliza en tus oraciones el verbo **decir** en el pasado y el **condicional** del verbo que corresponda.

1. ______________________________

2. ______________________________

3. ______________________________

4. ______________________________

5. ______________________________

6. ______________________________

TERCERA ETAPA

Para empezar El teatro

14-17 ¿Cuál no pertenece? Hay una palabra en cada grupo de palabras que no se relaciona con las demás, determina cuál es en cada caso y explica por qué no pertenece al grupo.

1. la comedia	el drama	el telón	la tragedia
2. los accesorios	el acto	el vestuario	el decorado
3. la reseña	el guión	la acotación	la interpretación
4. el reparto	la dramaturga	el montaje	la intérprete

14-18 ¡No me la puedo perder! Leticia acaba de ver la última obra teatral de su compañero de la universidad José Linares y le ha encantado. Por eso, se la recomienda a su hermana Lucía. Completa el diálogo entre las hermanas con el vocabulario del cuadro que resulte más apropiado en cada contexto.

teatro	**drama**	**representación**	**estreno**
dramaturgo	**temas**	**obra**	**reparto**

LETICIA: Vengo del (1) ______________ de la última (2) ______________ de mi amigo Linares.

LUCÍA: ¡Claro, tu compañero de universidad!

LETICIA: Sí, ha sido un (3) ______________ excepcional. Todos los elementos de la (4) ______________ tenían una conexión extraordinaria y en el (5) ______________ había actores y actrices excepcionales.

LUCÍA: Parece que te ha gustado mucho. Linares también escribe poemas, ¿verdad?

LETICIA: Sí, es un poeta muy bueno, pero yo prefiero su faceta de (6) ______________. Creo que los (7) ______________ que trata en sus obras son muy actuales y el público puede identificarse con ellos.

LUCÍA: Espero poder ver esta obra. ¿Dónde se está representando?

LETICIA: En el (8) ______________ La Abadía. ¿Sabías que recibió el Premio de Dramaturgia Universitaria por esta obra?

LUCÍA: No, la verdad es que no lo sabía. No me la puedo perder.

Nombre ______________________ Fecha ______________

Enfoque estructural *El imperfecto del subjuntivo y el condicional en oraciones con **si***

14-19 Conjeturas Completa las siguientes conjeturas usando el imperfecto del subjuntivo en la cláusula con **si** y el **condicional** en la otra cláusula.

1. Me ______________ (gustar) ir al estreno de la obra de teatro si yo ______________ (tener) entradas.
2. Si la puesta en escena ______________ (ser) más rápida, los espectadores no ______________ (estar) tan impacientes.
3. Si los intérpretes ______________ (actuar) mejor, las reseñas de la obra de teatro ______________ (ser) más halagadoras *(flattering)*.
4. ______________ (venderse) más entradas si las butacas del teatro ______________ (ser) más cómodas.
5. Si el punto culminante ______________ (ocurrir) más tarde en la obra, el desenlace no ______________ (ser) tan obvio.
6. Si el dramaturgo ______________ (haber) tenido más fondos *(money)*, los intérpretes ______________ (haber) llevado mejor vestuario.

14-20 Algunas hipótesis Con los elementos a continuación, construye hipótesis sobre cómo actuarías tú en cada situación. Utiliza el **imperfecto del subjuntivo** en la cláusula con **si** y el **condicional** en la otra cláusula.

MODELO si / saber (yo) escribir guiones, escribir obras de...
Si supiera escribir guiones, escribiría obras de comedia.

1. si / poder (yo) asistir a cualquier obra de teatro / elegir ver...

____

2. si / tener (yo) la oportunidad de conocer a un/a dramaturgo/a / preferir conocer a...

____

3. si / ser (yo) intérprete de teatro / hacer obras de...

____

4. si / escribir (yo) un guión para una obra de teatro / tratar de...

____

5. si / poder probarme el vestuario de una obra de teatro / probarme el de...

____

Nombre ______________________________ Fecha ____________________

14-21 Si yo fuera... ¿Has soñado alguna vez con ser un/a político/a importante de tu país?; ¿o tal vez con convertirte en un/a artista famoso/a? Pon la imaginación a trabajar y piensa qué harías y cómo te sentirías si fueras las siguientes personas.

1. **un/a político/a importante de mi país**

   Si yo ______________________________

   ______________________________.

2. **un/a dramaturgo/a famoso/a**

   Si yo ______________________________

   ______________________________.

3. **un/a cantante de moda**

   Si yo ______________________________

   ______________________________.

4. **el/la rector/a o presidente/a de tu universidad**

   Si yo ______________________________

   ______________________________.

Enfoque estructural *Más sobre el subjuntivo y la secuencia de los tiempos verbales*

14-22 La casa de Bernarda Alba Maribel y Graciela están hablando sobre uno de los dramas más famosos de García Lorca, *La casa de Bernarda Alba*, que se está representando en el Teatro Albéniz. Completa su conversación con el imperfecto del subjuntivo de los verbos que aparecen entre paréntesis.

MARIBEL: ¿Sabes que representan *La casa de Bernarda Alba* en el Teatro Albéniz?

GRACIELA: Sí, pero no estaba segura de que tú **(1)** ________________ (querer) ir a ver esa obra de teatro. No pensaba que **(2)** ________________ (poder) gustarte los dramas de García Lorca.

MARIBEL: Pues a esta obra de teatro sí quería ir, pero hablé con Antón y me dijo que dudaba que **(3)** ________________ (haber) entradas para la representación del sábado.

GRACIELA: ¿En serio? No creí que la gente **(4)** ________________ (estar) tan interesada en una obra de esas características.

MARIBEL: Parece que las actrices son increíbles; además, decían que era posible que esta representación **(5)** ________________ (ser) la última de esta compañía teatral tan famosa.

GRACIELA: ¡Qué pena! ¿Sabes si habrá más funciones?

MARIBEL: Los productores dudaban que las actrices **(6)** ________________ (aceptar) hacer más representaciones, pero no hay nada seguro todavía.

GRACIELA: Vamos a ver qué pasa.

Nombre ______________________________ Fecha ______________________

14-23 ¿Qué dijeron? Al final del día, cuando vuelves a tu cuarto, normalmente tu compañero/a y tú charlan sobre lo que han hecho, con quién han estado y qué noticias les han contado otros compañeros. Completa las oraciones que aparecen a continuación en la perspectiva de pasado, haciendo los cambios necesarios de las formas verbales.

MODELO El Departamento de Lenguas Modernas presentará un festival de cine en el campus para que los estudiantes vean películas extranjeras en versión original. Román me dijo que el Departamento de Lenguas Modernas *presentaría* un festival de cine en el campus para que los estudiantes *vieran* películas extranjeras en versión original.

1. El director de estudios latinoamericanos invitará a Laura Esquivel para que nos hable de su último libro.

   Nuestro profesor de Latinoamericana nos dijo que el director de estudios latinoamericanos ________________ a Laura Esquivel para que nos ________________ de su último libro.

2. La profesora Costa nos ha pedido que escribamos un resumen del ensayo de Octavio Paz, "Nuestra lengua".

   Un compañero de clase me dijo que la profesora Costa nos había pedido que ________________ un resumen del ensayo de Octavio Paz, "Nuestra lengua".

3. Antes de que cambies de opinión, compraré las entradas para el recital de poesía.

   Marta me dijo que antes de que ________________ de opinión, ________________ las entradas para el recital de poesía.

4. Le he sugerido al presidente del club de español que organice un ciclo de conferencias sobre dramaturgas hispanas contemporáneas.

   Andrés me dijo que había sugerido al presidente del club de español que ________________ un ciclo de conferencias sobre dramaturgas hispanas contemporáneas.

5. Seguiré adelante con mi carrera de escritora, aunque a mis padres no les guste la idea.

   Mi amiga Isabel me dijo que ________________ adelante con su carrera de escritora, aunque a sus padres no les ________________ la idea.

14-24 Te sugeriría que... Tus amigos confían plenamente en ti y tus consejos son muy valiosos para ellos. Lee con atención las consultas que te hacen y piensa en el consejo más apropiado en cada caso.

1. No sé si matricularme en el curso de Novela Latinoamericana el próximo semestre. Nunca he tomado una clase de literatura y estoy un poco nervioso.

   Te sugeriría que ____.

2. Esta noche ponen la película *La casa de los espíritus* en la Casa Internacional. Leí el libro y me gustó mucho, pero no vi la película. Temo que la película no sea tan buena.

   Te aconsejaría que ____.

3. Todavía no sé los cursos que voy a tomar en Cuernavaca el próximo otoño. ¿Crees que debo escogerlos antes de llegar allí?

   Sería preferible que ____.

4. La doctora Sanz me ha invitado a participar en la organización del congreso sobre poesía que se celebrará aquí en la universidad el próximo abril.

   Te recomendaría que ______________________.

5. El ayuntamiento de la ciudad va a convocar un concurso de relatos breves en español y no sé si quiero enviar uno de mis cuentos.

   Te sugeriría que ______________________.

Vamos a leer

La gloria del Cervantes

Activating background knowledge
Recognizing the knowledge that you already have about a specific topic can help you to gain a better understanding of the reading selection. In this particular case, thinking of the literary awards granted to authors both in English and in Spanish will help you to understand the content of the article.

Antes de leer

14-25 Los premios literarios Antes de leer el artículo que te presentamos en la página 333, contesta las siguientes preguntas relacionadas con el tema.

1. ¿Qué premios literarios en lengua española y/o en lengua inglesa puedes mencionar?

   ____

2. ¿Qué escritores hispanos ganadores del Premio Nobel de Literatura conoces?

   ____

   ____

   ____

   ____

14-26 Estudio de palabras Examina con atención las palabras de la primera columna que aparecen en el artículo "La Gloria del Cervantes" y trata de asociarlas con la definición correspondiente de la segunda columna.

_____ 1. el galardón
_____ 2. declarar un premio desierto
_____ 3. a título póstumo
_____ 4. otorgar un premio
_____ 5. el jurado literario
_____ 6. hermanar

a. grupo de personas que evalúan la obra literaria de varios autores y votan por un candidato
b. después de la muerte de un autor
c. crear relaciones de hermanos
d. el premio
e. no dar el premio a ningún candidato
f. conceder un premio

Nombre ______________________ Fecha ______________________

La gloria del Cervantes

por Clemente Corona

El galardón literario más importante de nuestro idioma celebra sus bodas de plata
[Extracto]

Concedido a autores en lengua castellana por el conjunto de su obra y dotado con 100.000 dólares en efectivo, el Cervantes, considerado el Nóbel de las letras hispanoamericanas, fue instituido en 1975 por el Ministerio Español de Cultura con el objetivo de crear un gran premio que reconociera y reforzara la presencia del castellano en todo el mundo. Se concedió por primera vez al año siguiente, ya según sus bases actuales, y, aunque en aquella ocasión no lo entregaron los Reyes, sí lo hicieron en su segunda edición, gesto que han venido repitiendo desde entonces.

El Cervantes no puede ser dividido, declarado desierto o concedido a título póstumo. Los principales factores a tener en cuenta a la hora de otorgarlo son la creatividad y la difusión de la Lengua Española. En el jurado siempre participa el premiado del año anterior y varios miembros de la Real Academia de la Lengua Española, entre otros; el proceso de elección es mediante votaciones sucesivas. Tal y como suele pasar siempre que hay un jurado de por medio, los resultados nunca han sido a gusto de todos: así, se han dado paradojas como la de que un candidato a priori evidente como Camilo José Cela no fuese reconocido hasta 1995, nada menos que en la vigésima primera edición de los premios, o que otro igualmente cantado, Gabriel García Márquez, aún siga sin él.

El Premio hermana a las literaturas en español. La regla no escrita habla de turnarse en la concesión las dos orillas del Atlántico, y aunque siempre hay voces —a ambos lados también— que claman contra el "centralismo", la injusticia de que indefectiblemente salgan españoles premiados, los discursos de agradecimiento conmueven, y el acto se lleva los mejores titulares de los medios de comunicación. Por un día, se aprecia de verdad que el idioma es el nexo entre países hermanos, y uno de los mayores dones que tenemos. Lo dijo Carlos Fuentes en su discurso de aceptación: ‹‹Ahora abro el pasaporte y leo: Profesión: escritor, es decir, escudero de don Quijote. Y lengua: española, no lengua del imperio, sino lengua de la imaginación, del amor y de la justicia; lengua de Cervantes, lengua de Quijote››.

La nómina de premiados es, con todo, de primera línea. Ya en su día hubo polémica a raíz de la concesión del galardón ex aequo a Gerardo Diego y Jorge Luis Borges; la hubo cuando Cela, con el chileno Jorge Edwards, la hubo con Umbral; y la hay perenne por el ninguneo al colombiano García Márquez. Es difícil contentar a todos, pero lo que está fuera de toda duda es que estos autores han dado algunas de las mejores páginas de nuestra literatura.

‹‹Todo está ya en Cervantes", dijo Carpentier. El recuerdo a Cervantes es sentido por parte de todos los premiados. Tal vez, la mejor definición vino de la mano del vallisoletano Miguel Delibes, quien afirmó ante el auditorio "el gran alcalaíno es único e inimitable y a quienes hemos venido siglos más tarde a ejercer este noble oficio de las letras apenas nos queda otra cosa que proclamar su alto magisterio, el honor de compartir la misma lengua y el deber irrenunciable de velar por ella››.

Source: Artículo publicado en ClubCultura.com (www.clubcultura.com), el portal cultural de la FNAC dedicado a los autores iberoamericanos.

Nombre ______________________ Fecha ______________

Después de leer

14-27 El Cervantes, su origen En una primera lectura del artículo en la página 333, concentra la atención en completar el cuadro de comprensión con información general del texto.

El Premio Cervantes	
1. ¿Quiénes pueden optar al premio?	
2. ¿Cuál es la dotación económica del premio?	
3. ¿Quién instituyó el premio?	
4. ¿En qué año se concedió por primera vez?	
5. ¿Quiénes son los miembros del jurado?	
6. Algunos autores premiados	

14-28 La gloria del Cervantes Lee de nuevo el artículo y responde ahora a las siguientes preguntas sobre el alcance y el significado del Premio Cervantes en el mundo literario hispano.

1. ¿Cuál es el objetivo principal del Premio Cervantes?

____

2. ¿Cuáles son algunas de las regulaciones del Premio Cervantes?

____

____

3. ¿Por qué puede ser polémico el Premio Cervantes?

____

____

____

4. ¿Qué significado tiene el Premio Cervantes para las letras españolas?

____

5. ¿Qué crees que quiso decir el escritor mexicano Carlos Fuentes con estas palabras: "Profesión: escritor, es decir, escudero de don Quijote"?

____

____

Nombre ____________________ Fecha ____________________

Vamos a escribir

Vocabulary: Prose; School: studies, university
Phrases: Writing an essay
Grammar: Verbs: conditional, subjunctive with **que**

La lectura, ¿una destreza olvidada?

Con motivo de la celebración del Día del Libro, tu profesor/a de español te ha pedido que escribas un ensayo breve sobre la importancia que tiene la lectura en la educación de los niños y los adolescentes. Da tu opinión y asegúrate de incluir la información que tienes después de responder a las siguientes preguntas:

- ¿Lee mucho la gente joven? ¿Qué leen los jóvenes hoy en día?
- ¿Cómo ha influido el uso de la tecnología e Internet en los hábitos de la lectura?
- ¿Crees que es importante que los jóvenes lean? ¿Por qué?
- ¿Cómo podría fomentarse *(be promoted)* la lectura entre los jóvenes?
- ¿Qué libros les recomendarías a los niños y a los adolescentes?

A empezar

14-29 Organización de las ideas Escribe todas las ideas que te vengan a la cabeza que estén relacionadas con la lectura, los jóvenes, la educación e Internet.

14-30 Preparación del borrador Revisa cuidadosamente las ideas que has desarrollado en la sección **A empezar** y decide en qué orden de importancia deben aparecer en tu ensayo. Una vez que tengas las ideas principales organizadas, intenta complementarlas con información, detalles adicionales que sean relevantes para tu ensayo.

14-31 Revisión del borrador Revisa tu borrador, teniendo en cuenta las siguientes consideraciones.

1. ¿Has respondido en tu ensayo a las preguntas que se presentaban en la sección anterior? ¿Has incluido información complementaria y/o ejemplos que apoyen las ideas principales?
2. ¿Están las ideas organizadas de un modo lógico?
3. ¿Utilizaste el vocabulario que has aprendido para hablar de literatura? ¿Incluiste en tu ensayo estructuras con el subjuntivo y el condicional?

14-32 El producto final Haz los cambios necesarios, de acuerdo con la revisión de tu borrador, e incluye las ideas nuevas que se te hayan ocurrido. Antes de entregarle el ensayo a tu profesor/a, léelo una vez más y asegúrate que no haya errores ortográficos y que todos los cambios se hayan incluido.

Nombre ______________________ Fecha ______________

COMPRENSIÓN AUDITIVA

CD3, Track 14

14-33 Camilo José Cela: Premio Nóbel de Literatura En un programa de radio sobre literatura, se realiza hoy un homenaje a Camilo José Cela, uno de los grandes autores de lengua española. Escucha con atención a los comentaristas y responde a las preguntas que aparecen a continuación.

1. ¿Cuáles son las dos obras más famosas de Camilo José Cela?
____
____
2. ¿A cuántos idiomas se ha traducido *La familia de Pascual Duarte*?
____
____
3. ¿Dónde se publicó por primera vez *La colmena*? ¿En qué año?
____
____
4. ¿Por qué no se pudo publicar *La colmena* inicialmente en España?
____
____
5. ¿Qué nos cuenta Cela en su novela *La colmena*?
____
____
6. ¿Cuál fue el premio más importante que Cela recibió? ¿En qué año?
____
____
7. Además de ser autor de novelas, Cela fue también…
____
____
8. ¿Cuándo falleció Camilo José Cela?
____
____

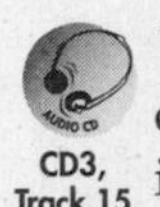
CD3, Track 15

14-34 Una visita interesante Claudia se encuentra con sus amigos Carlos y Eva que le hablan del viaje que acaban de hacer. Escucha atentamente su conversación y completa las oraciones con la información más adecuada en cada contexto.

1. En Alcalá de Henares, Carlos y Eva vieron…
   a. la universidad.
   b. la casa donde nació Cervantes.
   c. el ayuntamiento.
   d. la casa de Dulcinea.
2. En su recorrido turístico por La Mancha, Carlos y Eva vieron…
   a. fábricas de queso manchego.
   b. castillos muy antiguos.
   c. los molinos de don Quijote.
   d. iglesias románicas.
3. La atracción más interesante en El Toboso es…
   a. el Museo de Quijotes.
   b. la hostería de los Reyes Católicos.
   c. el cementerio donde está enterrado Cervantes.
   d. la catedral.
4. En el Museo de Quijotes se pueden admirar…
   a. los diarios de Cervantes.
   b. los cuadros de escenas del Quijote.
   c. todas las obras de Cervantes.
   d. más de trescientas ediciones de *Don Quijote* en muy diversas lenguas.
5. Durante su viaje, Carlos y Eva se alojaron en…
   a. paradores nacionales.
   b. hoteles modernos de cuatro estrellas.
   c. hosterías antiguas.
   d. un apartamento alquilado.

CD3, Track 15

Escucha de nuevo la conversación entre los tres amigos y completa las siguientes oraciones con la forma verbal correcta.

6. Claudia no esperaba que Carlos y Eva ______________ de su viaje hasta el domingo.
7. La agente de viajes les había recomendado a Carlos y a Eva que ______________ primero a Alcalá de Henares, donde vieron la casa de Cervantes.
8. Para alojarse, Carlos y Eva buscaban hoteles típicos pero que no ______________ demasiado caros.
9. Eva quería que ______________ una semana más, pero no pudieron porque Carlos tenía que volver al trabajo.
10. A Eva le gustaría que ellos ______________ un día a España.

CD3, Track 16

14-35 Más oportunidades para los jóvenes escritores Escucha con atención la entrevista que un periodista le está haciendo a la joven novelista Almudena Fuentes y completa las oraciones con la información correcta.

1. Almudena Fuentes acaba de ser premiada con…
   a. el Premio Nobel de Literatura.
   b. el Premio Nacional de Poesía.
   c. el Premio de Novela Corta.
   d. el Premio Cervantes.
2. Almudena empezó a escribir…
   a. cuando era niña.
   b. cuando estaba en la universidad.
   c. cuando la obligaron a colaborar en el periódico de la escuela secundaria.
   d. después de graduarse de la universidad.
3. En la universidad Almudena estudió…
   a. periodismo.
   b. medicina.
   c. psicología.
   d. lenguas modernas.
4. Después de graduarse de la universidad…
   a. viajó por todo el mundo.
   b. trabajó en varios periódicos y editoriales.
   c. empezó a enseñar en una escuela.
   d. se dedicó sólo a sus novelas.

CD3, Track 16

Escucha de nuevo la entrevista y completa los siguientes fragmentos de la conversación entre el periodista y la autora con las formas verbales adecuadas.

ENTREVISTADOR: ¿Cómo cree que podría mejorar la situación de los jóvenes escritores?

ALMUDENA: Pues, yo (5) ________________ más oportunidades para publicar a los jóvenes escritores, (6) ________________ cursos más especializados en la universidad, (7) ________________ las actividades de escritura desde las escuelas y les (8) ________________ a las familias que apoyaran a sus hijos en su carrera literaria.

ENTREVISTADOR: ¿Qué le recomendaría a un joven escritor que está empezando?

ALMUDENA: Le recomendaría que (9) ________________ mucho y que (10) ________________ distintos países, distintas culturas. Le diría que no (11) ________________ las esperanzas de publicar y (12) ________________ sus obras a todos los concursos literarios. El talento, tarde o temprano, se reconoce.

Nombre ______ Fecha ______

Vamos a ver

14-36 ¿Quién sería? En el episodio los compañeros hablaron sobre lo que significó su estancia en Puerto Rico y cómo les impactó. ¿Qué crees que hicieron los compañeros después de dejar la Hacienda Vista Alegre? Lee las descripciones a continuación y escribe el nombre del compañero al que crees que se refiere.

Esta persona...	¿Quién sería?
...escribió un libro sobre la cultura taína, el arte, la historia y la vida cotidiana en Puerto Rico.	1.
...viajó a Centroamérica y abrió su propia agencia de ecoturismo y deportes de aventura en la Isla Roatán en Honduras.	2.
...se graduó con una Maestría en Administración de Empresas.	3.
...montó una exposición de fotografía sobre Puerto Rico.	4.
...terminó sus estudios en Florencia y luego se mudó a Texas.	5.

Nombre ______________________ Fecha ______________

14-37 Si me seleccionara... La misma compañía que grabó el video de los compañeros en Puerto Rico está buscando a gente para un nuevo video sobre gente joven de varias regiones de Norteamérica. Si te seleccionan, vivirías en un piso en la Ciudad de México con cuatro compañeros. Como parte del proceso de selección tienes que escribirle una carta al director del programa.

En la carta debes:

- presentarte (personalidad, gustos, pasatiempos, etc.)
- convencer al director de que te seleccione (mencionar/explicar tus cualidades, explicar por qué eres diferente/especial, describir con qué contribuirías al programa, etc.)
- explicar cómo esta experiencia cambiaría tu vida (¿tendrías una perspectiva distinta después de participar?, etc.)

APUNTES

APUNTES

APUNTES